시조가 있는 산문

텅 비어서 부끄럼 없구나

廓其無愧兮－疎齊 李頤命 '梅賦' 중에서

| 머리말 |

『남해시대』 신문에 〈나의 고향, 나의 삶〉을 연재하는 동안 많은 분들이 격려의 전화를 해주셨습니다. 아는 분들도 계셨지만 처음 대하는 분들도 많으셨습니다. 향우회 주소록이나 지인들을 통하여 필자의 전화번호를 확보하신 분들이 계신가 하면 신문사를 통하신 분들도 계셨습니다. 100여 회의 글이 연재됨은 햇수로는 2년을 넘어 3년째 들어가니 힘이 좀 들기는 해도 독자님들의 격려 전화에 힘을 얻어 더욱 알찬 글을 뽑아보려는 다짐을 해보기도 합니다.

 객지에서 삶의 터전을 개척하느라 오랫동안 고향을 잊고 있었는데 필자의 글을 보고 뭉클한 마음에 전화를 하신 분이 있는가 하면, 독자님이 태어나 자란 마을에 그러한 유적이 있고 전설이 있었다니 갑자기 고향마을로 내려가 확인해보고 싶다며 전화를 하신 분도 있었고, 읍성이 발견되었는데 발굴하지 못하고 도로 묻은 것에 대한 안타까움을 토로하시면서 지금이라도 어떻게 해볼 수는 없는지 그 방법을 찾아보자는 분도 계셨습니다.

또 남해유배문학에 대해서 극히 일부분만 알고 있었는데 여러 자료를 정리하여 소개해 주는 바람에 우리 고향의 유배문학이 얼마나 다양하고 양적으로도 풍부한지를 알게 되었다는 분도 계셨습니다.

읍성에 대해서는 그냥 어렴풋이 알고 있었는데 필자가 여러 자료를 찾아내어 자리매김해주는 바람에 읍성이 언젠가는 발굴되어야겠다는 생각을 했고, 군데군데 비하인드 스토리를 찾아내고 곳곳마다 유배객들의 입김이 서려 있음을 각인 시켜 문장화하는 대단한 일을 했다는 과분한 칭찬을 해주시기도 하였습니다.

다랭이 마을에서 태어나 자랐다는 어느 분은 필자가 고향 마을을 찾을 때마다 한 편의 시조를 지어 백팔계단에 걸어주심에 너무 감사하다는 말씀을 해주셨습니다.

포항에 20년 이상을 살면서 남해 심천리가 고향인 어떤 분은 골태기와 은어 이야기, 비오는 고향 들판 등 필자가 매주 올려주는 글을 한 번도 빠짐없이 본다면서 심천리 앞냇가의 골태기 이야기와 은어 이야기를 서로 주고받곤 했습니다.

또 어떤 분은 '사향편편십이수(思鄕片片十二首)'를 공책에 적어 다니며 외우고 있는데 7·5조의 정형시라 잘 외어진다고 하시며 언젠가 곡을 붙이면 타향에서 이 노래를 부르며 고향을 생각할 것이라는 말씀을 주셨습니다.

고향의 강진바다를 그리도 사랑하시니 그 바다에서 건

져 올린 생선도 맛보시라며 보내주신 분도 계셨습니다.

중·고등학교 학창시절의 당산 매원은 시화전이나 음악회를 여는 장소였고 강진바다를 바라보며 친구들과 앞날을 맹세하던 추억의 장소여서 언젠가 찾아보리라는 생각을 하고 있었는데, 그 매원이 흔적도 없이 사라졌다는 글에 대해서는 안타까움을 넘어 분노하기도 했습니다.

자기도 조부님께 들은 바로는 그 매원은 소재 이이명 선생과 서포 김만중 선생의 혼백이 만나 매부(梅賦)를 탄생시킨 배경이 되는 곳이며 당산 기슭에 소재 선생이 귀양살이를 한 습감재(習坎齋) 서당의 흔적이 구한말까지 있었고, 그 후에 1930년대에 남해공립농업실수학교를 개교하면서 그 터에 교사 사택 3간을 지었다는 이야기도 해주셨지요. 오래전부터 그 주변에는 오래된 매화나무가 수백 그루로 매원을 이루고 있었다고 했습니다. 전해오는 바에 의하면 그 매화나무의 조상은 서포 김만중 선생이 노도에서 귀양살이 할 때 서울의 서재 앞 뜨락을 생각하며 외로움을 달래려고 심은 두 그루의 매화나무라고 했습니다. 서포 선생이 한 많은 생을 마감한 뒤 소재 선생이 남해로 유배 와서 서포 선생의 적소에 갔다가 매화나무가 시들어 감을 안타깝게 여겨 습감재에 옮겨와 심었더니 이 매화나무는 마치 옛 주인을 만난 듯 힘을 얻고 꽃을 피워 열매를 달았다는 내용의 글을 지었는데 이것이 바로 현존하는 매부(梅賦)라는 설명을 했습니다. 필자가 평소 여러 곳에 발표한 내용과 거의 일치하는 내용이었습니다.
 여기서 필자는 소재 선생의 매부를 일부나마 올려 봅니다. 매부를 짓게 된 애틋한 사연의 연유문이 매부의 앞에 있으나 여기서는 생략합니다.
 제2회 김만중문학상 대상자인 이상원 시인이 번역한 매부인데 앞 부분의 연유문은 생략하였습니다.

 '불타는 고을에 병은 나돌아도 / 풀과 나무는 잘 자라네 / 옥에 티로 남쪽에 귀양가니 / 매화가 미리 알았네 / 뿌리 내리고 꽃을 피워 / 외로움을 달랬구나 / 얼음 같은 마음과 눈 같은 살결 / 서로 비추어 밝히셨네 / 거칠고 외진 만리 땅에 / 두 아름다움이 만났구나 / 사월에 해질 무렵 / 산새가 날아드네 / 빈 뜰에는 긴 대나무 / 거친 울타리에 기댔구나 / 슬퍼서 빛을 잃어 / 우수수 떨어지네 / 아, 깨끗한 마음이여 / 너도 의리에 따르는구나 / 영화와 고락에도 한결 같은 절개여 / 텅 비어서 부끄러움 없구나 / 굴원이 이소를 읊었지만 / 공에는 이르지 못했구나 / 송경은 이미 죽고 / 고산은 비었구나 / 천 번의 봄을 만났으니 / 갑자기 영원히 떠나갔네 / 한 마음으로 고이 끌려 / 떨칠 수가 없구나 / 왕손이 한 번 떠나니 / 어느 때나 돌아올까 / 되바란 구진 비에도 / 예쁜 꽃은 피는구나 / 한 해 저문 빈 골짜기 / 아는 사람 그 누구인지 / 말라 죽고자 스스로 맹세하니 / 죽어도 마음 변하지 않네 / 동쪽에서 온 나그네 / 취하여 문 앞을 지났더니 / 바람결에 실려 온 향기 / 꽃다운 뿌리에 울었어라 / 남의 사위가 아니라 부끄럽지만 / 한 평생 동안 사모하였네 / 비록 늙어 이룬 것 없지만 / 전범은 여전하셨지 / 원컨대 늘그막에 맺은 정이야 / 형제와 같았다네 / 슬프게 초사를 읊으며 / 이에 혼을 부르노라'

모질고 비정한 역사 앞에 고절과 정의로움으로 세상을 울린 두 거목의 혼백이 깃든 초혼가나 다름없습니다.

수많은 제자와 향우님, 고향분 들을 만날 때마다 필자에게 전해주시는 또 하나의 부탁이 있었습니다.
필자의 글을 빠짐없이 잘 보고 있지만 신문에 한 번 발표되고 끝나는 것으로는 너무 아까운 고향 역사의 숨결이 살아있기에 한 권의 책으로 출판을 하여 여러 사람이 읽고 후손들에게도 오래도록 전해지면 좋겠다는 말씀을 많이 해주셨습니다.
그 분들의 고마움에 답하기 위해서라도 감히 한 권 책으로 내기로 하였습니다.

많은 이야기가 읍성 주변의 유적과 필자의 마을에 우뚝 서있는 봉천사 묘정비, 기타 금석문, 남해 군지, 읍지 등의 자료를 기초로 작성되었지만 비하인드 스토리의 기술에 있어서는 필자가 죽림 우거진 죽산에서 나서 유소년·청장년을 거치며 죽림이 들려주는 맑은 소리에 마음과 귀를 열고 조상 대대로 마을에서 내려오는 구전과 마을 회관의 고서적과 여러 문중의 족보를 정독하여 필자의 문학적 상상력으로 재구성한 글도 있으니 독자 제현들께서는 혜량하여 주시기를 빌어마지 않습니다.

다만 지면이 한정된 신문지상에 연재하다 보니 충분히 기술 못한 부분은 이번에 책을 내면서 많이 보충하였고 또한 대개의 글 서두에 칼럼의 내용을 압축한 '시조' 한 편씩을 별도로 실어 600년 전통을 지닌 우리의 고유한 전통문학 '시조'를 이해하고 아울러 글의 주제를 쉽게 파악하는 길잡이로 세웠음을 말씀 드립니다.

또한 100여 회가 넘도록 지면을 할애 해 주시는 『남해시대』 신문에 감사의 말씀을 올립니다.

2022년 정초에 강원도 치악산 우거에서
필자 드림

〈차례〉

머리말 ·· 2

제1부
읍성의 성벽에 호롱불이 스쳐 갈 때 / 17

나의 고향, 나의 삶 이야기를 시작하며 ························18
읍성의 성벽에 호롱불이 스쳐 갈 때 ·····························21
심령의 안테나 ··24
나의 삶, 베이스캠프 ··27
읍성을 묻은 후손들이 명예를 되찾는 길······················30
세종 때 경상도 지리지 곤남군조의 기록······················33
성벽을 헐어서 제방을 쌓았다는 이야기 ·······················36
죽림과 매원의 전설 ··39
서포와 소재의 혼이 만났던 봉천과 죽산
  그리고 매부의 궤적 ···43
서편에 망운산이 있고
  바다에 그림자를 볼 수 있는 곳 ·······························46
불멸의 혼이 깃든 유배(流配)의 고도(孤島)에
  읍성이 있었나니··49
비문 앞에서 ··53
유배객들의 혼백이 깃들어 있는 곳 ·······························56
읍성 마을 섣달 그믐밤 ··59
고향으로 돌아간 유자 ··62

제2부
서양에서 카노푸스를 말할 때 우리는 노인성이 있었다 / 65

서양에서 카노푸스를 말할 때 우리는 노인성이 있었다 …66
남구만의 '동창이 밝았느냐……' 국민시조의
    남해 창작설에 관하여 …………………………………69
고향에 걸려있는 영유시(詠柚詩)에서
    국민 시조 '동창이 밝았느냐'를 보는 눈 ……………72
이래도 목가로만 보는가 ………………………………………75
망운산에 올라, 금산에 올라 …………………………………78
망운산과 두송용장 ……………………………………………81
영유시 20수를 읊을 때 …………………………………………84
구운몽의 주제는 곧 일장춘몽이 아닌가? …………………87
붉은 동백 떨어지듯 노도의 한 ………………………………90
화전에 깃든 김구(金絿) 선생의 혼 …………………………93

제3부
무엇이 보물인가 / 97

김봉군 교수의 역사와 문명진단
　《이 역사를 어찌할 것인가》·····················98
내가 만난 이환성 향우님 ····················101
타향을 고향처럼 사는 법 ····················104
이 주옥같은 시들을 내 세우지 못하는
　보물섬이라면 ····························107
남해중학교 교가 교체를 거부하는 이유 ·······110
무엇이 보물인가 ···························114
'사향록(思鄕錄)'과 '되돌아 본 南海 100年史'······117
세월은 가도 더욱 빛나는 것들 ···············120
백팔 계단 담벼락에 기대어 ··················123
반도 남단 다랭이 마을에 가면(1)(2) ···········126
반도 남단 다랭이 마을에 가면(3) ·············128
반도 남단 다랭이 마을에 가면(4) ·············130
반도 남단 다랭이 마을에 가면(6) ·············133
소나기 쏟아지는 벌판이 나에게 무엇이었기에 ···136

제4부
귀거래사 오는 날 / 141

귀거래사 오는 날 ·· 142
남도봉매(1) ·· 146
남도봉매(2) ·· 150
프랑스에서 〈황진이 시조론〉이 우연한 것인가? ············ 153
사백어(死白魚) ·· 156
비 오는 날의 귀소(歸巢) ·· 159
시골집 ·· 162
골태기의 전설(1) ··· 165
골태기의 전설(2) ··· 168
골태기의 전설(3) ··· 171
지남철에 얽힌 추억 하나 ·· 174
새벽길 ·· 177

제5부
할머니와 명주 베 목도리 / 181

생강나무 꽃과 산수유 꽃 ·······································182
자운영(紫雲英) 꽃물에 젖어 ·································185
찔레꽃 피는 고향을··· ··188
무궁화(無窮花) 삼천리 화려강산(華麗江山) ··················191
네잎클로버 ···194
할머니와 명주 베 목도리 ·······································197
고향산천을 담은 산수경석 ·····································200
폭우 내린 여름날의 야망 ·······································203
성묘(省墓) ··206
일산 신도시에 이 시대의 스승 한 분이 살고 계셨다 ······209
고향 새벽 닭 우는 소리에 ·····································212

제6부
흘승골성(紇升骨城)의 눈보라치는 사연 / 215

흘승골성(紇升骨城)의 눈보라치는 사연 ·················216
타임캡슐 ···218
백두대간 고봉준령에서 무엇을 담았는가? ···········221
대물에 대한 놀라움과 감사 ···································224
운탄고도 설경도 잠깐… 눈물 졌던 청령포 ···········227
겨울 속으로 괴나리봇짐을 싸는 사람들 ···············230
고대산 상고대 ··233
주유천하가 별거던가? ··236
제1회 KBF(한국철새박람회)와 강진만 ··················239
  * 흔들리는 맹세, 이렇게 가슴이 답답한 이유는 무엇일까? ···246
  * 어린 시절을 생각한 봉천 건너기 ·······················248
  * 그리고 자신감과 희망을 보며 ···························253
  〈후기〉 ··257
청풍(淸風) ··259
술과 술 부대 ··261

제7부 신축(辛丑)년의 기세(氣勢) / 265

보는 것과 먹는 것 ································266
유월에 만난 죽마고우(竹馬古友) ················269
신축(辛丑)년의 기세(氣勢) ·······················272
철골 소심(鐵骨 素心) ·····························274
속죄(贖罪) ···277
머리맡의 세 점 돌 ································280
피지도 못하고 죽을 것들에 대한 응답 ········283
思鄕 片片 十二首 ·································286
오덕(五德)이 실려오는 소리 ·····················289

제8부 양생(養生) / 293

양생(養生) ···294
억새풀 노원 들녘 ································297
10km에 어김없이 찾아오던 서울에서의 통증이
　왜 남해에서는 없는 것인가? ·················300
내산 편백림 산길 마라톤 ························303
몽골의 별빛 ··306

고향의 42.195 ·· 309
맨발 산행 소고 ·· 319
명품을 기다리며 ·· 321
다시 바다로 ·· 324

제9부 산촌에 들어 / 329

산촌에 들어 ·· 330
효자 가마솥 ·· 332
낙락장송 ·· 335
이 넉넉함 ·· 337
아로니아 ·· 339
벼메뚜기 ·· 342
마음으로 듣는 소리 ·· 344
돌담 호박님 ·· 347
두루마리 선물 ·· 349
고사목이 전하는 음률 ·· 351
호박 시화전 ·· 353

평설 ·· 358
필자 소개 ·· 382

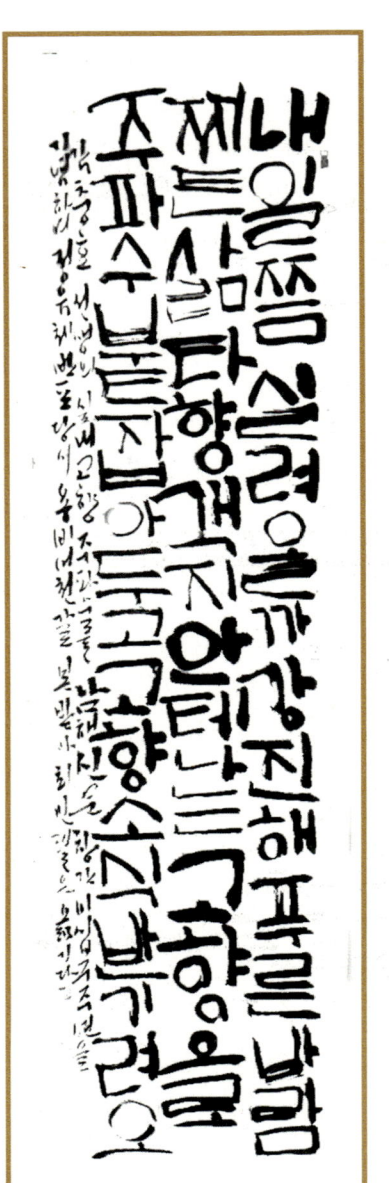

밀물 최민렬 선생 (대한민국 미술대전 서예부문 초대작가)

제1부
읍성의 성벽에 호롱불이 스쳐 갈 때

나의 고향, 나의 삶 이야기를 시작하며
읍성의 성벽에 호롱불이 스쳐 갈 때
심령의 안테나
나의 삶, 베이스캠프
읍성을 묻은 후손들이 명예를 되찾는 길
세종 때 경상도 지리지 곤남군조의 기록
성벽을 헐어서 제방을 쌓았다는 이야기
죽림과 매원의 전설
서포와 소재의 혼이 만났던 봉천과 죽산
서편에 망운산이 있고 바다에 그림자를 볼 수 있는 곳
불멸의 혼이 깃든 유배의 고도에 읍성이 있었나니
비문 앞에서
유배객들의 혼백이 깃들어 있는 곳
읍성 마을 섣달 그믐밤
고향으로 돌아간 유자

〈나의 고향, 나의 삶〉 이야기를 시작하며

> 많이도 흘러 왔소 긴 세월에 묻어 왔소
> 머리는 아직 반백 남은 반백 남아 있어
> 이렇게 귀거래사로 고향 꿈을 꾼다오

나의 고향은 나의 삶에서 어떤 화두로 다가오는가?
 어느 날 이른 새벽 홀로 면벽의 시간에 불현듯 달려오는 고향산천이 나를 부른다.

 고향의 신령스런 진산인 망운산에서 발원된 수정 같은 맑은 물이 봉천을 타고 읍성의 옛터, 남문 밖을 돌아 죽산 앞들인 하마정 벌을 적셔 흐를 쯤, 또 한 줄기 물은 읍성 옛터의 중심을 지나 죽산 마을의 배경이 되는 윗 당산과 아랫 당산의 옆구리를 돌아 망운산이 뿌려놓은 봉강산 사이를 흘러가며 파천들을 적신다. 이 작은 시내는 죽산 마을의 묏부리 동뫼의 꼬리쯤에서 봉천의 큰물과 만나 강진 바다로 흘러든다.

 망운산에서 내려다보는 남해바다 크고 작은 유인도와

무인도가 그림처럼 떠있는 모습은 가히 신선경이다.

능선에 위치한 철쭉 군락지에서는 지리산 천왕봉과 광양 백운산, 하동 금오산을 볼 수 있다.

또한 아침 남해바다에서 떠오르는 일출은 정말 장관이다. 망운산은 기우제를 지냈던 신령스런 산이고 산림청이 지정한 대한민국 야생화 100대 명소로 선정되기도 하였다.

필자는 문필 생활을 하면서 고향의 빼어난 풍광 덕분에 동료 문인들의 부러움을 많이 샀다.

몇 년 전에 서울의 문인 40여 명을 모시고 내려와 서면 소재 Sea & Dream 펜션 세미나실에서 '남해유배문학 현장 답사 및 남해를 배경으로 한 현대시 감상' 세미나를 안내한 적이 있었는데 1박 2일의 일정 중 명승 몇 군데를 돌아보는 시간이 있었다.

버스 안에서 어느 분이 소리쳤다.

"아! 감시인의 시가 이번 세미나 문인 백일장에서 왜 장원을 차지하였는지 답이 나옵니다. 이 풍광 속에서 정서를 다듬은 시인은 역시 다릅니다."

모두가 박수를 치며 환호하셨는데 남면 가천 다랭이 마을을 돌아 물미도로를 달릴 쯤의 일이었다.

이 처럼 문인들은 우리 고향의 풍광에 대해 높은 점수를 주셨는데, 참석하신 대학 교수님 두 분은 이후에 학생들의 여름방학 세미나 장소를 남해로 다녀오셨다는 후문도 있었다.

또 참석 회원 중 지금은 고인이 되신 서울대학교 명예교수 이응백 박사가 계셨는데, 그 당시 정현태 남해군수님이 이 박사님의 제자였기에 세미나 실로 찾아와서 큰절을 올리던 사제지간의 정다운 모습도 퍽 인상 깊었다.

앞으로 이 공간에서 몇 번의 글을 남길지는 모르지만 이 읍성 옛터는 우리의 국문학사에 빛나는 유배문학의 산실이니 필자가 태어나 뼈가 굵은 죽산 마을의 울창한 죽림과 뒷산 매원의 전설, 역사적 근거, 금석문 해석, 문학적 상상력을 동원해 스토리텔링식으로 엮어 고향이나 고향 떠난 향우님들과의 마음 나누는 공간이기를 소망한다.

읍성(邑城)의 성벽(城壁)에 호롱불이 스쳐갈 때

> 태어나 자라 난 곳 기를 뻗쳐 노닐다가
> 때 만나 쏘다닐 곳 넓은 곳 나아가서
> 한 세상 돌다가 오니 그게 삶이 아닌가

어느 날 새벽녘에 잠이 깨어 고향에서 날아온 신문을 본다.

'남해군 인구 5년 새 3,573명 줄었다'

평소 하루를 위한 5분의 명상이 이날따라 신문 1면의 머리기사 제목에 갇혀 진전이 없다.

왜인가? 고향의 인구가 줄어 든다는데 왜 나의 마음은 우울해지고 위축되어지는 반응을 보이는가? 따지고 보면 아무의 탓도 아니다. 그저 자연현상인데 왜 신문에서는 대서특필하고 나는 그 머리기사에 이렇게 반응하는가?

그리고 좀 더 깊이 들어가 보면 2017년 연말 기준 남해군 인구는 4만4537명이고 2018년 8월말 현재는 4만 4245명으로 4만 5000선대가 무너졌다고 한다. 인구가 줄어드는 일은 벌써 오래 전부터 있어온 일이다. 농촌지역은 거의 다 그렇다. 지방자치단체는 줄어드는 인구를 막기 위해 전출방지, 외부인구의 전입확대, 출산율 증대 등의 정책을 내놓고 있다. 그러다보니 어느 지방자치단체에서 어떤 정책을 써서 출산율이나 귀농 귀촌 인구가 늘어났다는 소식에 민감할 수밖에 없고 그 비법을 벤치마킹하러 떠난다는 부산한 움직임을 자주 보고 듣는다.

필자는 이쯤에서 줄어드는 고향 인구에 대한 사념의 나래를 접을 수밖에 없다.

왜인가? 꼭 줄어드는 인구에 포커스를 맞춘다면 나 또한 고향을 떠나온 사람이라 이렇게 줄어드는 인구에 한 몫을 했지 않은가? 서울로 올라오지 않고 그냥 고향에서 교편을 잡고 자식들 붙들고 살았다면 우리 부부 이하 아들, 딸, 손자와 며느리까지 8명은 고향인구를 보탰을 것이다. 하지만 고향을 떠난 사람의 입장에서는 여러 가지 사정이 있다. 굳이 그 원인과 결과를 따지는 것은 큰 의미가 없다. 그 원인을 누가 제공한 것도 아니고 강제한 것도 결코 아니다. 그냥 각자도생의 길을 갔을 뿐이다. 시대 따라 각자 가시밭길 삶의 길을 개척해간 극히 자연스러운 현상이다.

〈나의 고향, 나의 삶〉이란 화두는 나에게서 항상 사념의 정수리 부분에 자리 잡아 모든 하위 개념의 사념들을 호령한다. 조상님의 혼백은 내가 고향을 떠날 때 고향 마을 동구 밖에서 나의 손을 잡아 힘을 넣어주셨고 나는 그 후광으로 이날토록 객지 생활에서 삶을 영위해 왔다. 건전한 신체를 주셨기에 서울에 와서도 고향의 남달모 회원들과 국내마라톤대회에 참가하였고, 고향의 마늘 축제, 창선-삼천포 대교 개통 하프마라톤, 내산 편백림 산길달리기 등에 참가하여 건강한 다리로 고향의 풍광 좋은 곳을 향우님들과 마음껏 뛰어다녔다.

60대 중반에 들어서는 좋아하는 산행도 높은 산꼭대기까지 올라가는 것은 자제하였고, 고향사람들과 함께 도성길 순례, 고궁탐방, 왕릉 순례를 마친 바 있다. 비교적 순탄한 157km 서울 둘레길을 세 번째 돌고 있으며, 그 건각을 바탕으로 국내는 물론 국제 태극권/우슈/쿵후대회에 나가 맨손으로 하는 투로와 무기(검)를 소지하는 시합의 두 분야에 노년부 2관왕을 차지하였다.

신문을 통해 이 기사를 읽은 아파트 주민들의 요청으로 아파트 내 체육관에서 날마다 아침 2시간의 재능 기부도 하고 있다. 이러한 일련의 활동들을 나는 항상 고향에서 받아온 기력과 지력과 체력이 원천임을 하루라도 잊어본 적이 없다. 그리고 문단 활동 역시 풍광 좋은 고향에서 시적인 정서를 키워온 덕택이라고 힘주어 말하고 싶다. 즉 〈나의 고향, 나의 삶〉이란 이 화두는 나뿐만 아니라 고향을 떠난 모든 분들이 공감하는 것이 아닐까 하는 생각을 해본다.

심령의 안테나

> 설익은 세상살이 딱지 맞은 귀거래사
> 시성의 글을 새긴 두송용장 외롭구나
> 마음만 앞선 고향 길 참아보자 몇 년만

고향을 떠나 타향에서 생활할지라도 심령의 안테나는 항상 조상의 뼈가 묻히고 자기의 태를 묻은 고향땅을 향해 뻗혀 있기 마련이며 틈만 나면 고향에서 오는 소식에 주파수를 맞추는 경우가 많다. 그리고 이런 일은 내 고향이 잘 되기를 비는 한결같은 마음에서 우러나는 것이다.

얼마 전, 살은 탈락되고 백골만 남은 노간주나무(杜松)에 도연명(陶淵明)의 귀원전거(歸園田居) 일부분과 귀거래사(歸去來辭) 전문을 새기며 나름대로의 전원생활을 꿈꾸었던 일이 있었다.

고향 읍성에서 어릴 적 재래시장 동쪽의 동문 안이라 부르던 곳에서 강진바다 쪽을 내려오는 길과 남문 밖 쪽에서 봉천을 따라 강진바다로 내려온 길이 만나는 삼각지

점 즉, 죽산 마을의 끝 묏부리 동뫼 입구에 할아버지 때부터 내려오던 전답에 제법 많은 돈을 들여 복토하여 매실나무, 대봉 감나무, 땅두릅, 석류나무, 무화과나무, 영산홍, 철쭉, 회양목 등을 심고 울타리는 피톤치드를 가장 많이 품어내는 편백나무를 줄지어 심어 사이사이에 야생동백나무를 심었다.

동백나무사이의 공간에는 꽃 잔디로 장식했다. 운치를 좀 살리느라 전통적으로 내려오는 죽산(竹山)마을의 상징인 대나무도 몇 뿌리 심고 언덕에는 참마 씨를 뿌렸으며 고급 요리에 쓰이는 다년생 채소 양하(蘘荷)를 심기도 했다. 그 당시 약초로 한창 인기를 누리던 어성초도 많이 심었다. 그리고 봄, 여름 관리를 위해 건설업 하는 후배에게 부탁해 컨테이너 하우스를 설치할 장소도 마련했다.

그 해 봄에 비가 너무 자주 내려 문제가 생겼다. 배수가 잘 안되어 과일 나무들이 자라지를 않고 잡초만 무성하게 되니 계획에 차질이 생긴 것이다. 문제의 발단은 배수관리가 필요한 시기에 내가 그 현장에 없었다는 것이고, 천평 중 일부분만 시도해서 연차적으로 실천했더라면 하는 후회를 해본다. 어쨌거나 나의 귀거래사 따라 하기(?)는 어설프기 짝이 없었다. 이미 묘목은 사 놓은 거라 반신반의 하면서 심을 수밖에 없었고 그 해 장마철에 천리 밖 먼 곳에서 안이하게 대처했다가 보기 좋게 실패하고 말았다.

전원에서 농사를 지으려면 현장에 살아야 하는데 나는 그것을 못하고 과일나무부터 심은 것이다. 현장에 없었기에 장마기에 도랑을 파서 배수를 못해준 것이었다. 묘목 값도 제법 들었고 복토비도 많이 투자했는데 이렇게 되니 의욕이 생길 리가 없었다. 그렇다고 혼자서 서울을 떠나 고향으로 내려가는 것도 쉽지 않고 누군가 경작할 사람도 나타나지 않는데다가 그냥 두면 황무지가 될 가능성이 커 2년 전에 매각을 하고 말았다. 할아버지 대부터 내려온 농토로 부모님의 숨결을 느낄 수 있고 필자 자신 망향의 끈이 이어져 있는 상징적인 땅을 지켜내지 못한 것이다.

어릴 적 그 농토 주변은 나의 추억이 너무나 많이 깃든 곳이다. 하마정 들의 작은 도랑물들은 결국 봉천의 큰물과 합쳐지는 이곳으로 모이기에 그 물길을 통하여 강진바다로 산란하러 내려가는 참게와 뱀장어의 대 이동은 폭우 쏟아지고 냇물이 불어나는 시점에 절정을 이룬다. 아버님과 함께 대발을 치고 기다리면 참게는 필연적으로 대발로 기어오르게 되고 나는 참게들을 망태에 신나게 주워 담았다. 집으로 돌아와 발에 걸린 팔뚝만한 뱀장어 몇 마리 구워 먹으며 이웃들과 즐겁게 담소하던 그런 일들을 지금에 와서 되새기는 일은 〈나의 고향, 나의 삶〉에서 크게 자리 잡을 수밖에 없다.

나의 삶, 베이스캠프

> 죽림 속 바람소리 들어본 적 있는가?
> 댓잎에 실려 오는 옛 전설을 듣는가?
> 성현의 가르침으로 맹종죽도 솟았느니

　당대의 거목들이 유배지 남해에서 혈서처럼 써내려간 작품들과 작가들이 살았던 그 시대에 어떤 고초를 당하며 어떤 정신세계를 열어갔는가에 대한 보다 구체적인 사례들을 걸어 놓고 이 분야 〈나의 고향 나의 삶〉이라는 주제가 어떤 끈으로 이어져 있는가를 살펴볼 차례다.

　내 자신이 한국문단에 이름을 올린 시인이라는 인연 때문에 아무래도 필자는 유배객이 치열하게 써내려간 글에 대해 큰 관심을 가졌고, 문학에 눈을 떠 습작기를 거쳐 등단하기까지 그 분들의 이야기는 내 고향 마을 죽림 속에서 모락모락 피워나고 있었기에 그것이 나의 시적 감성을 키워주는데 큰 영향을 주었다고 생각한다.

　문화재로 등록되어 있는 봉천사 묘정비의 비문은 그 내용을 자세히 뜯어보면 인문학적 관점에서 역사, 문화, 문학, 정치, 사회가 총 망라된 남해의 위대한 보물이요 당대의 거유가 써내려간 한 편의 서사시다. 그 비문을 간직한 큰 비석이 서있는 자리도 내 고향 마을이고 그 비석의 주인공이 유배되어 살면서 백성을 가르쳤던 곳도 나의 고향 마을 죽산(竹山)이니 당연히 〈나의 고향 나의 삶〉의 베이스캠프는 이 곳이다.

남해에서 문학작품을 남긴 유배객 중에서 문학작품에 있어서는 단연 서포 김만중이 어느 유배객보다 위상이 높으나 다양한 계층과 접촉하면서 습감재(習坎齋)라는 서당을 열어 지방민에게 충신효제(忠信孝悌)를 가르칠 정도로 인문학적 큰 족적을 남긴 이는 소재 이이명 선생이다. 선생의 큰 사상과 가르침을 적은 봉천사 묘정비가 큰 우여곡절을 겪으며 지난 2011년 12월 27일자로 봉강산 자락에서 남해유배문학관 야외공원에 옮겨졌다.

봉천사묘정비의 이전을 시작으로 매부(梅賦)도 유배문학관에 소개되었다. 유배객들이 읍성 주변에 호롱불처럼 내걸었던 시문들은 필자를 항상 읍성주변을 서성거리게 했다. 어릴 적 어른들이 동문 안, 동문 밖, 서문 안, 서문 밖, 남문 안, 남문 밖, 북문 쪽에 위치한 봉양대, 생원골, 향교, 포교당 등에 심부름을 시키시던 일들을 회억해본다.

필자가 어릴 때 할머님의 손에 이끌려 읍내 장터 등 여러 곳을 오고 가는 길이 다름 아닌 동문안과 동문 밖의 경계선이었다. 집의 축대나 담장에 쓰인 크나큰 돌들에 대해 할머니께 여쭤보면 읍성 성벽이라고 설명해주셨다.

2019년 8월 8일자 발행 『남해시대』의 남해읍성이야기(1)에서 '남해읍 새 도시계획, 옛 읍성이 최대 변수다.' 대서특필 신문기사와 1915년 읍 지적도와 2019년 읍 지적도 비교를 보며 그 때 남해읍성의 동,서,남,북문의 위치를 가늠해보고 내가 어릴 적 걸었던 길을 비교해본다. 전문가는 "군청, 남해초교 부지 읍성 관련 유물 발굴 가능성 높다"고 했다.

  8월 15일자 발행 남해읍성이야기(2)에서는 '남해읍성, 자연발생 아닌 주민편의 위해 축조돼' 제하에 읍성의 존재를 부각시키며 선소항이 읍성 위치선정에 중요 역할 기여 했다는 내용과 남해읍성의 특징을 상세히 소개하였다.

  8월 22일자 발행 남해읍성이야기(3)의 '과거와 현 모습 비교'에서 동서남문지 중 서문지가 잘 보존돼 있음을 사진자료를 통해 보도하였다.

  동 신문 9월 5일자 발행 남해읍성이야기(4)의 '남해읍성 서문지, 읍성 내 고고학적 가치 가장 높아'에서 2014년 서변리 서문지 일대의 상세한 성벽 모습과 함께 출토된 유물 16점을 소개하였다.

  지방신문의 역할과 소임을 다하고 있음에 고마운 마음을 전하고 싶다. "남해읍 새 도시계획, 옛 읍성이 최대 변수다" 모든 남해군민과 남해읍민과 관계기관과 군청사추진위에서 깊이 새겨들어야 할 고향에서 달려오는 중대한 화두임이 분명하다.

읍성을 묻은 후손들이 명예를 되찾는 길

> 읍성의 혼 불 지펴 살려낼 수 있을까?
> 천우신조 읍성 발굴 묻어버린 후예들이
> 그 불씨 혼 불의 생명 살려 낼 수 있을까?

　어떤 지방에서는 기왓장 하나와 성 밑돌 하나만 나와도 큰 절을 짓고, 사당을 짓고, 누각을 쌓고, 성벽을 쌓아 문화재를 복원하여 살리고, 아울러 관광객을 끌어 모으는 추세인데, 남해읍성 성곽이 부분적이지만 수백 년의 세월을 머금고 고스란히 발견되었는데도 그것을 도로 묻어버린 행위는 바로 조상들의 숨결인 찬란한 문화와의 단절을 의미함이니 못난 후손들의 몰지각했음이 누대로 이어져 역사 속으로 기록될 것은 자명한 일이 아닌가. 세월이 가면 어느 땐가 읍성이 그리워지고 그 가치가 높아질 때 어느 후손들이 다시 읍성의 존재를 의식하고 정말 발굴의지를 가지고 반듯한 남해읍성을 이 세상에 빛을 보일 때를 생각해 보면 우리 시대 이 못난 후손들은 어떤 평가를 받을지 생각만 해도 얼굴이 뜨거워진다.
　그런데 한 가닥 희망이 보인다. 2018년도 7월 20일자로 도시재생사업 국토부 선정 30곳에 우리 군이 1차 서류심사를 통과하더니 8월 31일자로 도시재생 뉴딜사업(중심시가지형)이 확정되었다. 군이 추진하는 단일 공모사업으로 최대 규모인 200억원의 사업비를 확보했다. 사업기간은 2019년부터 2023년까지 진행된다고 발표되었다.

 구체적인 사업내용은 '남해사시다', '창생발전 플랫폼 조성', '한려수도 누리마당 조성', '걷고 싶은 읍민거리 활성화사업', '남해관광ICT융합사업', '남해 더 베니키아 조성', '누구나 오시다 사업', '누구나 즐기다 사업', '누구나 머물다 사업' 등 8개 등이 다뤄지고 관광사업과 대학타운상권, 공공인프라의 재구조화를 통한 중심시가지 기능 회복을 목표로 삼고 있다. 도시 설계도면을 보니 남해읍성의 존재를 부각시켜 남해읍성 역사지킴골목조성 1군데와 남해읍성터 역사마당 조성 1군데가 지정되어있었는데, 그 규모에 있어서 자세한 내용은 나오지 않아 잘 모르겠지만 아마도 읍성 전체를 발굴하는 계획은 아닌 듯하다. 이번 기회에 읍성 전체를 발굴하는 일을 하지 않으면 차후 남해읍성의 발굴은 더 이상 어려울 것이다.

 '100% 발굴이 어렵다면 북문과 남문 또는 동문 주변이라도 발굴 복원하여 읍성의 위상을 살려 놓고 사정이 허락하면 앞으로 더 큰 발굴사업을 기대할 수 있다'는 그 당시 정현태 남해군수의 신문 인터뷰를 본 기억이 있다. 지금의 상황에서는 현재의 남해군수가 이러한 의지를 보여야 할 때라고 보며 임기 동안 이를 실천한다면 남해읍성의 역사에 그 이름이 길이 남을 목민관이 될 것이다. 또한 조선시대 동헌이었던 군청을 신축을 하던 이전을 하던 그 주변을 발굴해보면 문화재가 더러 묻혀있을 것으로 본다.

어릴 적 초등학교 다닐 때 학교 교문 앞 맞은편에 고색창연한 기왓장이 덮인 군청의 담이 있었다. 담 너머로 수양버들 늘어진 연못을 바라보며 하교하던 기억이 새롭다.

옛날에 동헌이나 궁궐 등을 지을 때 인공 연못 아래 귀중한 것들을 많이 수장한 사례가 많았다. 하지만 군청의 연못자리에 건물이 들어선지 오래다. 그 당시 연못을 메우기 전 연못 바닥을 준설해 보는 그러한 시도라도 해봤는지 묻고 싶다.

지금 남해읍에 위치한 군청, 경찰서, 학교, 교육청 관사의 증축과 이전에 대해 여론이 분분하다. 지금의 남해유배문학관의 터를 거론하기도 하는데 넓은 터에 적당한 기관이 들어서는 것은 도시계획에 의해 하겠지만 애써 자리 잡은 남해유배문학관의 위치와 정서는 고수해야만 한다. 왜냐하면 남해유배문학을 잉태하여 출산한 지역, 즉 유배 인물이 가장 많이 유배생활을 하며 유배문학을 남긴 장소가 바로 읍성 주변이기 때문이다.

세종 때 경상도 지리지 곤남군조의 기록

> 조상의 숨결들이 빼곡히 쌓였건만
> 피와 땀 석축마다 짙게 고여 흘렀건만
> 정성이 모자란 후손 회초리가 약이다

'죽산리(竹山里)'라는 지명은 여러 문헌과 비문에서 많이 발견되는데 경상도 지리지에서는 남해읍성의 이전 과정에서 그 중심지로 적혀있기도 하다. 즉, 경상도 지리지 곤남군조(慶尙道地理志 昆南郡條)를 살펴보면 읍성에 관한 내용은 다음과 같다.

'세종 19년 남해를 복원하여 읍을 두었고, 세종 21년(1439) 화금현산성에서 竹山里로 읍성을 이전 축성하였는데 기존의 읍성이 비탈진 곳에 있어 옮겼다. 세종 21년(1439)에 읍성을 설치한 곳이 바로 군청이 위치한 곳이다. 읍성의 최초 제원은 문종 원년(1451) 〈청경상충청각관성자척량계〉라는 보고서를 정이오의 아들 충장공 정분이 성곽의 둘레 2,806척, 높이 12척, 해자 3,37척, 여장, 성문 3, 적대, 옹성 등을 상세히 보고한 것을 확인할 수 있다. 《경상도속찬지리지》와 《신증동국여지승람》에 둘레가 2,876척으로 기록되어 있다. 이것은 세조 5년 성문을 하나 더 축성함으로써 70척이 늘어난 것이다. 임진란이 지나 영조 정축년 (1757) 남해현령이었던 조세술이 무너진 곳을 다시 견고하게 쌓았다. 일제강점기에 존재했었던 흔적을 조선전도를 통해 확인 가능하며 지적도에 남아 있다. 그러나 죽산리 일대 언막이 공사와 봉내천 범람에 따라 헐어서 사용되었고 큰 기단석은 활용하지 못하고 부분적으로 남아 있거나 건물 아래 묻혀 있다.'

〈남해군지 상권, 2010년 발간. P.213〉

 세종 21년(1439)에 화금현산성에서 죽산리로 읍성을 이전 축성하였다는 내용과 읍성을 설치한 곳이 바로 군청이 위치한 곳이라는 상반된 내용이 기술상의 오류인지는 모르지만 어쨌던 그렇게 기록된 데는 다른 까닭이 있을 것이다. 경상도 지리지에 의하면 읍성의 돌들이 죽산리 일대 언막이 공사와 봉내천 범람에 따라 성을 헐어 사용하였고 큰 기단석은 부분적으로 남아 있거나 건물 아래 묻혀 있다는 기록을 그냥 기록으로 넘어갈 것인가? 아니면 그 문화재적 가치를 떠올려 발굴을 시도해 볼 것인가에 대해서는 항상 군민의 과제였고 관심사였는데 천우신조로 그 역사의 현장이 자연스럽게 전개된 사건이 생겨났다.

서포 김만중과 자암 김구를 제외한 나머지 남해에서 유배문학을 남긴 유배객들은 모두 읍성이나 성주변이 그 적소로 전해 온 것은 역사적 사실이다. 역사적으로 존재했던 남해읍성, 유배문학의 산실인 이곳을 2008년 9월 초에 읍내의 시가지에 도로를 내다가 대규모의 남해읍성을 발견하게 되었다. 여론이 분분하였다. 천우신조로 이 세상에 빛을 보게 된 이 읍성을 대대적으로 발굴하여 문화재적 읍성의 위상을 살려 관광지로 발돋움 해보자는 여론이 들끓었다. 적어도 몇 백 년 전의 성이 발견됨은 문화재적 관점에서 엄청난 보물이 출토된 사건이었다.

  문화재청에서 내려오고 관계기관의 자문을 받으면서 군민의 의견을 수렴하는 오랜 절차 끝에 도출된 결론은 도로 묻는 것이었다. 결국 우리의 문화재 향유능력의 빈곤과 발굴에 소요되는 엄청난 규모의 비용에 아예 손을 들어버린 것이다. 필자는 그 당시 이러한 결말에 대해 통탄 수준의 글을 여러 지지(紙誌)에 발표하였고 필자의 시집에도 실었던 기억이 있다. 성벽 주위에 보호재로 채우고 그 위치를 표시하여 훗날을 기약한다고 했지만 도로가 나서 아스콘이 깔려버리고 주변에 고층 건물이 들어서버리는 상황에서 발굴은 더 어려워질 것이라는 생각을 하지 않을 수 없었다. 지금이 기회다. 이유 불문하고 문화재는 살려야 한다. 읍성을 묻어버린 그 불명예를 씻을 때가 온 것이다. 군민들이 지혜를 모아야 할 때다.

성벽을 헐어서 제방을 쌓았다는 이야기

용왕바위 밑뿌리로 자맥질 해 들어가면
시퍼런 굴 속으로 소용돌이치던 물길
이무기 누구였을까? 용왕바위 찾던 분

　앞의 경상도 지리지 곤남군조(慶尙道地理志 昆南郡條)의 기록에서 '죽산리 일대 언막이 공사에 읍성을 헐어서 사용했다'는 역사적 현장을 필자는 봉천에서 멱 감으며 성벽 돌로 추정되는 잘 다듬은 어마어마한 큰 돌들 밑에서 미꾸라지 묶은 대꼬챙이로 손바닥 보다 큰 참게와 가재를 많이 꼬셔내었다. 봉천의 언막이로 하마정들과 파천들에 홍수가 밀려오는 것을 막았다는 역사적 사실에 주목한다. 그 때 농사는 천하지대본(天下之大本)이라 하여 치수에 치중할 때이고 우리 조상들은 그 때 어떻게 홍수를 막아 마을과 농토를 지켰는가를 후대는 알아야 한다. 이 것이 곧 읍성의 역사요, 남해의 역사이며 우리 조상들의 삶의 궤적이기 때문이다.
　망운산 줄기가 읍성을 가로 질러 강진 바다 쪽으로 뿌려놓은 묏부리는 봉강산, 윗 당산, 아랫 당산과 동(東)뫼

인데 홍수 때 봉천물이 내리치는 힘으로 동뫼 큰 바위 밑은 아주 깊었다. 물속으로 자맥질해서 들어가면 바위 틈새로 큰 굴이 있었다. 그 당시 그 굴속으로 몸을 들이밀면 짚단만한 잉어가 파랗고 큰 눈을 굴리고 있었는데 폐활량과 지구력과 담이 커야 가능한 일이었다. 필자는 잉어를 만져보려고 더 깊숙이 몸을 넣었다가 큰 잉어가 굴을 박차고 나오는 바람에 물속에서 온 몸으로 잉어의 매끈한 피부와 접촉했던 추억이 있는 곳이다.

봉천은 읍성 동문 안과 남문 밖에서 강진바다로 나가는 길목이었으니 읍민들의 빨래터요 휴식공간이었으며 젊은 이들의 데이트 코스였다. 여름 날 물속에 오래 있다가 입술이 파리해지면 햇볕에 달구어진 이 큰 바위에서 뒹굴며 몸을 말리던 추억이 새롭다.

봉천의 하류인 동뫼의 끝 부분에 자리한 용왕바위 주변은 많은 물이 급경사로 굉음과 함께 무서운 소용돌이로 내리쳐 더욱 깊었다. 동네 사람들은 그 용왕바위 안쪽의 논을 '용왕마지기'라 불렀다. 경상도 지리지 곤남군조(慶尙道地理志 昆南郡條)의 기록에 나오는 성을 헐어서 쌓은 큰 돌들은 지금은 모두 콘크리트의 옹벽 속으로 묻혀 버렸다. 읍성의 남문 밖을 흐르는 남산다리와 입현다리 사이의 방천에도 엄청나게 큰 돌들이 박혀있었는데 지금 생각하니 읍성의 성벽 돌이었을 가능성이 높다. 봉천 하류의 용왕바위는 봉천의 거센 물줄기를 막아 언이 터지지 않게 용왕마지기를 지키던 고마운 바위였다. 그 바위가 용왕바위 또는 정승바위라고도 전해왔으며, 동네 안쪽으로도 당산 아래 큰 바위가 있는데 정승 비릉뱅이라 불렀으며 해마다 동제를 모시는 곳이기도 하다. 두 개의 큰 바위에 왜 정승이라는 명칭이 들어갔는지는 필자도 알 길이 없다. 다만 동제모시는 정승 비릉뱅이는 그 자리를 지키고 있지만 막강하고 유서 깊은 용왕마지기 지킴이 용왕바위는 봉천의 직강공사 때 파괴되어 없어졌다.

  필자가 초등학교에 다닐 때만 해도 이곳에서 친구들과 멱을 감았고 동네 김참봉 어른께서 멱 감을 때 벗어놓은 옷을 모두 감추시곤 하셨다. 그 이유는 너무 깊어 위험하고 용이 놀았던 신성한 곳이라는 것이었다. 옷을 돌려주신 김참봉 어른은 용왕바위 옆 잔디밭에서 해동명장전 이야기와 우리 동네에 귀양 오신 조정의 정승들에 대한 이야기를 해주셨는데 가정하여 이이명 선생이 왕이 되려한다는 간신들의 모함이 진실이었다면 참봉 어른이 들려주시던 이야기는 용이 못된 이무기에 대한 이이명 선생의 이야기가 아니었을까하는 가정도 해 본다. 이 용왕바위 밑으로 용굴이 있어 강진 바다 깊은 곳으로 통한다는 전설도 전해왔다.

  어릴 적 강진바다 선소와 쐬섬 사이의 용오름 현상을 봉천용왕바위의 용이 승천하는 것으로 믿으며 동네 어른들과 친구들이 몰려갔던 기억이 있다.

죽림과 매원의 전설

매원의 매향 따라 소재선생 떠올리고
홍매화 물결 속에 청매화 띄엄띄엄
시화전 음악회 열던 푸른 시절 있었지

소재 이이명 선생이 남해에서 왕이 되려는 시도를 하고 있다는 목호룡의 고변으로 역적으로 몰린 선생은 한양으로 압송되던 중 노량진에서 사사 되었다. 이 소식을 들은 남해와 인근 지방의 유생들은 가족을 잃은 듯 비통해 하였다고 한다. 그 후 목호룡의 고변이 거짓으로 탄로되어 목호룡 등은 참수 후 당고개에 효수되었다.

그리고 노량진에는 당시 사화로 비명에 간 소재 이이명 선생을 비롯한 김창집, 이건명, 조태재의 사충신을 모신 사충서원이 세워졌는데 그 후 남해와 인근 지방의 유생들이 이곳으로 영정을 모시고와 습감재에서 얼마 안 떨어진 곳에 봉천사를 지어 제사하며 뒤에 봉천사 묘정비를 세웠다.

봉천사 묘정비는 높이 260cm. 폭 83cm, 두께 32.5cm로 비문을 지은이는 문장에 능한 대제학 김조순이다. 그 후 봉천사는 대원군의 서원 철폐령으로 훼철된 것으로 보이며 봉천사 묘정비만 읍 공용터미널 맞은 편 봉강산 자락에 있다가 남해 유배문학관으로 옮겨졌다.

그 습감재 서당이 있던 곳으로 추정되는 죽산 마을 뒷산 당산에 매화 두 그루의 후손들은 크나큰 매원(梅園)을 이루어 이 고장의 자랑거리였다.

이 매원의 향기는 창선 쪽에서 불어오는 동풍에 실려 봉강산, 봉영대, 생원골, 유림, 향교, 북변 시장통을 적시면서 읍성을 한 바퀴 돌다가 망운산 아래 옹기종기 남북으로 가로 놓인 아산, 봉전, 신기, 서변, 남산, 마산, 광포, 신촌, 내금, 외금, 야촌, 양지, 평현, 봉성을 거쳐 망운산을 거슬러 오른다. 그렇게 읍성을 향해 차오르던 매향은 해 저물 쯤에 다시 망운산에서 강진바다로 향해 부는 서풍으로 바뀌어 오동뱅이 마을 저녁 밥 짓는 연기를 싣고 읍성을 지나 남변, 죽산의 매원의 매향을 더욱 보태 담아 실은 뒤 죽산 앞뒤의 하마정들, 파천들을 잠재우고는 심천, 차산, 선소, 입현, 섬호, 토촌의 해조음까지 어깨동무하여 강진바다 건너 맞은편 창선도까지 그 매향을 흘려보냈다.

어느 해 고향을 찾은 필자는 태어나서 자란 죽산 마을의 뒷산 그 우람하던 매원의 추억을 찾아 마을을 둘러싼

대밭을 헤치고 가봤으나 그 전설적인 매원이 있던 곳은 대학 부속건물이 들어서 있었고, 매원을 둘러싸고 있었던 낙락장송들만 강진바다 푸른 바람에 그 고절의 송뢰(松籟)를 전하고 있었다.

고교 시절 그 낙락장송의 굽은 허리에 샌드백을 매달고 새벽마다 죽림을 뚫고 올라와 파천들, 하마정들, 강진바다를 내려다보며 같이 체력 단련하던 노래 잘하는 김철수 사장의 얼굴이 불현듯 떠올랐다.

우리 고향 남해는 그 옛날 명문거족 고관대작들이 사화에 연루되어 유배를 많이 왔는데 서포 김만중, 소재 이이명, 자암 김구, 약천 남구만, 후송 유의양, 겸재 박성원이 대표적인 인물이다. 이 중에 서포 김만중과 자암 김구를 제외한 모든 고관대작들이 이곳 읍성 주변에 적소를 정하고 백성들과 교유했다.

또한 겸재 박성원은 250여 년 전 남해의 풍속이나 실상을 담은 300편이 넘는 한시를 그의 문집 광암집 '남해일기'에 남겼다. 박성원의 시에 유배생활을 하던 거처의 서쪽에 망운산이 있고 바다에 그 그림자가 드리워진다는 내용이 있으며 거처의 죽림에 대나무를 주제로 하여 지은 시가 많은 것을 보며 오랜 옛날부터 동네 주변에 대를 많이 심어 북풍을 막았던 죽산리(竹山里)에 그의 적소가 있었음을 추정해본다. 이 죽산리(竹山里)라는 지명은 여러 문헌에 많이 발견되는데 경상도 지리지에서는 남해읍성의 이전 과정에서 그 중심지로 적혀있기도 하다.

경상도 지리지 곤남군조(慶尙道地理志 昆南郡條)에 기록된 읍성과 죽산리에 관한 내용은 10월 3일, 10일자 『남해시대』신문 〈나의 고향, 나의 삶〉에 소개된 바 있다.

서포와 소재의 혼백이 만났던 봉천과 죽산, 그리고 매부(梅賦)의 궤적

> 외로운 만리 땅에 두 거목이 만났으니
> 매화가 미리 알아 감응으로 피어 난 날
> 슬프게 초사 읊으며 매부지어 바치다

  얼마 전까지만 해도 필자 소유의 그 농토를 안고 도는 봉천이라는 큰 하천에는 여름 날 멱 감으며 고태기와 송사리와 가재를 잡던 추억, 비가 많이 내리는 여름이면 아버님을 따라 봉천 지류에 대발을 치고 참게와 뱀장어를 한 바구니씩 잡던 추억, 그 봉천이 끝나는 곳에 강진바다가 펼쳐져 온갖 해산물이 넘쳐나 자맥질로 소라와 피조개 새조개를 건져 올리던 추억이 새롭다. 빈소라 고둥에는 낙지가 한 마리씩 들어 앉아 있기도 했다. 밀물이 봉천까지 밀려 올 때는 당숙께서 숭어잡이 삼망거물을 치시는데 어떤 숭어는 그물을 훌쩍 뛰어 오르는데 멱 감던 아이들은 뛰어 오른 숭어를 물에 닿기 전에 잽싸게 잠자리채로 낚아채기도 했다.
  어린 시절의 죽산 마을과 봉천주변의 이러한 목가적인

제1부 • 43

이야기와는 차원이 다른 역사적 큰 흐름이 이곳에서 존재하고 있으니 이를 간과하고서는 이 글을 쓰는 큰 의미가 없다.

우리 남해의 읍성은 다른 곳에서 쉽게 만나지 못하는 유배문학의 원류가 흐르고 있다. 읍성은 그야말로 보물섬 남해가 자랑하는 보물중의 보물을 간직하고 있으니 이제부터 그 인물과 사연과 작품 속으로 들어가 보기로 한다.

조선 숙종 조 국문학사에 금자탑으로 빛나는 구운몽의 저자 서포 김만중 선생이 유배를 온 남해 노도 적소에서 적적한 앞마당을 바라보다가 한양의 옛집에서 선비들과 함께 바라보던 서재 앞에 서있던 매화를 마음에 두고 매화나무 두 그루를 심어 가꾸며 적적하고 황망한 마음을 달랬다. 그의 사위가 되는 소재 이이명 선생도 몇 년 뒤 사화에 연루되어 남해로 유배를 와 이곳 읍성의 죽산리 부근에 적소를 정하고 장인의 적소인 노도로 가보니 장인인 서포 김만중 선생은 이미 이 곳 적소에서 유명을 달리하고 널이 선산으로 옮겨 간 뒤였으니 망연자실 큰 슬픔을 가눌 수 없었다. 장인의 적소를 돌아보던 중 장인이 키우던 매화 두 그루가 주인을 잃고 시들고 있음을 보게 된다. 장인이 키우던 매화나무 두 그루를 소재 선생은 자기의 적소로 옮겨와 키우니 이 매화나무는 마치 옛 주인을 만난 듯 힘을 얻고 꽃을 피워 튼실한 매실을 달았다는 내용의 글을 지었으니 이것이 바로 현존하는 매부(梅賦)이다. 정치적으로 불의에 항거하며 임금 앞에서 죽음을 각오하고 오로지 곧은 선비정신으로 조정을 바로잡고자 했던 두 분의 정신이 서로 감응하여 지어진 매부(梅賦)는 그 가치가 어느 문학작품보다도 고도의 정신세계를 표현한 글이라서 후세들에게 크나큰 감동을 준다.

 소재 선생이 적소에 습감재(習坎齋)라는 현판을 걸자 남해 유생들은 물론 인근 사천 하동의 유생들도 선생의 가르침을 받고자 구름처럼 모여 들었다고 한다. 세종대왕의 7대 손으로 조정의 좌의정 벼슬까지 올랐으니 그 명성이 자자했음은 물론이고 선비라면 이 명문대가의 정승에게 가르침받기를 원했을 것이다. 산청의 토호 선비로 특히 사천과 하동에 걸쳐 문하생을 배출하였던 직하재(稷下齋) 문헌상(文憲尙:1652~1722) 선생은 자주 습감재를 찾아 왔던 선비로 후에 이이명 선생이 사사(賜死)받을 무렵 운명을 같이 한 인물이다. 소재 선생이 남해로 유배 올 때도 같이 와 있을 정도였으니 얼마나 절친했음을 알 수 있다. 다 아는 바와 같이 그 시대의 당쟁은 피도 눈물도 없었고 체면도 도덕성도 없는 잔인무도하고 악랄한 이전투구의 양상이어서 그 회오리 속에서 참으로 아까운 인물들이 목숨을 잃거나 고초를 당하였는데 소재 이이명 선생 역시 그러한 인물이었다.

서편에 망운산이 있고 바다에
그 그림자를 볼 수 있는 곳

읍성을 감싸 안은 망운산 그림자가
강진 바다 수면 위에 그림자 내릴 적에
대나무 소슬바람에 겸재 선생 시심이여

자암 김구의 화전별곡(花田別曲)에 봉천(鳳川), 파천(巴川), 망운산(望雲山)이라는 지명이 나오고 소재 이이명의 매부(梅賦)를 지은 곳과 적소도 봉천변 주변이었던 바 남해유배문학관이 세워진 곳도 바로 망운산 자락이 강진바다쪽으로 펼쳐놓은 이 봉천변이다. 어디 그 뿐인가? 서포 김만중의 적소에 있던 매화나무 두 그루를 그의 사위인 소재 이이명 선생이 옮겨와 심어서 키운 곳도 적소로 추정되는 읍성의 죽산리 당산 매원 주변의 습감재(習坎齋)임을 생각할 때 남해읍내의 봉천변 주변은 남해유배문학의 메카라고 해도 과언이 아니다.

겸재(謙齋) 박성원(朴聖源, 1697~1767)이 기로소에 들겠다는 영조의 뜻에 반대하다가 남해로 유배형을 받아 1744년 8월 30일부터 1745년 1월 6일까지 15개월 정도의 짧은 유배기간 동안 300편이 넘는 한시를 남겼는데 그의 적소 서편에 망운산이 있고, 바다에 그 그림자가 드리워진다는 내용이 있으며, 거처의 죽림에서 대나무를 주제로 하여 지은 시가 많은 것을 보면서 그의 적소는 읍성의 동쪽으로 대가 많은 동네 죽산리가 아니었을까하는 짐작도 조심스레 해 보게 된다.

어떤 이가 쓴 남해유배문학 기행문에 보니 겸재 박성원의 적소를 읍성 죽림마을(죽산리)의 지금 남해대학 기숙사 죽림부근으로 적시하며 대가 무성한 담벼락 사진도 게재하기도 하였는데, 어떤 역사적 기록에서 인용한 건지, 그곳에 무슨 유물이 발견되었는지, 아니면 구전인지는 필자 자신도 알 길은 없다. 위에서도 말했지만 필자는 박성원의 시에 녹아있는 여러 심상으로 봐서 가장 근접한 마을은 오래 전부터 죽림이 우거진 죽산으로 추정할 뿐이다.

그것뿐이 아니다. 남해의 풍속을 담은 기행문인 남해문견록(南海聞見錄)을 지은 후송(後松) 유의양(柳義養)의 적소도 읍성 남문 밖(현, 남해읍 남산동) 김시위의 집이었고 그 남문 밖은 다름 아닌 죽산과 연결된 봉천 상류쯤이다. 그는 54세 때인 영조 47년(1771년)에 홍문관 수찬, 부수찬을 지내다가 삭탈관직 되어 남해로 유배되어 왔다. 노량 나루에 접한 충렬사를 참배하고 싶었지만 신분상 이를 억제하고 남해읍으로 들어와 선소의 장량상동정마애비 앞에서 충렬사 헌시(忠烈祠 獻詩)를 읊어 그의 남해문견록(南海聞見錄)에 남기게 된다. 그는 천리 먼 길 낯선 곳에 귀양을 와서 살았지만 전직 고관의 금도와 기개를 잃지 않았고 청렴결백, 안빈낙도, 경륜과 충성심 등 그의 높은 지조를 읽을 수 있기에 이 글은 후세사람들에게 까지 교훈을 준다. 후송 유의양은 대충 10편 정도의 남해문견록을 남겼다. 그가 남긴 남해문견록은 순수한 국문자에 의하여 최초로 남겨진 한글기행문체로 아주 소중한 작품으로 평가받고 있다.

이와 같이 당대의 거목들이 우리 고향에서 고매한 경륜을 백성들에게 각인시킨 그 문화적 가치를 가볍게 생각해서는 안 된다. 왜냐하면 그 당시 조정에서 유배객들에게 내린 '절해고도 위리안치'라는 형벌이 말해주듯이 말 그대로 우리 고향은 그런 곳이었다. 그러나 유배객들은 우리 고향 남해를 배경으로 한 많은 문학작품을 남겼다. 다른 데서는 쉽게 구할 수 없는 귀하디귀한 우리 남해의 보물이다. 그러기에 남해의 인문학적 콘텐츠는 유배문학관과 노도 문학의 섬에서 그 해법을 찾아야 하리라고 본다.
'서편에 망운산이 있고 바다에 그 그림자를 볼 수 있는 곳' 겸재 박성원의 시심이 바로 이 읍성의 죽림마을에서 발원되었다.

불멸의 혼이 깃든 유배(流配)의 고도(孤島)에 읍성이 있었나니…

> 읍성의 둘레길을 어렴풋이 돌아본다
> 그 옛날 동문안 긴 성벽 돌을 만져보며
> 군청에 제공한 자료 서문 사진 소식 묻다

  남해에 유배문학을 남긴 여섯 분 중 서포 김만중과 자암 김구를 뺀 나머지 네 분의 적소가 모두 남해읍성 주변임을 생각할 때 국문학사에서 차지하는 중량감이 큰 다양한 유배문학이 태동하여 출산된 곳은 흔치 않다. 그래서 이곳을 유배문학의 테마마을로 더욱 발전시킨다면 그 풍부한 자원은 전국 어디에서도 남해를 따라올 수가 없을 것이다. 남해유배객의 가장 대표적인 인물인 서포 김만중은 3여 년간의 유배생활의 첫 걸음을 남해읍성 향교에 들러《주자어류》한 질을 빌려《주자요어》를 엮기 시작하여 시, 소설, 수필, 평론류의 다양한 창작이 이루어졌고 그 외의 다섯 분도 수많은 시가, 기행문, 부, 한시 등 실로 그 다양함과 양적으로 풍부함에 놀라지 않을 수 없으며 국문학사에 그 비중이 높은 대작들이 즐비하니 어찌 남해를 유배문학의 보고라 이름 하지 않겠는가?

유배문학이라 하면 대부분 임금을 그리는 내용인 가사를 포함한 시가류가 대부분이지만 남해의 유배문학은 소설로써 숙종을 깨우쳐 나라를 지키고자 한 사씨남정기는 물론 남해의 풍속을 그린 기행문인 《남해문견록》, 평론집 《서포만필》, 경기체가 〈화전별곡〉, 수필에 준하는 〈윤씨행장〉, 박성원의 수많은 한시 등 많은 장르가 창작된 이곳에 전국 최초로 유배문학관이 건립되었다. 권력도 부귀영화도 모두 빼앗긴 채 '유배(流配)'라는 백척간두에 선 절망적인 삶 속에서도 문학을 꽃 피웠던 불멸의 혼들은 오늘도 그 들의 창작지를 찾아 배회하고 있을 것이다.

이제 그 문학의 혼 불을 내걸었던 읍성을 복원할 때라고 본다. 읍성을 복원하게 되면 우리 군민은 성곽을 가진 문화군민으로서의 위상도 찾게 되고 성벽을 더듬어 전설 깃든 마을 언덕과 골목과 죽림 속으로 들어가서 오래된 역사와 당대의 위인들을 만나게 될 것이다.

'유배(流配)의 고도(孤島)에서 시혼(詩魂)을 부르는 소리'가 세월을 건너 뛴 타임머신을 타고 우리 곁으로 오고 있음이니 도타운 그들의 맑은 영혼을 맞을 준비를 서둘러야 할 때다.

성곽이 있는 문화도시는 벌써 그 품격이 달라진다. 서울이나 수원 등 대도시도 그렇지만 진주와 고창, 낙안, 해미읍 등에 성곽이 없다면 무슨 매력이 있어 관광객들이 이 도시를 찾겠는가?

2008년 9월 초에 천우신조로 발견된 천혜의 보물 남해읍성을 도로 묻은 문화재 향유능력 빈곤의 불명예를 씻고 지금이 남해읍성을 가능한 한 많이 노출시킬 절호의 기회이다. 읍성의 중심지였던 군청과 남해초등학교는 남해읍성의 중심지로서 성곽과 유물이 많이 묻혀 있을 것으로 전문가들은 진단하고 있다. 소중한 유적과 유물의 발굴작업은 소정의 절차에 의해 진행되겠지만 문제는 남해읍성 원형을 훼손하지 않고 최대한 복원하는 것을 등한시하고 건물 짓는 것에 치중한다면 두고두고 후회할 일이 생길 것이다.

　오래 전 유치하려던 조선산단도 물 건너가고 그 곳에 화력발전소를 세우는 의향서를 제출하기 위해 실시한 주민투표도 남해의 청정 환경을 보존하여 후대에 더욱 가치있는 곳으로 남겨두자는 쪽으로 결정 난 마당에 발상의 대전환을 시도하는 것이 어떨까를 생각해 본다.

　이후로 어떤 공업시설이나 공해시설은 들어 올 수 없다는 남해군민의 정서가 굳어져 청정지역으로 남기를 결심

했다면 조상의 숨결이 살아있는 읍성이 발견됨은 천우신조다. 선대가 내려주신 크나큰 선물이니 다른데서 보물을 찾을 것이 아니라 이 기회에 최대한 읍성을 발굴하여 청정지역을 선포하다시피 한 남해의 진정한 보물로 자리매김하면 먼 미래가치를 창출하는 대역사가 될 것이다.

― 2019년 읍 시가지 설계가 한 창일 때 필자는 남해군청 홈페이지 '소통365일/군수에게 바란다'에 '묻혀있는 읍성을 가능한 한 많이 노출시킬 기회가 온 것 같습니다.(2019년 12월 21일자)'라는 주제로 글을 올렸고 이어서 또 '이번에 잃으면 다시 얻지 못합니다.(2020년 1월 6일자)'라는 주제로 글을 올렸는데 담당자 두 분은 2회의 글에 모두 긍정적인 답변을 해주셨다. 특히 2010년 1월 6일 자 글에는 아주 어렵게 구한 1912년에 촬영된 흑백 사진 한 장을 첨부했는데 사진 설명에는 '남해읍성 동문안에서 무당과 잽이(악공)들이 굿을 하는 장면'으로 되어 있는데 사진 배경이 된 동문 누각과 성벽이 그대로 나와 있고 누각 뒤의 봉강산 공제선이 보이고 북문으로 짐작되는 누각도 희미하게 보였다. 담당자 두 분의 답변을 보고 감사하다는 전화를 곧 드렸고 보충설명도 들었다. 부분적으로 읍성의 4대문이라도 복원한다면 중요한 고증자료로 활용되기를 바란다.―

비문 앞에서

　군 문화재 3호로 지정되어 있던 봉천사 묘정비는 2011년 12월 27일자로 남해유배문학관으로 옮겨지기 전에는 관리가 잘되지 않고 있었다. 넝쿨이 비석을 감았고, 찔레나무가 번져 접근을 어렵게 했으며, 개망초 같은 잡초가 우거져 황량하기 그지없었고, 주변의 대나무가 가려져 어수선 하였으며 진입로도 제대로 없었고, 그나마 급경사여서 오르내리기가 매우 어려웠다. 비석의 하단부는 이미 마모가 크게 진행되었고 비석 중간의 어떤 글자는 파손되어 해독이 어렵기도 하였다.
　그 당시 필자는 신문, 문예지, 인터넷 공간, 필자의 제2시집, 인터넷 신문 등에 기회 있을 때마다 봉천사를 복원하고 봉천사 묘정비도 옮겨서 비각도 만들고 과학적인 처리를 해서 비문의 마모를 막아야 한다고 역설했다. 그러던 중 인터넷 신문 『남해안시대』의 창간에 즈음하여 2011년 1월 20일자로 봉천사묘정비에 대한 마무리된 마지막 글을 올렸다. 주요 골자는 역시 사우(祠宇)의 전형을 차용하여 봉천사를 복원하고 그 묘정에 봉천사묘정비를 자리매김해주어야 한다는 내용이었다.

소재(疎齊) 이이명(李頤命) 선생의 유허 유적 유물에 관해서는 〈봉천사-봉천사묘정비-습감재-매부-서포 김만중 선생과의 매부(梅賦)에 얽힌 매화 두 그루〉가 한 컨텐츠에 담겨야 한다. 그 시대 인근 진양군의 선비와 남해의 선비를 위시한 이 지방 백성들이 무엇 때문에 봉천사를 짓고 봉천사 묘정비를 세우고 영정을 모시고 제사했는가에 대한 인본주의적 역사성을 따로 떼어 놓을 수 없는 일이다.

 봉천사 복원 사업과 봉천사와 가까이 있었던 소재 선생의 적소 겸 서당이었던 습감재(習坎齋)를 재현한 서당체험, 서포 김만중 선생과의 애틋한 사연과 그 당시 정치적 상황에 의연이 대처한 양대 거목의 사상이 깃든 매부(梅賦)의 시비도 지금 소규모로 일부분만 되어있는 것이 아닌 전문을 새긴 시비로 교체하고 서포 선생의 적소에서 옮겨와 심은 매화 고목 두 그루도 지금의 것이 아닌 좀 큰

고목으로 재현하면서 주변에 단아한 매원을 조성하여 나지막한 기왓장 담으로 오붓한 공간을 만들어 준다면 봉천사와 봉천사 묘정비, 습감재가 살아 숨 쉬는 역사적 공간이 우리를 부를 것이다.

 서포와 소재의 영적인 만남인 매부의 도타운 향기가 유배문학관

전체에 감돌 것이고 이렇게 되었을 때 비로소 봉천사 묘정비가 진정 제자리를 찾았다고 할 수 있을 것이다.

  2009년도 쯤 봉천사 묘정비 앞에서 지은 한 편의 시조를 옮겨본다.

> 습감재 님의 뜻을 받들어 모셔 옴은
> 연대는 흘러가도 빛과 소금 그대로라
> 혼미한 안질의 세상 씻어 볼까 합니다.
>
> 뱁새의 소란함에 대붕 노래 못 들으니
> 주청(奏請)의 님의 음성 낭랑한 바람소리
> 봉천사 옛터에 들어 닫힌 귀를 엽니다.
>
> 버려질 몹쓸 것들 냄새는 더 역겨워
> 흘러간 매향 찾아 당산에 올라보니
> 매부에 서포 소재의 매향 피어오릅니다

필자의 제2시조집 《남녘 바람 불거든》(2010년)

유배객들의 혼백이 깃들어 있는 곳

> 누군가 왔다 가면 그 흔적 남았을 것
> 거목이 쉼자리는 그늘 또한 넓었을 터
> 다시는 못 뵈올 님 들 큰 가르침 보나니

 조선 숙종 조 소재 이이명 선생이 남해에서 왕이 되려는 시도를 하고 있다는 목호룡의 고변으로 역적으로 몰려 한양으로 압송되던 중 노량진에서 사사 되었다. 이 소식을 들은 남해와 인근 지역의 유생들은 어버이가 별세한 것보다 더 통탄하였다고 한다. 그 후 목호룡의 고변이 잘못된 것으로 되어 목호룡 등은 참수되어 당고개에 효수되었다. 그리고 노량진에는 그 당시 사화로 비명에 간 소재 이이명 선생을 비롯한 김창집, 이건명, 조태재 사충신을 모신 사충서원이 세워졌는데 이 소식을 들은 남해와 인근 지역의 유생들이 이곳의 영정을 모시고 와 습감재에서 얼마 안 떨어진 곳에 봉천사를 지어 제사 드리고 봉천사 묘 정비를 세웠다.
 그 습감재 서당이 있던 곳으로 추정되는 죽산 마을 뒷산 당산에 소재선생이 매부(梅賦)를 짓게 된 동기가 된 매화 두 그루의 후손인 매화나무들이 크나큰 매원(梅園)을 이루어 이 고장의 자랑거리였는데 지금은 대학의 부속건물이 들어서 있다.

　우리 고향 남해에 그 옛날 명문거족 고관대작들이 사화에 연루되어 유배를 많이 왔는데 서포 김만중, 소재 이이명, 자암 김구, 약천 남구만, 후송 유의양, 겸재 박성원 등이 대표적 인물들이다. 이 중에 서포 김만중과 자암 김구를 제외한 모든 고관대작들이 이 곳 읍성 주변에 적소를 정하였다. 그 중에 백성들과 가장 많은 접촉을 하신 분은 소재 이이명 선생이셨다. 또한 겸재 박성원 선생은 그의 문집 광암집의 '남해일기'에서 300편이 넘는 한시를 남겼는데 250 여 년 전 남해의 풍속이나 남해 사람들의 실상을 시에 담았다.
　박성원 선생의 시에 유배생활을 하던 거처의 서쪽에 망운산이 있고 바다에 그 그림자가 드리워진다는 내용이 있으며, 거처의 죽림에 대나무를 주제로 하여 지은 시가 많은 것을 보면서 그의 적소는 읍성의 동쪽으로 대가 많은 동네였을 것이라는 추정을 해보면서 오랜 옛날부터 동네 주변에 대를 많이 심어 북풍을 막았던 죽산리(竹山里)가 아니었을까 하는 추정을 해본다. 이 죽산리(竹山里)라는 지명은 여러 문헌에 많이 발견되는데 남해읍성의 이전 과정에서 그 중심지로 적혀있기도 하다.

경상도 지리지 곤남군조에 의하면

'세종 19년 남해를 복원하여 읍을 두었고, 세종 21년(1439) 화금현산성에서 죽산리(竹山里)로 읍성을 이전 축성하였는데 기존의 읍성이 비탈진 곳에 있어 옮겼다. 세종 21년(1439)에 읍성을 설치한 곳이 바로 군청이 위치한 곳이다. 읍성의 최초 제원은 문종 원년(1451) 〈청경상충청각관성자척량계〉라는 보고서를 정이오의 아들 충장공 정분이 성곽의 둘레 2,806척, 높이 12척, 해자 3,37척, 여장, 성문 3, 적대, 옹성 등을 상세히 보고한 것을 확인할 수 있다.

《경상도속찬지리지》와 《신증동국여지승람》에는 둘레 2,876척으로 기록되어 있다. 이것은 세조 5년 성문을 하나 더 축성함으로써 70척이 늘어난 것이다.

임진란이 지나 영조 정축년(1757) 남해현령이었던 조세술이 무너진 곳을 다시 견고하게 쌓았다. 일제강점기에 존재했었던 흔적을 조선전도를 통해 확인 가능하며 지적도에 남아 있다.

그러나 죽산리(竹山里) 일대 언막이 공사와 봉내천 범람에 따라 헐어서 사용되었고 큰 기단석은 활용하지 못하고 부분적으로 남아 있거나 건물 아래 묻혀 있다.'

〈남해군지〉 상권, 2010년 발간, P.213.

읍성 마을 섣달 그믐밤

> 섣달도 그믐날은 까치설날 풍습인데
> 내 고향 사람들은 그믐제를 올립니다
> 읍성의 유배객 혼백 같이 모셔 옵니다

 양력으론 올해가 지나갔지만 우리의 음력 섣달그믐과 조상 대대로 내려온 정월 초하루 설날은 따로 존재하고 그것이 가슴 깊이 내재되어 있음을 해마다 느끼곤 하는데 올해도 그 정서는 하나도 변하지 않았다. 왜냐하면 필자 평생 잊지 못하는 우리의 풍습이면서 애향심과 효성과 우애와 우정의 바탕이었던 이날이 잊혀 져야할 이유가 없기 때문이다.
 섣달 그믐밤이면 고향의 오랜 역사 속으로 들어가서 조상님은 물론 조선시대 당대의 고관대작을 만나볼 기회를 갖는다. 왜냐하면 섣달그믐 까치설날에 그믐제를 지내면서 당대 유배객들의 입김이 서린 궁중풍습의 의미를 하나 더 첨가시켜 타지방과는 격이 다른 풍습으로 승화시킨 것이 아닌가 하는 생각을 해 본다.
 그믐날 집안 대청소를 시작으로 설날 제사 음식 준비가

한창일 때 타향 객지에 계시던 삼촌, 숙모, 고모, 형, 누나들이 돌아오시면서 갑자기 집안은 떠들썩해진다. 오시는 분들의 선물 보따리에 조카들과 동생들은 입이 함지박만치 벌어지고 그 동안의 타향객지에서 겪은 이야기꽃이 활짝 피어난다.

해가 지면 촛불과 호롱불이 일제히 켜지면서 깨끗이 청소된 집안 곳곳에 걸린다. 대문, 각 방, 부엌, 처마, 우물, 대청마루, 창고, 헛간, 화장실, 짐승우리에까지 환히 밝힌다. 환하게 해서 조상님이 오시는 길을 밝혀 드리고 모든 잡귀나 액운을 물리친다고 한다.

그리고 이 고장 풍습에 협조라도 하려는 듯 남문 밖 남산 아래의 봉천변(지금은 심천리 입구로 옮겨감)에 위치한 한국전력 변전소에서는 섣달 그믐날 밤만큼은 밤새도록 전력을 보내주기도 하였다. 그때는 전력이 부족해 제한 송전으로 밤 10시가 되면 단전하던 시절이었다.

할아버지 살아진 제 심었다는 특별한 단감나무의 감은 보통 단감보다 두 배나 더 컸고 보라색 점이 박혀있는 과육의 단맛도 청량하였으며, 입안에 사르르 감도는 향기 또한 독특하였다. 옛날 읍성의 밑돌 흔적의 글이 새겨져 있는 엄청나게 크나큰 돌로 쌓은 돌담에 기대어 선 오래된 뽕나무 세 그루에서 열리는 뽕잎으로 할머니께서는 양잠을 하셨고, 직접 뽑은 명주실로 명주 베를 짜셨는가 하면 설날에는 며느리들에게 몇 필씩 선물로 내려주시기도 하셨다. 뽕나무에 열리는 질 좋은 오디는 초여름 한 철 필자와 동생들의 소중한 간식거리였다.

어릴 적 필자는 해마다 이 감나무와 뽕나무에 호롱불을 따로 켜는 것도 잊지 않았다. 일찍 일어나 떡국과 생선 등 제물로 새벽 일찍 설 차례를 모시고 곧 가까운 조부님의 산소에 성묘를 갔다 온 뒤에야 집안에서 세배가 시작되고 동네 모든 집으로 어른들을 찾아 세배를 떠난다. 필자의 마을은 100가구가 넘었는데 하루 동안에 다 다닐 수 없어 초사흘까지는 세배가 이루어졌고 초닷새까지가 설이라 하여 먼 곳 외갓집이나 먼 친척집에도 세배를 갔었다.

세시풍습이 상전벽해처럼 변한 지금 옛 풍습을 떠올려 보고 고향에 내려감은 그나마 숭조사상(崇祖思想)과 경로효친(敬老孝親), 조상의 얼 이어받기 등 요새 와서 경시되고 있는 인간본연의 덕성과 덕목에 대한 가치를 상실하지 않으려 하는 것이다.

그리고 유배문학관을 들려 우리 고향에 유배문학의 향기를 뿌리고 가셨던 분들의 흔적도 만나보고 특히 우리 죽산동네와 크게 인연을 맺었던 소재(疎齊) 이이명(李頤命) 선생의 넋이 어린 봉천사 묘정비 비문도 다시 한 번 새겨 읽고 와야겠다.

고향으로 돌아간 유자

> 아파트 베란다에 유자 씨를 심었더니
> 천정에 닿을 무렵 꽃 피고 열매 달려
> 고향에 돌려보내니 그도 보기 좋더라

　오래전부터 서울의 고향 선배 한 분이 고향을 지키시는 또 다른 선배 한 분과 객지에 사는 분들의 고향 방문 행사를 기획하고 계셨다. 5년 전에도 이 행사에 참가하여 오랫동안 못 뵈었던 분들과의 해후에 가슴 벅찬 감동을 받았었다. 서울에서는 대충 10명 정도가 동참의사를 밝혔다. 지금의 코로나 사태에서는 어려운 일이겠지만 그때는 고향 행 인원수를 1명이라도 늘리려는 추세여서 15인승 버스를 예약해 놓고 예약금도 지불했는데 막상 출발 며칠 전부터 참가를 취소하는 분들이 생겼다. 여성 여섯 분은 연령대가 거의 일흔을 넘어섰거나 여든에 이르렀기에 고향에 가고 싶기는 한데 무릎 통증 등 여러 가지 사정으로 여행에 부담을 느끼셨던 것 같다.
　필자는 고향에 내려 갈 때마다 이쪽의 우수한 품종 과일나무나 정원수를 구입해서 기념식수를 하곤 했는데 이

번에도 우수 품종 '왕 매실나무' 네 그루를 구입해 다른 일행보다 훨씬 일찍 내려갔다.

  조부모님께서 잠들어 계시는 이 산록의 나무들 중에는 유자나무가 있는데 이 유자나무는 조기 수확을 위한 탱자와 유자나무의 접목 이론이 성립되기 훨씬 전에 처가에서 대대로 내려온 토종 실생 고목유자의 씨를 서울의 베란다에서 키워 꽃을 피우고 유자 열매까지 달았던 일이 있었다. 그런데 이 유자나무는 베란다에서는 더 키울 수 없어 수령 10년이 훨씬 넘은 2015년 9월에 다시 고향으로 내려갔다. 이 유자나무에 대한 자세한 사연은 필자의 시문집이나 문학지에 〈고향으로 돌아간 유자〉라는 제목으로 발표되기도 했다. 조부모님의 유택이 있는 고향 산에 과일나무를 비롯한 우수 품종의 수목을 심는 이유는 필자를 끔찍이 사랑해주신 조부모님에 대한 은혜를 잊지 못해 두 분의 혼백께서 아름다운 꽃을 보시고 향기를 맡으시며 열매도 드시게 하려는 기념식수의 정신이 깃들여 있다. 유자나무는 홍단풍, 후박나무, 주목, 춘양목(금강송), 산초, 비파나무와 함께 잘 자라고 있었고, 가지고 내려간 우수 품종 홍매 두 그루와 청매 두 그루를 정성들여 심었다. 아마 올 해는 매화꽃을 피웠고 매실도 달렸으리라.

제2부
서양에서 카노푸스를 말할 때
우리는 노인성이 있었다

서양에서 카노푸스를 말할 때
우리는 노인성이 있었다
남구만의 '동창이 밝았느냐...' 국민시조의
남해 창작설에 관하여
고향에 걸려있는 詠柚詩에서 국민 시조
'동창이 밝았느냐'를 보는 눈
이래도 목가로만 보는가
망운산에 올라, 금산에 올라
망운산과 두송용장
영유시 20수를 읊을 때
구운몽의 주제는 곧 일장춘몽이 아닌가?
붉은 동백 떨어지듯 노도의 한
화전에 깃든 김구 선생의 혼

서양에서 카노푸스(Canopus)를 말할 때 우리는 노인성(老人星)이 있었다

　노인성(老人星)이라는 명칭은 남해제일고의 전신인 남해농업고등학교의 교가에도 나오는데 서양에서 흘러온 카노푸스(Canopus)와 일치하는 별이다.
　하늘에서 태양을 제외하면 시리우스 다음으로 가장 밝은 항성이다. 이 별은 태양과의 각거리가 작고 주변의 천체들보다 훨씬 밝아 우주선의 자세제어를 할 때 기준이 된다고 한다.
　동양에서 노인성은 인간의 수명을 관장하는 별로 믿었다. 옛 기록에 노인성을 보면 나라에서도 아주 경사스러운 길조로 여겨 나라에 알리도록 했다.
　토정비결의 저자 이지함에 의하면 조선의 사대부들이 장수를 위해 모두가 노인성을 보기를 원했고, 자신은 관측을 위해 한라산에 세 번 올랐다니 그러한 역사적인 사례들을 우리 남해는 조정의 고관대작들이 남해에 유배를 많이 오는 바람에 일찍 널리 알게 되었을 것이다.
　그리하여 많은 남해인들은 금산에 올라 노인성을 찾았을 것이다.

〈노인성(老人星)〉

圓如半月赤如日(원여반월적여일)
　　둥글기는 반달 같고 붉기로는 해와 같아
春夕秋朝兩渡來(춘석추조양도래)
　　봄날 저녁과 가을 아침에 두 번 찾아오네
聞道南海多壽老(문도남해다수노)
　　남해사람 장수하는 까닭을 듣고 보니
年年爲見上高臺(년년위견상고대)
　　해마다 높은 대(금산)에 올라 노인성을 봄이로세.

2008년도에 발간한 남해읍지(南海邑誌)에 실려 있는 〈노인성(老人星)〉이라는 시다.

놀랍다. 서양인들이 카노푸스(Canopus)를 말할 때 서양과의 교류도 뚜렷하지 않은 당시 우리 선조들은 이미 노인성(老人星)을 가까이 하고 있었다. 이 별의 특징은 물론, 봄날 저녁과 가을 아침에 두 번 찾아오며 이 별을 보면 장수할 수 있다는 전설까지 밝혀버렸다. 이미 그 때 남해인들은 장수했다는 사실까지 이 시인은 적고 있는 것이다. 어느 한 시인이 이런 놀라운 시를 지었는데도 우리는 이 인물이 누구인가를 찾아보는데 너무 인색하지 않았을까?

　필자는 대여섯 살 때 할머니 손에 이끌려 금산을 여러

번 다녔다. 그 때 할머님께서는 노인성(老人星)을 보면 집안에 경사스런 일이 생기고 오래토록 건강하게 살수 있다고 하시면서 금산에 올라 38경을 돌아본 후 그 날 저녁 산장에서 눈을 붙이고 새벽같이 나를 깨워 노인성을 보러 갔었다. 그리고 그 유명한 일출까지 보고 하산을 준비하시던 할머님이 불현듯 그리워진다.

어려서부터 할머님께서는 필자에게 사나이 대장부는 호연지기를 키워야 된다면서 명산대천을 많이도 데리고 다니셨다. 고향의 망운산, 용소, 지족 손도는 물론, 방학이 되면 여수까지 가서 시꺼먼 증기기관차에 몸을 싣고 내륙으로 여행을 다니면서 견문을 넓히는 기회도 주셨다. 소위 요즘 자주 듣는 격대교육(隔代敎育)을 제대로 받은 것이다. 할머님께서는 환갑을 넘기기도 어려운 그 시절에 83세까지 수를 누리셨고 임종은 장손인 필자가 지켜드렸다.

어릴 때 할머님 손에 이끌려 노인성을 보기 위해 금산에 올랐을 그 때부터 필자의 자연에 대한 경외심이 크게 심상을 자극한 것 같다. 상사암 천길 바위 끝에서 세존도 떠있는 바다는 경이로움 그 자체였다. 등산길도 제대로 없던 그 시절 38경을 다 보려면 아주 힘들었지만 필자는 부지런히 할머님을 따라 다니며 그곳들의 전설을 다 들을 수 있었다.

남구만의 '동창이 밝았느냐…' 국민시조의 남해 창작설에 관하여

> 용문사 다니던 길 앵강재에 올라서서
> 사래긴 밭 장전 마을 뒤돌아 내려보니
> 사창들 비어 있는데 사창인들 차 있을까?

    약천(藥泉) 남구만(南九萬)은 남해에서도 9개월여 유배생활을 하며 그 당시 우리 고향의 특산물 유자를 노래한 영유시(詠柚詩) 20수를 비롯하여 〈등망운산(登望雲山)〉, 〈등금산(登錦山)〉 등 주옥 같은 시문(詩文)을 남겼다.
    2012년 전후해서 그 당시 국사편찬위원회 사료조사위원이며 한국유배문학연구소 소장이었던 박성재씨는 '동창이 밝았느냐 노고지리 우지진다.'의 시조에 대해 다양한 각도로 영유시(詠柚詩)와 비교분석하고 두 시와 시조(時調)의 관련성을 입증하였으며, 서포 김만중과의 오고 간 서찰과 시문을 검토하여 남해 창작설을 주장함과 동시에 '시조(時調)'의 성립과 창작 배경을 분석하여 우리 고향의 지방신문에 발표하였다.
    마침 그 때는 재경남해군향우회지 〈남해가 그리운 사람들〉 2012년도 판을 발간할 즈음이라 이 책의 편집위원장을 맡고 있던 필자는 박성재씨에게 원고 청탁하여 '약천 남구만의 시조 성립과 창작 배경'의 글을 편집위원회를 통과하여 게재하였다. 그의 연구물은 언급한 책자 528~531쪽에 실려 있다.

박성재 소장은 "결국, 이 '시조(時調)'는 유자농사를 짓는 남해 농민들이 과도한 조세부과로 인해 핍박 받고 있는 현지사정을 직시하고 목민관과 농민들에게 내린 엄정한 훈계라고 할 수 있겠다. 남해가 가지는 지정학적 지명의 심상에서 창작되어진 권농가(勸農歌)·독농가(篤農歌)가 바로 영유시(詠柚詩)다."라고 결론을 내린다.

특히 그는 지명의 분석을 통하여 남구만이 남해에 유배되어 유람하면서 썼던 영유시 20수 중에서 용문사 대웅전 소반위에 놓여있던 유자를 노래했던 시 등에서 볼 때, 용문사에서 동쪽으로는 앵강고개(鶯江谷)(재)를 넘어서, 성현[作介]을 지나면, 장전리[긴사래 밭]가 있다는 점은 '시조'가 남해 지명의 심상에서 창작되었다고 보아야 할 것이며, 또한 '작개'라는 말은 노비보유자층이 노비에게 전답을 분급하고 그들로 하여금 자신의 책임하에 경작케 하는 영농방법을 지칭하는 용어이고, '작개재'는 노비보유자가 노비에게 '작개'와 '사경'을 짝지어 나눠주고. 노비는 이것을 가족 노동력에 의거하여 경작하는 형태로 운영하는 토지경영방법이다. 여기서 '작개(作介)'는 앵강만 고개 넘어 성현리[작개]를 지금도 '작개'라고 칭하고 있고 '작개'를 지나 '장전(長田)'이란 동네 즉, 사래긴 밭이 있다는 점이 재조명되어져야 할 것이라고 했다. 필자 역시 박성재씨의 연구물 중 지명에 대해서 관심을 가지고 어떤 자료를 찾아보니 이동면 평지 마을과 장전[긴사래밭]마을 사이의 들을 사창(社倉:국가의 곡식을 보관하던 창고)들이라 부르고 있음을 알았다. 이 사래긴 밭 마을의 사창들을 지나다니면서 한 나라의 당상관 벼슬을 지낸 분이 농민의 애환을 몰랐을리 없다. 더구나 조정에서 내쳐진 유배객의 서글픈 심정으로 핍박 받는 농민의 심정을 그의 지성과 감성으로 이 시조를 창작한 것으로 보는 것이다. 짧은 남해유배기간 동안 약천은 총 6제 28수를 남긴다. 남해의 모든 것을 무척이나 사랑했음이리라.

  영유시 20수는 남해특산물인 유자를 선비에 비유하면서, 누구보다도 농심을 이해했으며, 그의 애민사상이 각별했음을 짐작할 수 있다. 그는 유자를 노래했으되 유자로 인한 농민들이 과도한 조세부담에 힘들어 하고 있음을 고도의 상징성과 은유의 기법으로 나타냈음을 짐작할 수 있다. 작가의 이념적 세계, 정치적 풍자, 당시의 사회상, 남해의 특산물 유자에 얽힌 농민들의 조세부담에 대한 애환으로 음미해 보면 이 시조는 남해 창작설이 다른 지역보다 훨씬 설득력이 있다고 본다.

고향에 걸려있는 영유시(詠柚詩)에서 국민 시조 '동창이 밝았느냐'를 보는 눈

이제 지난 글에서 거론한 영유시(詠柚詩) 20수를 소개할 차례다. '동창이 밝았느냐'의 남해관련설을 좀 더 돕기 위해서다.

이 영유시는 오래전부터 남해의 특산물인 350여 년 전 남해유자에 얽힌 정보와 그 당시 남해인들의 정서와 문화를 상세하게 알 수 있음은 물론, 다른 지방의 특산물에 대한 농민의 애환을 미루어 짐작할 수 있다.

영유시 20수는 한시(漢詩) 칠언율시(七言律詩)로 되어 있다. 20수를 모두 소개함은 그 양이 너무 방대하여 남해군지(2018년도 발간)에 올려진 20수 중 두 수만 2회에 걸쳐 예시로 올려본다.

세속에서 꿀에 과일과 열매를 담근 것을 정과(正科)라고 칭한다.

〈入曲浦保 見客舍庭前在樹者〉
　　곡포보에 들어가서
　　객사의 뜰 앞 나무에 매달려 있는 것을 보다

曲浦城邊去復遲(곡포성변거부지)
　곡포의 성 가를 다시 더디게 걸어가니
層枝欣見飽霜皮(층지흔견포상피)
　층층 가지에 서리 맞은 노란 껍질을 보기 위해서라오
金鱗鎖甲爭寒色(금린쇄갑쟁한색)
　금비늘에 갑옷을 입으니 차가운 빛을 다투고
玉帳佳人妬馥肌(옥장가인투복기)
　옥장의 가인 향기로운 살을 시샘하네
桃已讓多寧殺士(도이양다영살사)
　복숭아가 많음을 사양하니 어찌 용사를 죽이랴
梅還羞有不欺師(매환수유불기사)
　매화가 있음을 도리어 부끄러워하니 스승을 속이지 않네
能敎樹下無行迹(능교수하무행적)
　군사들에게 나무 아래에 다닌 흔적이 없게 하였으니
始識將軍號令時(시식장군호령시)
　장군의 호령이 얼마나 엄한지 알겠노라.

남해의 특산물인 유자(柚子)는 늦가을을 넘어 초겨울에 그 황금빛은 더욱 찬란해진다. 늦가을 서리를 맞아야 비로소 제 맛과 향기가 나는 유자로 익는다. 기후가 온화한 우리 고향 남해는 유자를 따지 않고 겨울에 그냥 두어도 봄까지 노랗게 붙어있는 경우도 있다. 다음 회에는 '동창이 밝았느냐'의 시조를 단순히 전원 풍경의 아름다움을 노래한 목가적인 시조라거나 독농, 권농의 시조로만 평가하는 것은 시정되어야 하리라고 보는 결정적인 단서를 제공하는 칠언율시를 연유문과 함께 살펴보기로 하겠다.

고향의 특산물 유자농사가 세월의 변화와 함께 많이 퇴색된 느낌이 없지 않지만 적어도 필자가 고향에 몸담아 있을 땐 유자의 위력은 대단했다.

큰 유자나무 하나면 자식 한 명을 대학에 보낼 수 있다고 하여 '대학나무'라고까지 할 정도였다. 그만큼 수익이 높았으며 이 특산물에 대한 우리 고향 사람들의 애정도 각별했다.

그런데 어느 해 시제 때 삼동면 어느 산록을 오르다가 쓸쓸한 사양길 유자농사의 현장을 보고 말았다. 수백 그루의 유자나무가 칡넝쿨에 휘감겨 거의 고사되었고 달려 있는 유자는 탱자 크기와 별반 다르지 않았다. 오래 전부터 돌보지 않았음이 역력하였다. 노동력이 부족한데다 고소득 작물로서의 가치를 상실했기 때문이라는 것을 고향 친지들로부터 듣게 되었다.

이래도 목가(牧歌)로만 보는가?

 '동창이 밝았느냐'의 시조를 단순히 전원 풍경의 아름다움을 노래한 목가적인 시조라거나 독농, 권농의 시조로만 평가하는 것은 시정되어야 하리라고 보는 결정적인 단서를 제공하는 다음 칠언율시를 연유문과 함께 살펴볼 차례다. 약천 남구만의 한시를 그 연유문과 함께 국문으로 풀어서 제공한 자료는 2010년에 발간한 남해군지 상권, 313쪽을 인용하였다.

 이 지방 사람들의 말을 들으니, 수십 년 전에는 마을의 집에 유자나무가 곳곳마다 숲을 이루어서 매년 가을과 겨울 사이에는 유자의 누런빛이 숲에 찬란하여 바라보면 구름비단과 같았는데, 근래에 마을 백성 중에 유자나무가 있는 집이 있으면 관청에서 장부를 만들어 등재하고는, 가을철 유자가 익을 때에 아전을 보내어 나무마다 숫자를 세어 두었다가 거두어 갔다. 백성들은 이미 아전에게 바치는 비용이 많고 또 관청에 바치는 수고로움이 있으며, 심지어는 혹 숫자를 세어 간 뒤에 바람으로 떨어진 것이 있으면 그 주인이 다른 곳에서 사다가 더 보태어서 그 숫자를 채워야 했다. 그러므로 관리와 품관(品官)으로서 다소 세력이 있는 자를 제외하고는 모든 하호(下戶)와 백성들은 모두 유자나무 뿌리에 불을 놓고 나무그루를 베어서 그 폐단을 없앴다. 이 때문에 유자나무를 심는 집이 예전에 비하여 십분의 칠 팔할이 줄어들었다고 하였다. 나는 이 말을 듣고 서글퍼하였으니, 이는 바로 자미(子美)의 시에 '고을 백성들이 소중한 밀감을 중하게 여기지 않음은, 호리의 침해에 핍박받기 때문이라오.(邦人不足重 所迫豪吏侵)'라는 것이다. 이것을 가지고 백성의 윗사람 된 자들에게 알리고 싶었으나 방법이 없으므로, 인하여 시를 지어 홀로 울었다.

   聞土人言 數十年前村家柚樹 處處成林 每於秋冬之齋 黃色耀林望如雲錦 邇問村民有柚樹者 自官成籍 秋熟時 有吏逐樹 點數而收之 民旣多供吏之費 且有納官之勞 至感點數後有因風搖落者 則不免他買而益之 以充其數 故除官吏品官稍有力勢者外 凡下戶小民則皆燒根斫株 以絶其弊 以此鍾柚家比前殆減十之七八云 余聞而傷之 此正子美詩邦人不足重 所迫豪吏侵者也 慾以聞於處民上者而不可 因成獨謠

千奴栽得十年遲(천노재득십년지)
  천 명의 종이 십 년 걸려 가꾸었는데
何事燒根且斫皮(하사소근차작피)
  무슨 일로 뿌리에 불 놓고 또 껍질에 도끼질 하는가
不獨茶綱招邑怨(불독다강초읍원)
  다강(茶綱)만 고을의 원망을 부르는 것이 아니니
從來橘稅擔民肌(종래귤세할민기)
  예로부터 귤의 세금 백성들 살을 베어 갔네
摧殘似遇猜桃女(최잔사우시도녀)
  꺾이고 쇠잔함은 복숭아를 시기하는 여자 만난 듯하고
荒廢眞成養棘師(황폐진성양극사)
  황폐함은 참으로 가시나무를 기르는 원예사가 되었구나
我聽此言心惻惻(아청차언심측측)
  나는 이 말을 들으매 마음이 몹시 서글퍼지니
風淳物阜在何時(풍순물부재하시)
  풍속이 순박하고 물건이 풍성함 어느 때에나 기대할꼬?

구구절절 유자로 인한 혈세로 농민의 어려운 삶을 표현하고 있는 시다. 이러한 상황에서 약천은 결코 농촌의 목가적인 풍경만을 노래하지는 않았을 것이다.

망운산에 올라, 금산에 올라

약천 남구만은 한성부좌윤으로 있을 때 허적의 서자 허견 등의 횡포가 심하여 그를 탄핵 상소하다가 숙종5년(1679년) 남해로 유배 왔는데 이곳에서 짧은 기간에 남해의 특산물 유자를 찬탄한 영유시(詠柚詩) 20수 외에도 남해를 배경으로 몇 편의 시를 남겼으니 〈제영등망운산(題詠登望雲山)〉, 〈제영등금산(題詠登錦山)〉, 〈숙화방사 증 문안 응삼이사(宿花芳寺 贈文眼 應森二師: 화방사에 유숙하면서 문안과 응삼 두 스님에게 주다)〉가 그것이다.

지면관계상 〈남해군지〉 상권(2010년)에 수록된 〈제영등망운산〉 1수만 올려보며 당대의 거목이 남해의 진산 망운산에 올랐던 시대로 돌아가 글의 주제인 "나의 고향, 나의 삶"에 대입시켜 보면서 오래 전에 우리 고향을 다녀갔던 그 분들께 시조 한 편씩을 지어 필자의 시조집에 넣었던 적이 있어 그 시를 말미에 소개해 보려고 한다.

〈題詠登望雲山(제영등망운산)〉

扶蘿攀席上崢嶸(문라반석상쟁영)
　넝쿨을 휘어잡고 바위를 기어올라 산정에 오르니

爲感玆産寓此名(위감자산우차명)
　과연 망운이란 이름이 잘 붙혀졌음을 알겠구나

莫是堯民懷聖意(막시요민회성의)
　백성들이 성은을 입어 요민 못지않게 행복함을 보니

將非狄子戀親井(장비적자연친정)
　이 천한 몸도 몹시 고향땅이 그리워지는구나

高飛白遠迷鄕井(고배백원미향정)
　마음은 구름을 타고 고향 하늘을 맴도니

一朶紅遙隔錦城(일타홍요격금성)
　금성의 일타홍이 그립구나

更有滄溟浮點影(갱유창명부점영)
　끝없는 바다에는 섬 그림자 아롱진데

隨風何日向西征(수풍하일향서정)
　이몸 언제나 그리운 고장으로 돌아가게 되려나.

〈망운산에 올라 금산에 올라〉

험한 세상 이전투구 인간됨이 부끄럽다
노론 소론 갈라져서 피터지게 싸우다가
패싸움 기묘사화에 피바다 된 조선 땅

차라리 편안하이 금산에나 올라보자
참된 선경 예서 보니 세상 욕정 씻겨가네
석굴에 음률 울리니 귀를 씻어 볼거나

부귀 영화 버렸지만 부모 형제 어쩔거나
망운산 올라보니 고향 산을 본듯하여
마음은 구름을 타고 그곳 날아가고 싶소.

필자의 제2 시조집 《남녘 바람 불거든》(2010년)

망운산과 두송용장(杜松龍杖)

> 망운산 기운 아래 읍성이 있었니라
> 그 읍성 가로질러 봉천 물 실어 날라
> 바다에 그림자 띄운 신령의 산 망운산

 산행에서 스틱을 처음 사용할 때는 불편했으나 꾸준히 사용하다보니 요즘은 안 하면 더 불편하다.
 스틱사용은 몸의 무게를 분산시켜 무릎 관절의 마모를 들어주고 실타래처럼 모여 있는 인대들의 파열을 막아 오랫동안 산행을 통한 자연과의 만남을 이어갈 수 있다. 다 그런 것은 아니지만 젊었을 때 날아다니다 시피 산행을 하던 사람이 환갑도 못되어 산은커녕 평지도 걷기 어려운 지경에 빠지는 것은 대개 이 무릎 관절의 연골이 마모 혹은 파열되었거나 인대들이 손상을 입은 경우가 많다.

 스틱은 빙판길을 올라갈 때나 내려올 때 뾰족한 끝으로 찍어 버틸 수 있고 불어난 계곡물을 건널 때는 지지대 역할을 해준다. 험한 산에서 야생동물을 만났을 때는 호신

용으로 활용할 수 있다. 야생동물이 가장 무서워 한다는 인간의 형형한 안광을 쏘아붙이며 뾰족한 스틱을 겨누고만 있어도 함부로 덤비지 못한다고 한다. 동물은 금속성 물질에 대해서 공포심을 가진다고 했는데 인간의 철기문화 이후 동물들의 DNA에 각인된 결과인지도 모른다. 겁먹은 눈으로 등까지 돌려버리고 도망간다면 굶주린 야수에게는 사람도 한갓 먹잇감으로 밖에는 보이지 않을 것이다. 우선 속도전에서 육식 야생동물을 당할 수 없다.

몇 해 전 고향의 화전문화제 백일장 심사위원으로 위촉되어 할 일을 다 마치고 시간이 좀 남아 화방사를 경유하는 망운산을 오르기로 하고 등산로 초입의 나무 막대기 하나를 집어 들었다. 고향의 향기가 묻어있는 이 나무 지팡이는 서울로 올라와 새롭게 태어났다.

고향의 진산인 망운산 정기를 머금은 두송의 송진 냄새는 각별하여 오래 간직하고 싶었다. 손질하여 중국의 한시를 써넣기 시작했다. 마침 그 때 중국 당·송 시대의 한시를 워드 작업하여 정리하고 있던 때라 송진 냄새를 흠뻑 마시며 시문을 써넣는 작업도 꽤 재미있었다.
도연명(陶淵明)과 두보(杜甫)의 시가 들어갔으며 이백(李白)의 시도 들어갔다. 망운산의 두송용장에서 시작한 지팡이가 스무 개를 넘었다. 최근에 새긴 시는 춘래불사

춘(春來不似春)으로 회자되는 동방규(東方虯)의 소군원(昭君怨)이다.

여러 개의 지팡이 중에 망운산의 두송용장에 새겨진 도연명(陶淵明)의 귀거래사(歸去來辭)는 상당히 긴 시문이다. 다 새기고 나서 글자 수를 헤아려보니 필자의 이름까지 343자였다.

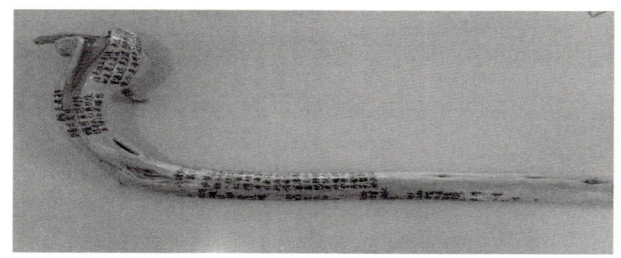

영유시(詠柚詩) 20수를 읊을 때

> 영유시 20수를 올곧게 남기실제
> 유자에 얽힌 애환 가슴으로 읊었으니
> 동창이 밝았느냐도 농민 애환 숨었으리

영유시 이십수(詠柚詩二十首)는 남구만이 거제에서 남해로 이배된 뒤에 우리 고장 특산물 유자나무에 얽힌 고사와 농민의 애환을 읊은 시여서 더욱 심오하다.

보물섬으로 발돋움하고 있는 이때 유자에 얽힌 고사와 풍광, 농민의 애환을 심층 분석한 결과 유명한 국민시조 한 편이 남해에서 창작되었다는 연구 결과에 주목해야 한다.

《藥泉集》 권1의 번방곡(翻方曲) 11수는 당시 유행하던 한글 시조(時調)를 한문으로 번역한 것인데, 정몽주의 〈丹心歌〉, 이항복의 〈鐵嶺歌〉 및 효종의 시조와 남구만 자신이 지은 "동창이 밝았느냐 노고지리 우지진다……" 는 시조가 한역되어 있다. 이 외에 이중집(李仲集)의 "뉘라서 날 늙다 하는고……"와 서경덕(徐敬德)의 "마음이 어린 후니 하는 일이 다 어리다……" 등도 있는데 시조의 한역(漢譯) 과정에서 나타나는 변화를 살펴볼 수 있어 흥미롭다. 권2는 1679년~1711년까지 지은 시로 후반부에는 이민서, 이상진, 오도일, 서문중 등에 대한 만시(輓詩) 25편이 실려 있다.

요새는 교과서가 개편되어 약천 남구만의 시조가 나오는지는 모르지만 필자가 초등학교에 다닐 때는 약천의 시조뿐만 아니라 정철, 양사언, 길재 등의 옛시조와 김상옥, 이호우 등의 현대시조 6편을 달달 외우던 시절이 있었다. 그러면서 옛 선인들의 충절과 선비정신, 경로효친을 배웠었고 현대시조에서는 현대 정서에 맞는 시심에 빠져들기도 하였다. 중·고등학교에 올라갔어도 시조는 국어 교과서에 꼭 실렸었고, 필자도 그 정형성, 내밀성 또는 간결성, 응축력에 매료되었던 시절이 있었다.

그런데 남구만의 유명한 시조는 창작 연대의 기록이 없다. 경기도 용인의 향토사학자들은 이 시조를 용인에서 지었다고 주장하는데 약천이 관직에서 물러나 노후를 보낸 곳이며, 사래 긴 밭을 뜻하는 장전(長田)이라는 지명이 있다고 하고 또 홍성에서도 약천이 머문적이 있다 하여 그곳에서도 약천초당을 지어놓았으며, 시조비를 세우는 등 시조 하나를 놓고 향토사학자와 지자체가 똘똘 뭉쳐서 쟁탈전을 벌이는 양상이다.

약천은 남해에서도 9개월여 유배생활을 하며 그 당시 우리 고향의 특산물 유자를 노래한 영유시(詠柚詩) 20수를 비롯하여 〈등망운산(登望雲山)〉, 〈등금산(登錦山)〉 등 주옥같은 시문(詩文)을 남겼는데 2012년 전후해서 그 당시 국사편찬위원회 사료조사위원이며 한국유배문학연구소 소장이었던 박성재씨는 '동창이 밝았느냐 노고지리 우지진다.'의 시조에 대해 다양한 각도로 영유시(詠柚詩)와 비교분석하여 두 시와 시조의 관련성을 입증하고, 서포 김만중과의 오고 간 서찰과 시문을 검토하여 남해 창작설을 주장함과 동시에 〈시조〉의 성립과 창작 배경을 분석하여 그때 그때 우리 고향의 지방신문에 발표하였다.

마침 그 무렵 재경남해군향우회지 〈남해가 그리운 사람들〉 2012년도 판을 발간할 즈음이라 이 책의 편집위원장을 맡고 있던 필자는 박성재씨에게 원고 청탁하여 〈약천 남구만의 '시조' 성립과 창작 배경〉의 글을 편집위원회를 통과하여 게재하였다. 그의 연구물 상당한 양의 내용은 언급한 책자 528~531쪽에 실려 있다.

박성재 소장은 "결국, 이 〈시조〉는 유자농사를 짓는 남해 농민들에게 과도한 조세부과로 인해 핍박받고 있는 현지사정을 직시하고 목민관과 농민들에게 내린 엄정한 훈계라고 할 수 있고, 남해가 가지는 지정학적 지명의 심상에서 창작되어진 권농가(勸農歌)·독농가(篤農歌)가 바로 영유시(詠柚詩)다."라고 결론을 내린다.

구운몽(九雲夢)의 주제는 곧 일장춘몽(一場春夢)이 아닌가?

> 인생은 진실로 한 바탕 꿈인가 합니다.
> 육필로 쓴 편지 한 통 구운몽이 지척인데
> 작자도 없이 쓴 연보 몽환 글자 믿다니…

　서포 김만중(1637~1692)은 송강 정철, 고산 윤선도와 함께 한국 3대 고전 문학가이다. 서포는 권모술수와 처세술에 능한 소인배를 싫어했고, 좀처럼 자신의 존재를 드러내려 하지 않았다. 숙종이 정비인 인현황후를 폐비시키고 장희빈을 세우려하자 이를 반대하다가 남해에 유배당한다. 남해로 유배 온 김만중은 남해향교에 들려《주자어류》한 질을 빌려《주자찬요》를 엮었다. 그리고 어머니 생신날인 9월 25일 어머니와 떨어져 불효할 수밖에 없는 처지를 자탄하는 내용의 한시 7언 율시를 지어 바친다. 이듬해 어머니의 부고를 들은 서포 김만중은《선비정경부인행장》과《서포만필》을 완성하였다. 유배지에서 숙종의 마음을 돌리기 위해 쓴 것이《사씨남정기》다.《구운몽》은 어머니 윤씨를 위해 지은 국문학사상 불후의 명작으로 노도에서 완성한 걸로 되어있다. 그러나 1992년에 일본 천리대학에서 발견된 작자미상의 《서포연보》의 내용을 그대로 믿어 평안북도의 '선천설'이 정설인양 학계에 나돌고 있다. 그러나 박성재 한국유배문학연구소장은 이를 받아들이지 않고 있다. 그는 논문 〈김만중 소설과 남해 용문사〉, 〈서포소설의 성립배경 연구〉, 특히 최근에 발표하여 〈남해문학〉 22집에 전재한 〈구운몽의 사상적 배경 고찰〉을 통하여 《구운몽》의 남해 창작설을 되찾아 오기 위해 심혈을 기울이고 있으며 학계는 작자 미상의 《서포연보》보다는 작품의 내용, 시대의 흐름, 수많은 남해 창작의 이론적 근거를 중시하여 기존의 남해 창작설에 주목해야 할 것이다. 남해 적소에서 김만중이 육화공에게 육필(肉筆)로 쓴 편지의 답장 "인생은 진실로 한바탕 꿈인가 합니다"의 내용이 더 가슴에 와 닿음은 어쩔 수가 없다, 남해 적소에서 의미심장하게 기록한 '일장춘몽(一場春夢)'의 뜻을 깊이 헤아린다면 어찌 구운몽의 남해 창작설을 쉽게 부인하랴.

귀양 온 첫 해 가을에 지었으리라 짐작되는 오언절구 〈남황(南荒)〉은 오로지 충과 효로 삶을 이어온 서포 자신이지만 어지러운 세상에 나라에 대한 충성과 모친에 대한 효도마저도 여의치 못함을 통감하며 지은 글이다. 아울러 죽음의 어두운 그림자가 가까이 왔음을 예감하면서 지은 비련의 노래이기도 하다. 천하의 효자로 칭송을 받은 서포는 어머니를 그리워하며 유배의 신세로 어머니 생신날 단장의 사친시를 지어 바쳤다. 그러나 그는 시에서 알 수 있는 바와 같이 눈물이 앞을 가려 몇 번이고 붓을 던진다. 이때가 어머니가 돌아가시기 석 달 전이었고 살아생전 마지막 생신날에 쓴 서포 자신의 마지막 어머니에 대한 이별의 시이기도 해 후세 사람들은 이 시를 대하며 안타까움에 젖어들곤 한다.

망망대해 칠흑처럼 무거운 비탄과 절망 속에서 읊은 〈재남해문양질배절도(在南海聞兩姪配絶島)〉, 후세 사람들에 대한 마지막 이별시인 〈남해적사고목죽림유감우심작시(南海謫舍古木竹林有感于心作詩)〉 등 여러 편이 있으나 지면상 여기에 싣는 것은 생략한다.

절해고도 노도에 위리안치 된 그 무거운 형벌이 말해주듯 당대 최고 지성인으로서의 그의 고뇌와 비애와 사상은 하늘을 울리고도 남았을 일이건만 끝내 그는 죽어서야 노도를 벗어날 수 있었다. 세상이 그를 버린 건지 그가 세상을 버린 건지 노도의 벼랑 끝 파도는 한 많은 유배객을 달래기라도 하려는 듯 쉼없이 노도의 가슴팍을 무섭게 때리더니 그 절규와 지성과 효심은 마침내 '노도 문학의 섬'으로 꽃을 피워 그를 버린 혼탁한 어느 왕조를 비웃기라도 하듯 후대들이 추앙하게 되었으니 님의 혼백은 고이 잠드소서.

붉은 동백 떨어지듯 노도의 한

　서포 김만중의 어머니 윤씨는 아들의 안부를 걱정하던 끝에 병으로 죽었으나 김만중은 어머님의 장례식에도 참석하지 못한 채 남해의 유배지 노도에서 56세를 일기로 숨을 거두었다. 남해에 온 같은 유배객인 약천 남구만은 귀양이 풀려 돌아갈 희망을 버리지 않고 유배생활을 이어간데 비하여 서포 김만중은 거의 돌아갈 희망이 없음을 예견이라도 한듯하다. 서릿발 같은 강직한 선비정신으로 혼탁한 세상을 계도하려던 한 많은 유배객을 달래기라도 하려는 듯, 오늘도 푸른 파도는 노도의 가슴팍을 무섭게도 때린다.

　지금 고향에는 노도 문학의 섬 조성이 거의 끝났다. 보물섬 남해가 다른 지방과의 차별성을 확보하기 위한 절호의 기회이다. 무엇보다도 한국유배문학연구소장 박성재 씨가 주장하는 《구운몽》의 남해 창작설에 힘을 모아 어느 날 황당하게 빼앗긴 남해창작설을 도로 찾아 와야 할 때다. 일본에서 발견된 저자 불명의 어느 서포연보에 '몽환(夢幻)'이라는 특정한 단어 하나가 실려 있다 해서 선천창작설로 둔갑한 것은 많은 문제점을 남겼다. 《사씨남정기》는 숙종의 마음을 돌려보려고 남해에서 지었다. 이런 바 목적소설이다. 그리고 그는 모든 것을 체념한 듯 남해 적소에서 육화공에게 육필(肉筆)로 어느 편지에 답장을 쓰게 되었고 "인생은 진실로 한바탕 꿈인가 합니다"로 끝을 맺게 되는데 그것은 곧 '일장춘몽(一場春夢)'과 연결됨과 동시에 구운몽 소설 시작으로 연결되었거나 소설 완성후의 감회로 연결되었을 개연성이 높다. 즉 남해 적소에서 기록한 그의 편지 '일장춘몽(一場春夢)'의 뜻을 깊이 헤아려야 할 것이다.

 필자가 고향에서 교편을 잡고 있을 때 노도에 여러 번 간 적이 있었다. 섬 주변의 바다에 배를 띄우고 달 밝은 밤 강태공 낚시로 몇 밤을 보내면서 서포의 마음으로 들어가 시조 한 수로 그의 한을 읊은 적이 있다. 그리고 읍성의 중심학교 근무를 마치고 노도 분교에 근무 희망서를 냈으나 잘되지 않았고 곧 서울로 올라오게 되었다. 주관적일 수도 있지만 서포의 심정으로 쓴 필자의 시조 한 수를 소개드린다.

〈붉은 동백 떨어지듯 노도의 한〉

벼랑 끝 걸린 달이 출렁이는 그 까닭을
몰라서 묻는다면 구운몽을 들려주랴
동백도 적객의 시름 눈물이듯 떨어지다

내 다시 돌아가지 못하리 어머님 전에
외딴섬 떠내려가 뭍에나 부러진들
어머니 부르지도 못할 위리안치 묶인 몸

임이여 사씨남정기 그 뜻 새겨 아뢰오만
북녘 하늘 싸늘하여 봄을 보기 어려울 듯
어머니 윤씨행장을 올려볼까 하나이다

필자의 제2 시조집 《남녘 바람 불거든》(2010년)

화전(花田)에 깃든 김구(金絿) 선생의 혼(魂)

자암(自庵) 김구(金絿)(1488~1534)는 조선 중종 때의 명신이자 서예가로 조광조 등과 함께 도학 정치를 통한 개혁에 앞장서면서 1519년(중종 14) 32세의 나이에 홍문관 부제학에 올랐다. 그러나 그해 남곤, 심정 등의 훈구파 세력이 일으킨 기묘사화로 인해 개혁파 조광조와 연루된 김구는 개령(開寧:경북 김천)으로 유배되었다가 수개월 후 죄목이 추가되어 적소 남해 노량으로 이배되어 오게 된다.

그의 저서 《자암집》에는 남해찬가로 일컬어지는 경기체가 〈화전별곡〉과 함께 남해에서 유배 생활의 시름을 잊고자 지은 60여 수의 시문이 수록되어 있다.

〈화전별곡(花田別曲)〉에서의 화전(花田)은 풍광이 아름다웠던 남해의 별칭이다. 자암 김구는 글씨에 뛰어나 안평대군 이용, 봉래 양사언, 석봉 한호와 더불어 조선 전기와 중기의 4대 명필의 한 사람으로 꼽히며, 또한 서예는 왕희지체를 배워 독자적인 필법을 개창하였는데, 자암이 한양 인수동에 살았기에 자암의 글씨체를 일컬어 인수체라 부르게 되었다.

  자암은 13년 간 긴 남해 유배 생활을 마치고 고향 예산으로 돌아갔다. 유배 생활 중 부모상을 당하였으므로, 임종을 지키지 못한 자식으로서의 슬픔은 이루 말할 수 없었다. 유배를 마친 후 제일 먼저 부모의 산소에 가서 시묘하면서 통곡하니, 눈물방울이 떨어진 곳마다 초목이 말라 죽었다는 이야기가 전한다. 얼마 후 자암은 47세의 나이로 세상을 떠난다.

  당대의 거목 거유로 우리 고장 남해에서 국문학사에 길이 빛나는 경기체가 〈화전별곡〉을 남기신 선생을 생각하며 필자의 제2시집에 남겼던 시조 한 수로 그 분의 넋을 기려본다.

  김구선생이 우리 고향에 기거하며 남긴 〈화전별곡(花田別曲)〉은 우리 남해인이 영원히 기억하고 간직해야 할 보물섬의 자산이다. 백천간두의 험난한 상황에서 유배지에서 써내려간 글들은 혈서보다 뜨겁고 그 어떤 서사시보다 웅대무비하니 우리는 그들이 남긴 글에서 크나큰 위안을 얻고 더 희망적인 미래를 열어가야 할 책무를 절감한다.
  그들의 유현(幽顯)이 끌고 가는 푸른 레이저광선이 사악한 세상의 어느 곳을 타격하고 있음을 알아차리는 혜안이 반드시 필요할 때다.

정암과 도학 정치 개혁의 선봉에서
홍문관 부제학의 그 뜻 세워 펼칠 적에
기묘년 훈구 세력이 그를 몰아 내치더라.

십삼 년 질곡에서 불씨 살린 화전 별곡
하늘 끝 땅 끝, 한 점의 신선섬을
여섯 장 경기체가로 이리 밝혀 올리신 님.

귀양 풀려 고향 예산 돌아온 자유의 몸
부모상 못 본 비통 피를 토해 울었거니
귀촉도 화전 못 잊어 오늘 밤도 우는가.

필자의 제2 시조집 《남녘 바람 불거든》(2010년)

제3부
무엇이 보물인가

김봉군 교수의 역사와 문명진단
《이 역사를 어찌할 것인가》
내가 만난 이환성 향우
타향을 고향처럼 사는 법
이 주옥같은 시들을 내 세우지 못하는
보물섬이라면…
무엇이 보물인가
남해중학교 교가 교체를 거부하는 이유
'사향록(思鄕錄)'과 '되돌아 본 南海 100年史'
세월은 가도 더욱 빛나는 것들
백팔 계단 담벼락에 기대어
반도 남단 다랭이 마을에 가면(1)(2)
반도 남단 다랭이 마을에 가면(3)
반도 남단 다랭이 마을에 가면(4)
반도 남단 다랭이 마을에 가면(6)
소나기 쏟아지는 벌판이 나에게 무엇이었기에

김봉군 교수의 역사와 문명진단
《이 역사를 어찌할 것인가》

역린이 달라붙어 방향이 틀어지고
불 꺼진 활주로엔 비상등만 점멸할 뿐
관제탑 시계 제로에 조종간도 부러지다

필자의 칼럼 시문집 《읍성의 문창에 시혼걸기》 - 야간비행(1연)

이 책을 여러 번 읽으면서 밑줄 긋는 내용이 자꾸만 많아져 간다. 늦게라도 좀 더 올바른 역사 공부를 해야겠다는 다짐을 해보며 김봉군 교수가 에세이로 쓴 역사와 문명진단 《이 역사를 어찌할 것인가》를 자정이 넘도록 읽는다. 근래 이렇게 밤늦게 오래토록 책을 보는 시간은 드물었다.

이른 바 문사철(文史哲), 문학과 역사와 철학이 이렇게 옹골차게 융합된 내용의 책은 일찍이 보지 못했다. 이 책은 지금과 같이 가치관, 역사관, 국가관이 혼돈의 늪에서 헤어나지 못할 때 꼭 읽어야 할 책이다.

일상생활에서, 가족관계에서, 사회에서 마주치는 많은

현실적인 문제들의 답은 문학적 감수성, 역사를 통해 얻는 지혜, 깊이 있는 질문과 사유에서 나오는 철학에서 찾을 수 있다.

우리 고향 남해가 낳은 이 시대의 석학 김봉군 교수는 이 책을 통하여 우리 역사의 갈피 갈피마다 얼룩진 흔적을 곱게 다려서 사유의 저울에 걸어두고 어느 한 쪽에도 기울어짐이 없이 문명사 진단, 우리의 정신사, 한국 근대통사 읽기, 한국현대사 가려읽기, 혁신적 우주관과 21세기 국가관, 코로나 19 역병 통고(痛考)까지 다루고 있다.

저자는 이 글을 쓰게 된 직접적인 계기는 우리시대의 역사서술이 개인과 집단 편견의 일면성·단순성에 자유롭지 못하고 저자의 인생도 종점으로 치닫고 있다고 하면서 빈궁과 심각한 병고 때문에 못다한 조국 사랑의 한 자락만이라도 펼치고 싶어서라는 표현으로 편향된 역사서술의 위험성을 걱정한다.

자라나는 2세들에게 역사를 가르치는 교육당국과 교사들은 역사와 문명진단을 내린 이 시대 석학의 이 책 한 권을 일독해 보기를 권장한다.

'낙엽 지는 소리가 유난히 센 볼륨을 가늠한다. 온갖 중병에 시달리면서도, 감히 교육과 학문과 조국만을 생각하며 달려온 한평생의 곤고(困苦)한 역정이 시린 눈가에 이슬로 맺힌다. 저 별과 별을 넘어 아드막히 펼쳐질 우주 문명사의 신비한 궤적이 아지랑이 지는 늦가을 밤이다. 묵시록적 불안감에 휩싸인 한반도, 평화의 신을 향하여 두 손을 모은다. 나라와 권능과 영광이여, 말을 줄인다.'

저자가 2020년 늦가을 이 책의 머리말 끝에 남긴 말이다.

내가 만난 이환성 향우님

> 어쩌다 인연되면 얼레 줄 감고 풀 듯
> 연으로 띄웠다가 밤안개로 내리다가
> 아스한 고향 노래도 같이 불러 봅니다

필자가 이환성 향우를 처음 만난 것은 2012년 재경남해읍향우산악회에서 충청도의 옥순봉을 포함한 단양팔경을 돌아 볼 때였다. 이 때 이환성 향우는 산행에 참가한 모든 향우들을 단양관광호텔로 초청하여 송이버섯 요리를 주 메뉴로 한 맛있는 음식을 대접하셨다.

점심 식사 후 호텔 건물 앞 《관광보국(觀光報國)》이라는 글자가 새겨진 큰 바위를 배경으로 산행에 참가한 모든 향우들이 단체기념사진을 찍던 일이 생각난다. 그리고 누군가 '관광보국(觀光報國)'의 연유에 대해 물으니 지방에서의 호텔사업은 이익보다는 좋은 쉼터를 제공하는 사회사업정신으로 국가에 기여하자는 뜻으로 이 대형 석물을 세웠다고 하셨다. 긍정적 사고와 투철한 국가관이 엿

보이는 대목이다.

  그리고 필자가 일 년 후 재경남해중·남해제일고 총동문회지 《망메새》의 편집주간을 맡아 동문의 라이프 스토리를 취재하기 위해 이환성 향우를 다시 만났다. 인터뷰 과정에서 평소의 인생관을 물으니 '노블레스 오블리쥬'로 '가치 있는 삶'을 사는 것이라고 힘주어 말씀하셨다. 이환성 향우의 '관광보국' 정신과 '노블레스 오블리쥬'의 인생관, 그리고 힘주어 말하는 '가치 있는 삶'에 대해 심심한 존경을 표한다. 이러한 삶을 실천하는 여러 사례는 언론을 통하여 알려진 바 있기에 지면이 한정된 여기에서는 언급을 하지 않기로 한다.

  또한 이향우는 고향의 역사를 간직한 금석문이 흔적도 없이 사라진다거나 방치하는 점을 지적했다. 옳은 지적이다. 노량 충렬사 옛 계단 앞에 세워진 표지석은 사라졌고 장평소류지의 축조 기록이 새겨진 큰 바위는 방치되어 있는 상태라고 했다. 이 두 곳의 기록에는 이환성 향우님의 조부님이 기여한 내용도 들어 있었다고 한다.

  다시 동문회지 인터뷰 때로 돌아가 몇 해 전 이향우가 고향신문에 기고한 《거마와 빵주사 이야기》에 대해 여쭤봤다. 이 스토리는 나이든 60대 이상 남해인들에게 아련한 향수를 가져다 주는데 이러한 스토리를 쓸 수 있는 것은 이 향우의 마음이 항상 고향을 향해 있음이 아니냐고 묻는 필자의 질문에 누구나 고향 사랑의 마음이 있겠지만 자신은 고향을 향한 마음이 누구 보다 크다고 했으며, 이때까지 고향을 위해 했던 일들도 모두 그런 맥락에서 이루어진 것이 아니겠느냐고 했다.

그리고 향우님들께 꼭 하고 싶은 한 마디를 당부했더니 "향우회나 고향 일에는 사리사욕이 있어서는 안된다."며 신동관 의원과의 당시 청와대 시절 찾아 온 고향인들 모두의 민원을 다 해결해 줄 수 있었다는 게 믿어지지 않는다며, 이러한 기회를 가졌던 은혜에 항상 감사를 한다며 많은 일화를 들려주셨다.

주마등처럼 이어지는 선배와 후배의 이야기들은 때로는 학창주변으로 때로는 봉천을 타고 내려가다가 강진 바다를 저어 선소항으로 이어지면서 어쩔 때는 망운산을 올랐다가 멀리 금산 소풍 가던 추억의 길도 밟으면서 밤이 깊어가는 줄도 몰랐다. 못다 한 이야기는 다음에 또 나누기로 하고 필자가 먼저 자리를 일어 선 것은 마지막 지하철을 타기 위해서였다. 그 해 12월 19일 동문회지 출판기념일을 겸한 송년회 때 이환성 향우를 만나 두툼한 동문회지 《망메새》를 전하며 악수하던 때가 엊그제 같다.

타향을 고향처럼 사는 법

> 타향을 고향처럼 사는 법 익혔다오
> 36년 고향에서 36년 서울에서
> 강원도 제3의 고향 산촌마을 들었소

    고향을 떠난 사람들에게 향수병을 가져오는 대상은 각자의 삶의 방식이나 개인사에 따라 조금씩 차이가 있겠지만 아마도 고향 사람과 고향산천이 그 대상이 아닐까?
    부모형제자매에 대한 혈연의 정은 말할 것도 없거니와 죽마고우와의 아련한 추억, 그리고 동네 어르신들의 각별한 기대와 보살핌에 각자의 희망을 키우던 좋은 시절이 있었는가 하면 가난의 굴레를 멍에처럼 짊어지고 세상에서 제일 높다는 보릿고개 꺼이꺼이 울며 넘던 시절도 있었고, 배고픈 서러움이 너무나 커 주체할 수 없이 흐르는 눈물 바가지에 젊은 인생을 타서 마시다가 정처 없이 고향을 등진 경우도 있었을 것이다. 이유야 어쨌든 고향은 자신의 뼈를 키워주고 기를 뿌려준 근본 뿌리다. 이와 같은 자연의 섭리를 벗어날 수 없음에 여우도 죽을 때는 고향 쪽으로 머리를 둔다는 수구초심(首丘初心)이 생겨났으며 호마(胡馬)는 늘 북쪽 바람을 향하여 서고 월(越)나라에서 온 새는 나무에 앉아도 남쪽으로 향한 가지를 골라 앉는다는 말도 우리네 인생, 마음의 고향으로 돌아가는 영원한 주제가 아닐런가?

어느 날 깊은 밤에 잡다하고 고달픈 객지생활의 지푸라기들이 고향에서 불어오는 사념의 남풍에 밀려 가버려 정신이 아주 맑아질 때가 있다. 바람에 실려 오는 낯익은 얼굴들을 어찌 그냥 흘려보낼 것이며 푸른 바다 춤을 추고 마늘 잎 출렁거리며 자운영 붉게 물든 고향 산천 언덕배기에는 내 어릴 적 추억의 모닥불을 피울 수 밖에 없다. 향수병이 도지면 약은 하나 뿐, 그 대상들과 만나서 회포를 푸는 것이다. 상사병에 그 상사병을 들게 한 상대와의 만남 외는 약이 없는 것과 같은 이치라고나 할까?

고향사람들이 모이는 산악회에 나가면 산중에 작은 고향이 생겨나고 남해달리기 모임(남달모)에 나가면 고향의 철각들과 마라톤코스를 누비다가 고향에서 주최하는 마

라톤 대회가 열릴라치면 대거 고향산천으로 달려간다. 중학교와 고등학교 총동문회에 나가면 역시 선후배를 만나니 그 역시 고향 학창의 연장이다.

　재경남해군향우회는 고향을 대표하는 가장 큰 모임이다. 필자는 86아시안게임이 열리던 그해 전출발령으로 상경하여 서울시민이 되었다. 2007년 5월 과천 관문 체육공원 주경기장에서 열린 재경남해군향우회 종합체육대회, 신년인사회 등에 나가면서 타향을 고향처럼 사는 법에 익숙해지기 시작했고 2012년 제12대 이중길 회장님때는 향우회지《남해가 그리운 사람들》편집위원장이 되어 심혈을 쏟은 바 있다.

　다음 해 2013년에는 재경남해중·제일고 총동문회지《망메새》편집주간으로 편집위원 9명과 함께 새로운 개념의 동문회지 발간에 미력이나마 도움을 드린 바 있다. 13대 박경호 회장님은 어려운 시기에 회장을 맡아 향우회 중흥의 발판을 마련했고, 전국 최초의 여성 군향우회장으로 취임한 14대 구덕순 회장은 구 단위 재경향우회 모임을 일일이 찾아다니며 애향심의 꽃을 피우는 성의를 보이기도 했다. 필자가 재경노원구향우회장을 맡았을 때도 격려차 오신 일이 있었다. 타향살이 36년에 필자는 타향을 고향처럼 살았기에 아니 어쩌면 더 치열하였기에 후회는 없다. 이제 강원도 산촌에 들어 제3의 고향을 익히고 있는 중이다.

이 주옥 같은 시들을
내 세우지 못하는 보물섬이라면……

> 남해를 노래한 시 주옥같은 이 보물을
> 작자를 모른다고 거두지 않는다면
> 보물섬 그 이름 석자 부끄럽고 싶없다

    남해유배문학관이나 남해군지 편집위원이나 교정위원들을 위시해 관심 있는 연구자들이 김용의 일생에 대해 수많은 자료를 찾을 때 그의 《태소집》의 〈남천록〉에 실렸던 남해에 관한 시문의 작자를 찾는 일을 동일 선상에 놓고, 같은 비중으로 연구를 하여 '이 시는 누구 누구의 시이기 때문에 김용도 남해에 오지 않은 것이 확실하다' 라던가 아니면 '더 연구를 해보니 유배를 오지 않고, 높은 벼슬에 있으면서 또는 벼슬을 물러나 자유로운 몸으로 팔도강산을 유람하며 남해 금산에 올라 쓴 글이다' 라는 식으로 발표되었더라면 그 공적이 더욱 빛났을 것이다. 즉, 짐작 내지는 미진한 상태로 두고서 이미 많은 세월을 보내버렸다.

    대충 종합해보면 태소집의 남해에 대한 10편 정도의 시들은 작자 미상이라고 하니 이제 그 작자를 찾아내는 일이 더욱 중요하리라 본다. 미상이라는 말은 항상 미지근한 것이어서 학자들은 확실한 것을 찾아 일생을 보내기도 하거니와 연구 결과에 따라서는 남해의 유배지에서 글을 쓴 사람이 더 늘어 날 수도 있다는 결론에 도달하게 된다. 유배문학관에서는 유관단체나 개인이 연구한 것을 심의하고 인정하고 수정하는 것도 좋지만 예산을 확보하여 전문가 집단의 도움을 받아서라도 태소 김용의 작품이 아니라고 하는 저 수많은 남해에 관한 시의 작자를 찾는 일에 힘을 좀 쏟기를 제언해본다.

또 모르지 않은가? 태소 김용을 어떤 이는 안동 김씨라고 하고 어떤 이는 연안 김씨라고 하니 두 문중에서 선조의 작품이라고 고이 간직하고 있을 수도 있는 친필 글씨라도 전해 오지 말라는 법이 있을까?

필자는 시간을 내어 이런 것들이 진정 남해유배문학의 새로운 보물을 찾는 획기적인 사업이 될 것임을 확신하며 시간이 나면 직접 필자가 발품을 팔아보고 싶다.

결론적으로 여기서 중요한 것은 〈남천잡록〉에 실려 있는 남해에 관한 주옥 같은 시를 작자미상이라고 덮어버리지 말고 여러 각도로 연구하여 태소 김용의 작품이라면 확실한 근거를 찾아 자리매김해주고, 아니라면 국문학사에 미아로 떠 있는 이 시의 작자를 찾아주는 것이 남해유배문학관이나 남해문화원, 또는 관련 연구단체에서 해야

할 일인 듯하다.

  내 고향을 찬양한 이 멋진 시들의 원적을 찾는 일을 꼭 고향에 계신 분들에게만 맡길 것이 아니라 서울에 사는 남해인들도 관심을 가져 규장각이나 고서적 취급기관, 관계요로 또는 김용 선생의 문중으로 여가를 틈타 찾아가 그 단서를 찾아 볼 일이다.

  태소 김용의 《태소집》〈남천잡록〉의 그릇에 흩어져 담겨있는 보석 같은 시들을 이제 하나 하나 실에 꿰어 우리 고향 유배문학관에, 만약 유배문학이 아니라도 남해를 배경으로 한 고전문학 코너를 만들어 이에 걸 맞는 이름표를 달아 걸어야 할 때가 되었다. 남해유배문학관에서 못한다면 남해문화원에서 수백 년 전에 남해를 노래한 이 진귀한 보물을 소중이 받아 들여 남해문화의 역사성을 확보해야 되리라 본다.

  얼마나 좋은가? 이 훌륭한 작품을 금산의 수려한 풍광을 배경으로 한 수묵담채화로 제작하여 남해문화원 어느 한 벽면을 장식해 볼 것을 제언한다. 그러지 않고 이 훌륭한 작품들을 자리매김하지 못하고 그냥 흩어진 채로 놓아둔다는 것은 남해인의 수치다. 그 많은 시들을 원문과 주석을 달아 실으려 했으나 지면관계상 싣기 어렵다.

  이 시들은 2008년도 발행 남해읍지와 2010년도 발행 남해군지에 소개되어 있다.

남해중학교 교가 교체를 거부하는 이유

구십년 학교 역사 그 누가 짓밟는가
해맑은 학창시절 꿈을 키운 우리 교가
아무도 손댈 수 없는 살아 있는 역사다

남해중학교 교가 교체가 과연 환영받을 만한 일인가?
 졸업생들의 정서를 외면한 교가 교체는 하지 말아야 한다. 이유야 어떠하던 수십 년 간 불러오며 모교의 역사 한 축이 되어 졸업생들의 정서에 자리 잡은 교가를 교체한다는 발상은 결코 환영할 일이 못된다. 졸업생 전원에게 설문지를 돌린다면 모르긴 몰라도 거의 교가 교체를 반대할 것이다.

 교가를 교체하려고 하는 데는 교육당국의 나름대로의 고충과 이유가 있을 것이다. 하지만 해당 학교를 졸업한 수많은 졸업생들에게는 크나큰 상실감으로 이어져 모교와 멀어지는 느낌마저 든다면 과연 누구를 좋게 하기 위한 교가교체인가?
 필자는 남해중학교 15회 졸업생이다. 졸업한지 60년이다 되어가도 노랫말의 토씨 하나 틀리지 않고 부를 수 있다. 그 만큼 꿈 많고 감수성이 강한 중학교 학창시절의 그 정서를 함부로 빼앗아가는 행위는 좋을 수가 없다. 엄마의 자장가처럼 또는 응원가처럼 또는 진취적 도약을 꿈꾸는 학도의 다짐처럼 불러온 우리 학창의 교가를 감히 누가 손을 댄단 말인가?

교가 교체에 대해서 경향각지의 졸업생들이 들고 일어남에 이게 무슨 변고인가 하고 정신이 퍼뜩 들어 새로운 교가 작사 공모의 광고를 수소문하여 보게 되었다.
광고의 처음 시작은 '90년 역사와 전통을 자랑하는 남해중학교'를 전제로 하였다. 단도직입적으로 말해서 지금에 와서 이런 저런 논리로 교가를 교체한다는 것은 90년 역사와 전통을 무너뜨리는 모순을 담고 있다. 즉 교가는 학교의 역사와 함께 오래되면 될수록 역사와 전통 앞에서 더욱 빛나고 당당해지는 것이다. 역사가 짧은 신생학교는 기나긴 연륜에서 뿜어져 나오는 그윽한 역사의 향기를 지닌 학교의 교가를 부러워하는 경우가 많다.

광고에서는 또한 '교내 일제 잔재 정비'의 일환이라고 했는데 남해중학교 교가의 가사가 뭐가 그리 일제 잔재라고 하는지 이해가 가지 않는다. 대한민국 대개의 학교교가 가사가 그러하듯 주변의 큰 산과 강과 바다가 있고 들판이 있다. 그리고 그 지방의 향토 특산물이 등장하고 명승고적이 뒤따른다.

남해중학교 교가의 1절 가사에 등장하는 단어들은 다음과 같다.

금수강산, 남쪽바다, 우리 남해, 상록수, 삼자향기, 망운산, 진리의 전당, 흰 뫼 정기, 대양호기, 무궁화 떨기 등이고,

2절 가사에는 죽산 대숲, 푸른 정기, 우리 지조, 봉강산 봉, 우리의 기상, 강진 물 넓음, 우리의 보람, 햇불로 온 누리 비추기, 한 손에 펜, 한 손에 삽, 이 강산 묵은 밭 갈기…….

이것 말고 무슨 더 좋은 말이 필요하랴, 오히려 극일의 힘을 키우기에 충분한 선구자의 사자후 그 자체다. 어느 것 한 가지라도 일본을 찬양한 일재 잔재는 없다. 이 곡을 작곡한 분이 현제명 선생이기에 일재잔재로 몰아붙이는 것은 너무나 졸렬하기 짝이 없는 일이다.

교가 교체 위원회라는 조직이 어떻게 구성되었고 그 구성원이 몇 명이며 각자 어떤 성향의 사람들인지는 광고에

소개되지 않았기에 여기에서 더 따질 것도 없거니와 잠시 이 광고의 실행은 보류하고 졸업생 전원의 여론조사를 먼저 해보기를 제안 드린다.

교가 교체가 말 그대로 90년 역사와 전통을 이어가기 위한 일과 무슨 관련이 있다는 말인가? 이런 일이 과연 환영받을 일인가? 꼭 교체를 하고자 한다면 졸업생과 재학생 전원에게 설문지를 돌려보는 것이 가장 합리성과 타당성을 높이는 일이 될 것이다.

무엇이 보물인가?

> 거목이 어쩌다가 이 고장에 인연 있어
> 평생의 내공으로 거작을 남겼으니
> 남겨진 발자취마다 그 향기에 취하다

　약천 남구만의 시조 '동창이 밝았느냐 노고지리 우지진 다'의 목가적인 느낌 또는 새들이 울어대는 어수선한 분위기로 시작되는 이 시조는 중장의 '소치는 아희 놈은 상기 아니 일었느냐'에서 과도한 노역으로 아직 잠을 깨지 못한 노비나 고단한 삶을 사는 백성의 이미지를 형상화했을 가능성이 높고 '재 너머 사래 긴 밭을 언제 갈려하나니' 즉, 퍽이나 걱정스런 하루, 또는 백성의 앞날을 걱정하는 고도의 은유가 적용되었다고 볼 수 있다. 이쯤 되면 남해군의 관계기관은 이 시조의 남해 창작설에 방점을 찍을 수 있는 확실한 근거를 더욱 보강하여 이 시조의 남해창작을 대외에 천명하여 우리 고장의 소중한 문화자산으로 자리 매김하여야 할 것이다. 다름 아닌 보물섬의 보물찾기다.
　영유시(詠柚詩) 20수를 비롯하여 망운산에 올라 망운

(望雲)의 깊은 뜻을 새기는 시를 남겼고, 금산에 올라 38 경을 노래하였으며, 화방사에 유숙하며 스님들에게 글을 남겼다. 특히 영유시 20수에는 용문사에서의 유자에 얽힌 이야기를 비롯하여 곡포(지금의 용소)에서 군 장졸들의 엄중한 병영군기를 담은 내용의 시, 향교의 문묘에 든 감회의 시, 북촌의 어느 고을을 지날 때는 바칠 미나리가 없어 서울 하늘을 바라보는 농민들의 고달픔을 담은 시, 동헌 마당에서 죽어가는 유자나무를 바라보는 안타까운 마음을 표현한 시, 유자가 귤보다 좋아 유자를 취하는 마음의 시, 순천의 허생원과의 교류를 나타내는 시 등, 남해의 문물과 인심을 적어 후대에 남기고 있는 인문학적 귀중한 보물이 묻혀있음을 잊어서는 안 될 것이다.

  용인과 홍성에서는 그의 유적을 따라 묘역과 생가를 조성하고 복원하여 많은 관광객에게 소개하고 있다. 특히 동해시의 어느 두메산골에서도 약천 남구만이 유배를 온 적이 있다며 동해시에서는 그 곳을 약천문화마을로 지정하여 그와 관련된 유적의 복원과 선양사업에 힘쓰고 있다. 영당복원, 약천정, 약천정자, 시조체험관, 서재, 시조비, 묘정비, 유허비 건립 등을 추진하였으며 기념관, 서원 등도 추진하고 있어 문화관광지로서의 입지를 강화하여 지역개발에 큰 몫을 차지하고 있는 실정이다. 다른 고시조도 그렇지만 남구만의 '동창이 밝았느냐…'의 시조도 창작연대와 창작지가 미상이다. 하지만 작가가 태어난 곳, 거쳐 간 곳, 유배지의 지명과 생활상, 작가가 살았던 시대상황, 묻힌 곳 등을 깊이 연구해 보면 가장 유력한 지역을 찾아내거나 유추해 볼 수 있다. 이것이 바로 그 지방의 보물찾기다. 우리 남해는 영유시와 관련된 작가의 심상, 남해에 유배 왔을 때의 시대상황, 읍성 유배지에서 용문사로 오갈 때 거치는 지형과 지명이 확실히 맞아 떨어진다. 향토 사학자 박성재씨의 연구가 더욱 진척되면 분명 좋은 결과가 오리라 본다.

보물섬 보물찾기는 다른 지방에서는 아무리 찾으려 해도 그 근본을 찾지 못하는 우리 고장에만 존재하는 이런 데서 착안해야한다. 땅속 깊이 묻혀있는 것도 아니다. 이미 그 꼭지가 지면으로 솟아있어 맨손으로 조금만 파도 세상이 깜짝 놀라고 부러워 할 보물을 느끼지 못하고 새로운 관청을 짓는다고, 길을 낸다고 묻혀 있는 천혜의 보물도 건설지향의 편법하에 영원히 망실될 위험에 처해있음을 어렵지 않게 감지하고 있는 우리 고향 지금의 급박한 상황이다.

몇 년 전에 천우신조로 발견된 수백 년 조상의 숨결이 서린 읍성도 도로 묻는 수준이었으니 새로 파헤쳐지고 묻혀 질 읍성의 운명이 어찌 될지 정말 위태롭기만 하다.

물질문화에 치중하여 많은 부분 상실된 정신문화를 찾아와야 할 때다.

'사향록(思鄉錄)'과 '되돌아 본 南海 100年史'

고향을 지키는 건 향토역사 전함이니
묻혀진 기록 찾아 밝히신 분 찾아보고
그 은혜 고마운 뜻을 다시 새겨 봅니다

필자는 2020년 1월 16일자 『남해시대』 신문 〈나의 고향, 나의 삶〉이야기(23), '무엇이 보물인가'에서 인문학적 관점으로 우리 고향에 묻혀있는 '남해읍성'과 '남해유배문학'을 보물섬 제일의 보물로 손꼽았다. 그 다음 보물로 남해의 역사 기록물을 찾아보기로 했지만 이 방면 책자나 기록의 보유가 부족하여 한평생 후학교육에 몸담으시고 향토사를 연구하시면서 많은 기록물을 남기신 김우영 선생님께서 남해신문 논단에 근대 고향의 역사서를 일목요연하게 정리하여 쓰신 글이 있어 발췌 인용하고자 한다.

조선조 때의 〈남해현 읍지〉만 하더라도 1832년~1833년간의 〈경상도 읍지〉 속에 〈남해현 읍지〉가 나오고 광무 3년(1899년)에 〈남해군 읍지〉와 〈남해읍지〉 두 권, 그리고 간지, 간자, 간년(刊地, 刊者, 刊年)이 모두 미상인 〈남해현 읍지〉등 네 권의 읍지가 계속 간행되었고 약 40년 뒤인 1933년에 〈한국지리 풍속지 총서〉가 한 질 100권(101권부터 200권까지)으로 나온 적이 있었는데, 이 전집물의 제145권과 146권 두 권이 〈남해군 향토지(南海郡 鄕土誌)〉란 이름으로 간행된 것이다. 물론 일제 강점기 때의 일이었다. 그러나 이런 책들은 관 주도의 발간물로 순수한 개인 저서는 아니었다. 그 후 광복에 이어 6.25 한국전쟁을 겪고 난 후 다소 안정을 되찾게 된 1950년대 후반인 1958년 남해군은 〈군지편찬위원회〉를 만들어 〈남해군지〉를 발간하게 된다. 당시로는 모든 여건으로 보아 이루기 어려운 큰 사업이었다. 그러나 이때의 군지는 사실 〈재부남해향우회〉에 의뢰하여 엮게 되었음을 알 수 있다. 그러다가 36년의 세월이 흐른 1994년 7월, 지면 1,264페이지의 방대한 〈남해군지〉를 편찬해 낸다. '남해군지편찬위원회를' 를 두고 작고한 문신수 선생 등 6명의 집필위원을 위촉하여 약 1년 여의 작업 기간을 두고 만들어낸 이 〈남해군지〉는 양적으로나 질적으로 여태까지의 읍지나 군지에 비해 획기적인 쾌거라고 할 만 했다. 그러나 이마저도 순수한 개인 연구서가 아닌 지방관서가 주관하고 기획한 발간물이었다.

그 이후 2010년 정현태 군수 시절, 향토사학가인 김우영, 김종도, 정의연 씨가 집필위원이 되어 상권(950페이지), 하권(850페이지)으로 된 〈남해군지〉가 발간되었는데 '남해군지편찬위원회'의 이름으로 집필된 우리 고향의 선사시대부터 2008년 12월 말까지의 역사를 한 눈에 볼 수 있는 고향의 인문학적 쾌거를 이룬 위대한 사업이었다. 여기에서 우리는 위에서 언급한 관 주도의 〈남해군지〉가 아닌 개인이 집대성한 남해의 역사서 두 권을 필연코 짚고 넘어가야 한다.

향당(香塘) 이청기(李淸基) 선생의 《사향록(思鄕錄)》과 백천(白泉) 장대우(張大宇) 선생의 《되돌아 본 남해 100년사》가 그것이다. 《사향록(思鄕錄)》(1973.2.1 향토문화연구회 발행)은 그 후 재경남해군향우회가 1994년 1월에 남해의 명승지를 컬러화보로 보완한 4판을 발행하였다. 〈되돌아 본 남해 100년사〉는 저자가 젊은 시절부터 방송국과 신문기자로 활동하며 남해의 역사, 정치사, 교육, 문화, 사건 사고, 남해인의 삶의 궤적을 정리하여 2008년 6월에 발간한 남해 100년의 역사서이다. 남해문화원장, 남해향토사연구회 운영위원, 남해역사연구회 고문 등을 역임하면서 남긴 논단과 칼럼은 진솔하며 소박하고 유려하다.

'사향록(思鄕錄)'과 '되돌아 본 南海 100年史' 두 개의 보물 책자는 요즘 부쩍 나의 서가에서 자주 내려와 마주앉는다. 향당(香塘), 백천(白泉)님의 향기가 참으로 온유돈후하다.

세월은 가도 더욱 빛나는 것들

향토사 향토문학 굵직한 업적들을
밤하늘 별로 빛어 찬란히 걸어두신
《사향록》《남해 백년사》《남해문학》 발자취

　필자는 『남해시대』 신문의 〈나의 고향, 나의 삶〉이야기 (29)를 집필하는 도중 향토사학자 김우영 선생님의 글 (2003년, 2월 14일자 남해신문 논단)에서 고향 역사서인 〈남해군지〉에 관한 서지 목록을 보면서 많은 것을 배웠다. 깊은 감사를 드린다.
　이 글에서 선생은 '향당(香塘) 이청기(李淸基) 선생의 《사향록(思鄕錄)》은 관 주도가 아닌 개인의 애향심으로 향당 선생이 가슴으로 쓴 향토역사서'라고 하였고, 필자는 사향록과 연대의 차이는 있지만 백천(白泉) 장대우(張大宇) 선생의 《되돌아 본 남해 100년사》를 같은 반열에 올려 살펴본 바 있다.
　《되돌아 본 남해 100년사》는 《사향록(思鄕錄)》 보다 35년이라는 한 세대 뒤에 나온 역사서라 많은 화보가 가미되고 양적으로 풍부하며 다양성이 확보되었다. 물론 관

주도로 2010년도에 발간된 최근의 〈남해군지〉는 더욱 세련되고 체계적이며 양적으로 풍부했음은 두 말할 나위가 없다. 또한 누군가 기록해 두지 않으면 멸실 될 수밖에 없는 그 시대 남해인들의 숨결을 살려 후세에 전한 지사풍 향토사학자들의 개인이 집필한 향토사 기록은 지방자치단체에서 발간한 역사서와 함께 상호보완적 관계로 우뚝 서 남해역사서의 양대 산맥을 이룬다. 요즘 고향에서 태동하여 세상에 나온 서적들이 필자의 서가에서 자주 내려와 필자와 마주 앉는다.

필자가 소장한 가장 오래된 책은 60여 년 전 단기 4288년(서기 1960년) 3월에 사진촬영 시작하여 4293년 5월로 편집후기를 쓴 '한국의 소금강'(남해문화연구회간, 이중문 제작)이라는 사진첩인데 60년 이전의 풍물을 사진으로 볼 수 있고 서두에 당시 '남해군의 개황'이 서술되어 있다.

1976년에 발간한 '꽃밭(7호)'은 45년 전의 책이고 가장 최근의 책은 남해문학회에서 1984년에 창간하여 2020에 발간된 《남해문학》(제23집)이다. 창간호부터 23집까지에는 남해문학회 37년의 역사가 고스란히 담겨 있다. 그리고 보니 향당(香塘) 이청기(李淸基)선생의 '사향록(思鄕錄)'과 남해문학회에서 발간한 '남해문학' 창간호는 1984년도 같은 해에 세상에 나왔음을 알 수 있다.

한 쪽은 역사책이요, 한 쪽은 문학에 관한 책이다. 인문학의 총아인 역사와 문학의 또 다른 양대 기둥이다. 한 쪽은 향당 이청기 선생 개인이 발간한 책이요. 한 쪽은 문신수 선생을 포함한 12인의 향토문인들이 발간한 책이다.

  필자는 고향을 떠나있기에 남해를 근간으로 하는 책자의 수집은 한계가 있어 남해유배문학과 향토문화와 역사를 연구하고 정립하여 세상에 알려온 김성철 전 남해유배문학관장님의 배려로 소중한 책자를 다소 확보할 수 있었다. 향토사학자 故 정의연 회장과 박성재 소장 등 친분이 있는 분들께서 보내주신 책자 덕분에 고향의 향기를 타향에서 만날 수 있었다.

  1982년에 남해군에서 발간한 〈남해의 얼〉과 2003, 2004년에 故 정의연 회장님이 발간하여 보내주신 〈남해역사 테마기행〉, 〈남해문화의 작은 둥지〉는 역사와 문화를 집대성한 남해인의 큰 발자취다. 〈남해문화의 작은 둥지〉 뒤표지에 특별히 실려 있는 필자가 지은 7·5조 사향편편십이수(思鄕片片十二首)는 곡을 붙여 애향가로 만들 계획이었으나 아직 미완으로 남아있다.

  최근에 김봉윤 남해문화원 향토사 연구위원은 학술 포럼에서 남해읍을 봉황의 고장, 봉황을 모티브로 디자인하자고 제안하였는데 그 귀추가 주목된다.

108계단 담벼락에 기대어

>이곳에 왔던 이는 두 세상을 보고 간다
>하나는 이승이요 또 하나는 불국이다
>이승도 면벽의 수행 나머지는 불국이다.
>
>108계단 땀방울은 이승의 흐름이요
>108번뇌 계단 오름 미륵불의 정토라서
>도타운 이 마을에서 번뇌 털고 갈진저.

 반도 남단 가천의 다랑이 마을에서는 거대한 담론이며 대자연에 대한 찬탄이 필요 없다. 담론과 찬탄을 아무리 내세워도 고단한 삶이 걸린 백팔계단의 그 의미 앞에선 사족일 뿐이다. 깊은 바닷물에 뿌리를 내린 설흘산 가파른 면벽 앞에서 먹을 것을 심어 가꿀 땅을 찾던 민초들은 그 가파른 절벽만큼이나 절박한 삶을 한층 두층 그 면벽에 두르면서 흙의 문화를 만들어 갔다.
 경사가 너무 심해 그대로는 씨앗을 뿌리기는커녕 걸어 다니기도 힘든 그 절벽 같은 곳에 주변에 널려있는 돌을 쌓아 수평의 땅을 만든 이유는 간단하다. 산에서 흘러내리는 물만 끌어들이면 벼농사가 가능했기 때문이다. 벼농사가 끝난 가을부터 봄까지의 보리농사는 물론 마늘과 시금치를 비롯한 채소농사도 이어진다.

 이곳 사람들은 이 가파른 산록에 돌담을 쌓아 다랭이 논이라는 수평의 땅을 만들고 그 조그마한 땅위에 또다시 담을 쌓아 누대에 걸쳐 백팔계단을 만들어 낸 것이다. 당대에 못하면 아들 세대로 그도 아니면 손자 세대로 대물림 하며 내려간 이 생존의 역사는 적어도 국내에서는 그 규모로 봐서 그 유례를 찾을 수 없다.

 잉카문명 마츄피츄의 계단이나 구조물처럼 정교하게 다듬은 돌로 쌓은 계단은 아니더라도 계단의 층수는 더 아득하고 마츄피츄에 잉카제국의 문화가 서려있듯 이곳에는 미륵불의 도타운 전설과 설흘산 육조문의 불교문화와 밭 무덤 등 토속문화가 살아있고 국내에서는 제일이란 정평이 나있는 양석과 음석이 버티고 있는 해학을 지닌 마을이다. 마츄피츄를 본산으로 하는 잉카문명이 한 때 중남미 대제국의 흔적이었으니 가천 다랭이 마을이 그 규모면에서 따라 갈 수 없지만 적어도 계단식 논을 백팔 층이나 쌓아 올린 것은 피땀 어린 또 다른 농경문화의 한 형태라고 할 수 있다.

 필자는 2008년도에 남해유배문학을 알리기 위해 중앙

문단 문인 40여 명을 남해로 안내하여 1박 2일 동안 유배문학을 주제로 한 세미나를 도운 일이 있는데 그때도 이 다랭이 마을의 농경문화와 이를 통한 문학적 접근의 가능성에 대해 나름대로의 정보를 제공하는데 미력이나마 힘을 쏟았던 일이 있다. 또한 필자는 이곳에 올적마다 이 피땀 어린 농경문화의 살아있는 역사 앞에 옷깃을 여미면서 도타운 미륵문화에 한 편씩의 정형시를 써서 화답하였다. 지금까지 모두 여섯 편을 썼는데 어느 일간지에 게재되었던 한 편은 찾을 수 없다.

 그때 그때 중앙문예지, 지방문예지, 지방신문, 인터넷신문, 개인 시집에 남긴 다섯 편의 연작시를 통해 백팔 계단 행간에 필자 또한 사념의 호롱불을 걸어본다. 지면관계상 몇 번에 걸쳐 다섯 편의 시조(정형시)를 소개하고자 한다.

반도 남단 다랭이 마을에 가면(1)

백 계단 까마득한 다랭이논 앞에서는
세상사 고달픔은 꺼내지도 말아라
돌 한 개 흙 한줌에도 숨은 뜻을 안다면

잉카도 이곳에선 옷 깃 한 번 여밀게다
푸른 바다 밟고 선 품새 더욱 도타워서
미륵불 솟아 오른 반도 남단 가천아

반도 남단 다랭이 마을에 가면(2)

다랭이 논 백 계단을 옆구리에 꿰어 차고
푸른 물 밟고 선 가천의 담벼락엔
처연히 읽어야 하는 고행의 시가 있다

한 알 두 알 돌의 언어 땀방울로 젖어 들 때
삶은 산록을 올라 거친 숨을 몰아쉬는
백 여 층 행간에 걸린 억척같은 서사시여.

백팔계단이다. 다랭이 마을의 담벼락에 기대선 다랭이 논의 층계가 그러하니 불교에서 말하는 백팔번뇌의 그것을 암시한 계단이 미륵불과 육조문이 전하는 전설의 조화에 의해 생겨난 것 같은 생각이 들 때가 많다.

미륵불은 이 다랭이 마을에서 영조 27년(1751년)에 발굴되었다고 전해지고 있고 다랭이 마을의 뒷산인 설흘산에 여섯 스님이 탄생하여 승천하였다는 육조문 전설도 바로 불교문화와 연관되어 있으니 백팔번뇌와 백팔계단의 의미를 떠올려 보는 것이다.

이러한 전설들을 떠나 설흘산 옆구리에 매달린 다랭이 논을 볼 때마다 우리 남해인이 열악한 환경에서 얼마나 강인하게 삶을 개척했는가를 느끼면서 그 과정을 떠 올려 보면 처연한 생각이 들 때가 많고 한 알 두 알 쌓아 올린 그 땀방울의 역사를 보면서 108계단 면벽마다에 남해인이 써 내려간 장엄한 서사시를 본다.

반도 남단 가천에 가면(3)

누가 먼저 백팔 계단 주춧돌을 놓았을까
쌀 한 섬 보석 알이 방울방울 맺힐 쯤에
앞 바다 물빛에 젖어 눈시울도 적셨을까

겨울 넘긴 풋보리며 마늘잎이 고울 적에
유채꽃 꽃 그림자 해면에 깔아 놓고
나른한 다랑이 논은 차곡차곡 잠든다

미륵불* 그 전설을 설흘산*에 물어볼까
암수바위 그 이치를 육조문*에 걸어 볼까
아마도 백팔번뇌쯤 그 계단이 아닐까

설흘산(490m)의 서쪽으로 솟아 있는 매봉(472.7m)을 따로 응봉산(鷹峰山)이라 부른다. 육조문도 응봉산 아래쪽으로 솟아 있다.
 이 응봉산에서 내려다보이는 풍광이 좋아 수많은 등산객이 찾아오는 곳이다. 하지만 표지석이 없어 등산객 누군가가 바위 위에 매직으로 매봉산이라고 써놓았는데 남해향우회 다음 카페(카페지기:오행순) 회원들이 성금을 모으고 남해산악회와 협력하여 2018년 3월 15일 시산제를 올리고 표지석을 세웠다.

* 미륵불 : 2005년 명승 15호로 지정된 국가지정문화재.
　다랭이 마을에서 언제부터 이 미륵불을 모셨는지는 분명하지 않지만 미륵이 발견된 것은 영조27년(1751년)이라고 전해진다. 당시 이 고을 현령인 조광진의 꿈에 한 노인이 나타나서 말하기를 "내가 가천(후에 다랭이 마을로 개칭)에 묻혀있는데, 소와 말의 통행이 잦아 일신이 불편하여 견디기 어렵다. 나를 일으켜주면 필시 좋은 일이 있을 것이다."고 했다. 현령이 다랭이 마을에 가보니 과연 꿈에서 본 지세와 꼭 같았으며 노인이 가르쳐 준 자리를 파보니 지금의 미륵불(일명 암수바위)이 나왔다는 것이다. 경상남도 민속자료 제13호. 숫바위를 숫미륵, 암바위를 암미륵이라 부르고, 합하여 미륵불이라 일컫고 있다.

* 설흘산과 육조문 : 설흘산은 이 마을 뒷산으로 지금도 흔적이 남아있는 봉수대에 서면 깊숙하게 들어온 앵강만이 한 눈에 들어오고 서포 김만중의 유배지인 노도가 아늑하게 내려다보인다. 육조문은 설흘산과 응봉산의 정기를 받고 서쪽으로 여섯 부처님이 탄신하여 승천하였다는 전설을 지니고 있음.

반도 남단 다랭이 마을에 가면(4)

저 파도에 밀리다간 꼭대기로 갈수 밖에
차라리 여기에다 성벽을 쌓자구나
우리가 저 여울 딛고 성 밑돌을 깔자구나

흙 알 하나 못 빠지게 돌 귀퉁이 다지거라
흙은 살, 돌은 뼈라 네 몸이듯 엮어라
수십 년 할부지 호령에 또 한 층이 매달렸다

백팔계단 걸터앉은 저게 논이랍디까?
말 마쇼 삿갓 크기 논배미도 있다오
쌀 한 톨 마늘 한 톨이 이곳에선 보석이오

여수반도 외해 쪽에서 다랭이 마을로 밀려오는 파도는 잔잔한 강진바다와는 달리 상당히 거칠다. 깎아지른 듯 절벽에 무서운 기세로 밀려와 부서지는 파도 위에 뿌리를 내린 석벽을 밑돌로 하여 성벽처럼 쌓아 올리기 시작한 다랭이 논이 백팔 계단을 이루기까지는 눈물과 땀과 억척

같은 개척정신이 아니고서는 감히 해 낼 수 없는 일이다. 이렇게 가파른 절벽 같은 곳에 논배미를 쌓아 올려가다 보니 지형 상 아주 작은 땅도 생길 수 있다.

그리고 그 땅에도 어김없이 작은 물길을 내고 벼를 심었다. 비오는 날 일하다가 비가 그쳐 삿갓을 내려놓았는데 집에 올 때 삿갓을 들치니 그 아래 조그만 논배미가 있었다는 우스개 같은 이야기도 전하고 실제로 아주 작은 논배미를 이 지방 사람들은 삿갓배미라고 부른다.

다랭이 마을 앞바다를 바라보다가 오래 전 떠들썩했던 거북선이야기가 뇌리를 스친다.

역사는 다음과 같이 적고 있다.

평산에 조선 성종 21년(1490) 9월에 진보를 구축하기 위하여 평산포 진성을 수축하였다. 고려시대 우수

사를 설치하였던 이곳을 조선조에 만호진으로 대처하였고 거북선 1척, 병선 1척, 사후선 2척, 능노군 145명, 사부 28명, 화포수 10명, 포수 34명이 주둔하였다

(남해군지 상권, p. 509, 2010년 발행)

다랭이 마을과 평산포는 지척간이고 평산포에 주둔한 거북선은 임진왜란 당시 수시로 인근 전라좌수영의 거북선과 같이 이 다랭이 마을 앞바다에서 조우하였을 것이다.

과거 1984년부터 1994년까지 정부가 추진한 거북선 찾기 사업이 진행된 바 있었으나 가짜 총통사건을 비롯해서 현재의 수준과는 비교되지 않는 탐사장비의 미비로 중단된 많은 아쉬움을 남기고 있다.

그 후 2008년 경 경상남도는 거제 칠천도 일대를 중심으로 1차 탐사작업을 시작하였지만 남해의 다랭이 마을 앞바다까지 탐사했는지는 알려진바 없는 것 같다.

현대 최첨단 장비로 몇 천 년 전의 심해유물을 건져 내는 요즘 세상이다. 다랭이 마을의 땅속 미륵불을 바깥으로 모셔온 영험을 지닌 다랭이 마을이다.

충무공의 분신이라 할 수 있는 거북선이 언젠가는 다랭이 마을 앞바다에서 솟아오를 날을 기대해 본다.

반도 남단 다랭이 마을에 가면(6)

설흘산 담벼락에 혈서처럼 걸린 시편
백팔계단 행간마다 고운 넋들 잠이 들고
다랭이 갈피갈피에 마늘잎도 푸르더라

비오면 비에 젖어 눈 오면 눈에 젖어
까만 돌 망부가로 꺼이꺼이 울던 밤에
앞 바다 물비늘 타고 푸른 넋이 돌아온다

죽비 훑는 그 소리도 처연히 내린 밤에
미륵불 솟은 마을 호롱불에 무거운 건
육조문 흘러온 얘기 백 팔 번뇌 그쯤일까

    다랭이 마을의 극심한 경사면 산록은 땅에다 농사를 지어 먹고 살아가는 농경민으로서는 아주 척박한 환경이었다. 더구나 평평한 땅에다 물을 가둬야 지을 수 있는 벼농사는 아예 생각을 말아야 했다. 하지만 이 곳 사람들은 그들의 아버지의 아버지 또 그 위의 할아버지 선조 대대로의 연대가 써 내려온 인간사 생명의 원천인 먹거리 마련에 대한 절박한 상황을 스스로 타개하며 백 팔 계단 다랭이 논으로 자리 잡은 흙의 문화를 창조하였다. 거기에 불교의 육조문 이야기와 미륵의 전설까지 지니고 있는데다 잉태와 출산의 이치를 담은 음석과 양석을 고루 갖추며 신선한 해학까지를 후세에 남기고 있으니 내 고향의 남쪽 다랭이 마을을 어찌 필자의 가슴에 깊이 품지 않을 수 있을까?

필자는 푸른 파도 넘실대는 다랭이 마을 벼랑 끝에서 하늘로 치솟아 오른 백 팔 계단 다랭이 논의 처연하고 장엄한 형상을 올려다보며 한 편의 장편 서사시를 떠올려봤다. 행간마다 고여 흐르는 땀방울이 한 층 한 층 번져갈 때마다 하늘에 걸린 그 환희의 땅을 밟은 사람들은 북받치는 기쁨에 덩실 춤을 추다가 밤에는 잠도 오지 않았을 것이다.

뒷산 설흘산 봉수대는 호국의 횃불과 연기가 피어오르던 곳이다. 남해안 전 조망을 가진 천혜의 이 봉우리에서 다랭이 마을 앞바다를 내려다보니 수심 32m48cm 지점에 벌로 뒤덮여 온전히 보전된 거북선이 있다고 주장한 무량암 범신(汎信) 주지 스님의 호국불심과 천안통(天眼通)에 감응한 거북선의 모습이 어른거리며 떠오르는 것 같다.

범신 스님은 천안통으로 세계 미스터리로 손꼽히며 아

직 흔적조차 찾지 못한 칭기즈칸의 무덤 위치를 언질 해 몽골 현지 언론의 주목을 받은 바 있다. 그 후 이 미스터리를 풀어 밝히는 계획을 세웠지만 코로나 19의 창궐로 몽골에 들어가는 것이 여의치 않아 계획을 미루고 있다는 소식을 지삼 총무 스님과의 전화통화를 통해 알게 되었다.

창녕 우포늪에서는 5,000년 전의 원형에 가까운 목선을 찾은 바 있고 노르웨이에서는 2,000년~3,000년 전에 바이킹들이 탄 배도 찾아내었다.

다랭이 마을은 묻혀 있는 미륵불도 땅으로 솟아오르게 한 영험을 지닌 마을이다. 불과 400여 년 전의 거북선인데다 현대 첨단 장비를 동원해서 세계 최초 철갑선인 거북선의 미스터리를 우리고향에서 풀어 보기를 기다려본다.

소나기 쏟아지는 들판이 나에게 무엇이기에

연죽천 도랑가에 옛 추억 게 꼬시기
털 달린 가위발로 미끼 물어 끌고 갈 때
다른 쪽 발에 채우는 한 판 승부 올가미

맑았던 연죽천 물 농약에 오염되어
수생동물 멸종되니 화들짝 정신 드나
참게 씨 뿌릴 정도면 희망 있다 아직은

친환경 농법으로 오리와 우렁이가
벌레도 잡아먹고 잡초도 뜯어먹는
무 농약 벼가 자라는 정다워라 그 들판

어느 해 찾은 고향의 들녘은 회색 하늘을 이고 있었지만 이 소나기 쏟아지는 회색은 안개에 가까워서 나름대로 볼만하였다.

어릴 적 들녘에 비가 쏟아지고 도랑물이 불어나면 아버님께서는 대를 쪼개 만든 큰 발을 메고 가셔서 봉천의 지류

쯤에 걸치신다. 필자는 옆에서 그 발 위로 기어오르는 손바닥 보다 큰 시커멓고 번쩍번쩍하는 참게를 주워 담기만 하면 되었다. 간혹 팔뚝만한 뱀장어도 튀어 오르는데 그것의 처리는 아버님이 하셨다. 한 시간 정도면 벌써 참게 50여 마리, 묵직한 뱀장어 서너 마리가 망태기를 채운다.

참게는 쪄서 먹기도 하고 게장을 담그기도 하였으며, 뱀장어는 이웃하고 모여서 숯불로 구워먹는데 그 고소한 냄새에 동네가 시끄러웠다.
비를 피해 앉아 있는 정자 옆을 흐르는 하천은 남해의 진산 망운산과 새방 골의 맑은 물이 합류하는 남해에서는 제일 깨끗한 물이 흐르는 하천이어서 관계기관에서는 이곳에 참게 씨를 뿌려서 관리를 하고 있었다.

청년 시절 들판의 벼가 누렇게 익어 가면 필자는 친구와 함께 미꾸라지 미끼를 끼운 대꼬챙이와 올가미 대를 가지고 읍내에서 멀리 떨어진 이곳으로 참게를 낚으러 오곤 했는데 게구멍에서 참게가 떼로 쏟아져 나와 기염을 토하곤했다. 얼마 전까지만 해도 이곳 벼농사에 농약뿌리지 않고 오리와 우렁이를 이용한 친환경 농법을 하고 있었고 이곳에서 생산된 쌀은 아주 비싼 값으로 거래된다는 소식을 신문을 보고 전해들었는데 요즘은 어찌하고 있는지 모른다.

조상님의 산소에 벌초를 마치고 소나기 쏟아지는 들녘을 보다가 불현듯 살아나는 어릴 적 추억이 빗물처럼 흘러내린다.

보통 때는 벌초하고 서울 올라오기 바빴지만 이번에는 동생네 집에서 하룻밤을 지내면서 부산에서 온 동생과 같이 밤이 이슥하도록 이 정자에 나와 오손도손 조상님들에 대한 이야기, 자식들에 대한 이야기, 고향의 정겨운 이야기로 꽃을 피웠다. 하룻밤을 지내고 날이 새기가 무섭게 어젯밤의 이 정자로 달려왔다.

또 소나기가 퍼부었다. 바람에 흔들리는 느티나무의 잎사귀 소리, 흘러가는 맑은 시냇물 소리에 세속을 좀 씻어낸듯하여 머리가 맑아짐을 느낀다. 더 머물고 싶은 마음이 꿀떡 같았지만 일요일 저녁 어머님의 기제사를 모셔야 하기 때문에 사진만 몇 장 촬영하고 서울로 향해야 했다.

서면 금곡 쪽에서 남정 쪽을 보면 느티나무 두 그루가 터널을 이룬다. 남정리 분들이 70년대 새마을 사업을 하시면서 쉼터를 마련하기 위해 길 양쪽으로 심었는데 수령 50년이 넘었다. 몇년 전 느티나무 아래 현대식 정자를 마련했는데 참 튼튼하게 멋지게 만들었다는 느낌이 들었다.

제4부
귀거래사 오는 날

귀거래사 오는 날
남도봉매(1)
남도봉매(2)
프랑스에서 《황진이 시조론》이 우연한 것인가?
사백어(死白魚)
비 오는 날의 귀소(歸巢)
시골집
골태기의 전설(1)
골태기의 전설(2)
골태기의 전설(3)
지남철에 얽힌 추억 하나
새벽길

귀거래사(歸去來辭) 오는 날

고향아!
나의 고향아!
불러도 불러도 마냥 그리운 이름이여!
너를 찾는 메아리가 세종홀에 모였구나

이토록 정겨움의 경자년 새해 인사
수도권 15만 향우, 넘실대는 강물이다
고향 땅 10개 읍면 이름다운 이야기가
세종 홀 넘실넘실 광화문을 적시나니…

대한의 남쪽바다 화전(花田)이라 부르던 곳
경기체가 화전별곡 그런 곳이 남해였소
영유시(詠柚詩) 20수의 남구만 선생
망운 금산 풍광시 남해보물 남겼다오

벼랑 끝 걸린 달이 출렁이던 외딴 섬은
동백도 적객의 시름 눈물지어 서럽더니
노도 문학의 섬 구운몽(九雲夢)을 부르고
서포 선생 푸른 넋이 남해바다 비추고녀

남해읍성 유배문학관 봉천사묘정비
비석에 새겨진 비문 혹여 읽어 보셨나요?
소재 선생 습감재에 구름이듯 모인 선비
서포 소재 혼백이 매부(梅賦)에 살아 있소.

후송 선생 남해문견록 우리 고향 기행문
남천잡록에 실려 있는 남해 찬양시
〈노인성〉〈등금산〉〈홍문〉〈하금산우우〉
〈감로수〉 남기신 분을 찾아 나서보려오

겸재 선생 읍성 죽림 300여 편 한시에
대나무 곧은 절개 서리서리 묻어나니
소재 선생 매화 향기 매부가 사는 고향
당산에 습감재(習坎齋)도 찾아 나설 참이오

이토록 우리 보물섬 넘쳐나는 문화 향기
사면에 넘실대는 어족자원 보고에다
해풍에 미네랄 머금은 청정 마늘 시금치며
지혜를 모아야 할 때 머리 맞댈 올해라오

고향의 대역사인 군 청사를 짓는다오
군민들의 염원 담아 어울림의 장이 되고
읍성훼손 최소화에 원형 복원 큰 그림
군민들의 문화 공간 재탄생을 기려보오

헌걸차다 여장부여 열두 폭이 넘쳐나오
지역향우회 찾아다니던 그 모습이 선할진대
모태는 영원한 것 생명줄을 잇는 상징
고향 역시 태를 묻은 그 곳이 아닐까요

고향 인구 줄어든단 말 어제 오늘 아니련만
누구의 잘못도 아닌데 왜 위축되어지는지
재작년에 4만 5천이 무너졌다 하는데
수도권 15만이 어찌 좀 해봅시다

마늘 밭 고랑가에 목매기가 울던 곳
봉천 고내 삼화천 송사리가 살던 곳
내 고향 남쪽바다 푸른 물을 그리나니
귀거래사 도연명을 찾아봄도 좋을 듯

> 오늘은 경자년 신년인사회 축복의 날
> 고향에서 올라오신 군수님과 리더 여러분
> 고향소식 주파수에 귀를 모은 향우님들
> 정담 속에 묘수 번쩍 헹가래를 쳐볼까요?

　2020년 신년 초 재경남해군 향우회 신년인사회 때 세종문화회관 세종홀에 입추의 여지없이 많은 분들이 오셨다. 필자가 준비한 '축시'가 화면에 소개되었는데 뒤에 앉은 많은 분들이 글씨가 너무 작아 보기가 힘들었다하시면서 다른 경로를 통해 발표를 좀 해주면 좋겠다고 하셨기에 마침 〈나의 고향, 나의 삶〉이야기와 연결되는 내용이어서 늦었지만 본란을 통해 전해 올린다.

남도봉매(南島鳳梅)-1

서포는 소재에게 매혼을 넘겨주고
도포자락 휘날리며 피안으로 돌아가니
두 그루 매화나무는 혼백으로 피더라

매부를 읊조리며 매원을 걷던 사람
어느 날 그 매원이 불도저에 밀려나니
화들짝 놀란 가슴에 매실 몇 알 취하더라

마을에 전해오는 서당이 있던 곳에
서포 고재 매혼 기려 그 매실을 심은 후로
그 이름 남도봉매를 이어갔다 하더라

매원이야 있건 없건 그게 뭐가 대수냐며
노도의 島자 따고 봉천의 鳳자를 딴
그 이름 南島鳳梅를 잊지 말자 하더라

소재(疎齋) 이이명(李頤命, 1658~1722) 선생은 조선 후기의 왕족 출신으로 노론 4대신의 한사람이다. 조선 제

4대 임금 세종대왕(世宗大王)의 서5남인 밀성군(密城君)의 후손으로 광원군 이구수의 5대손이자 영의정을 지낸 이경여의 손자이다. 소재 선생은 장인인 서포 김만중 선생이 노도 적소에서 생을 마감한 그해 남해로 유배되어 와서 매부(梅賦)를 남겼다. 읍성의 죽산리〔대뫼〕일대에 소재 선생의 적소였던 습감재(習坎齋)와 그의 영정을 모셔 제사했던 봉천사(鳳川祠)라는 사당이 있었다는 역사적 사실은 현재 남해유배문학관에 자리한 봉천사 묘정비의 기록으로 남아 있거니와 죽산리 현지에 대를 이은 구전과 후대의 기록으로 여러 경로를 통해 자리 잡았다.

봉천사 묘정비문에 의하면 봉천사는 죽산마을 봉천 상류에 그 위치를 적고 있다. 남해의 진산 망운산에서 발원하여 죽산 앞의 하마정 들을 적시고 강진바다로 흘러가는 큰 하천이 봉천이다. 남해유배문학관도 봉천변에 자리 잡았다. 읍내 문화의 거리에도 선생의 초상화와 함께 매부 인양 새겨져 있으나 실은 매부의 본문이 아니라 매부를 짓게 된 연유문이어서 하루 빨리 수정되어야 한다.

어느 해 이른 봄날에 고향 마을을 방문하여 울창한 죽림을 뚫고 매원의 매향을 찾아 당산으로 올랐다가 큰 충격을 받았다. 그 우람하던 매원은 흔적도 없이 사라지고 그곳엔 대학의 부속건물이 들어서 있었다. 그 당산의 매원(梅園)은 소재 선생의 습감재가 있었다고 추정되는 곳이고 서포 김만중 선생의 적소에서 옮겨온 매화나무 두 그루를 살려 키우면서 매부(梅賦)를 탄생시킨 곳이다. 이 지방 사람들에게 충신효제(忠信孝悌)를 가르쳤던 인연으로 소재 선생과 서포선생의 혼백이 깃든 매화나무 두 그루는 지방 백성들의 지극한 보살핌으로 이어져 오다가 이 역사적 사실을 후대에 전하기 위해 남해중학교와 남해제일고등학교의 전신인 남해공립농업실수학교 개교 때부터 대대적으로 매원을 조성한 것으로 본다.

매화가 필 때는 청춘남녀의 데이트 장소였고, 중·고등학교 문예부 학생들은 이곳에서 시화전을 열기도 하였다. 소재 선생과 서포 선생의 사연이 깃든 매부를 탄생케 한 두 그루 매화나무가 습감재 뜰 앞에 있었으니 습감재-매화 두 그루-매부-매원을 연결시켜 문화재화 하는데 관심을 가졌더라면 그 우람하던 매원이 흔적 없이 사라지지 않았을 것이다.

오랜 전 죽산 동네의 박노인께서 봉천의 파천들에 나왔다가 매원이 불도저에 밀려 나가는 것을 보고 한걸음에 달려가 저절로 익어 떨어진 흙속에 묻혀있는 매실 몇 알을 취하여 당산 줄기 아래편 동뫼에 심었다는 이야기를 필자의 친척에게 듣고는 박노인을 직접 만나 뵈었다. 오래 전의 동네 역사를 꿰뚫어 보시면서 습감재와 봉천사에 대한 구전자료는 물론 봉천사 묘정비문의 역사적 기록을 필사하신 묵서를 필자에게 보여주시기도 하셨다.

매화나무 두 그루를 서포 김만중 선생의 적소 노도(櫓島)에서 옮겨와 소재 이이명 선생의 적소인 봉천 습감재 주변 동뫼에 심는다는 의미로 박노인께서는 '남도봉매(南島鳳梅)'라고 명명하였다고 하셨다. 필자는 봉천을 타고 내려가 동뫼산에서 그 남도봉매를 확인할 수 있었다.

그리고 그 몇 년 뒤 화전문화제 때 남해문학회에서 개최한 거리 시화전에 서울에서 '남도봉매(南島鳳梅)'란 시를 지어 남해읍 문화 거리에 전시하였는데 위에 적은 시다.

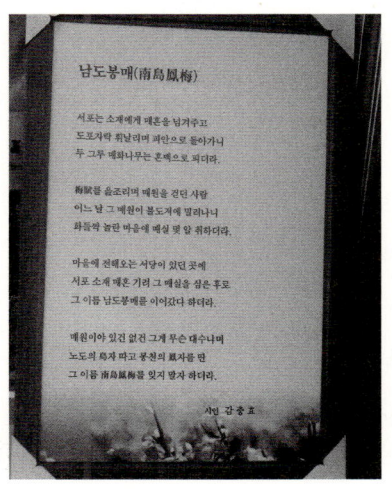

남도봉매(南島鳳梅)-2

학교의 배구 축구 공놀이 벌어지면
죽림과 마당으로 공 날아가 떨어지고
일하던 동네 어른은 날아 온 공 차준다

학교를 품었기에 옛 전설을 지녔기에
동민은 개교 이전 이곳 사랑 변함없고
봉천사 봉천사 묘정비 습감재 자랑이다.

앞에 이어 남도봉매(南島鳳梅)-2를 올린다. 유서깊은 당산의 우람찬 매원은 그야말로 이 지방 사람들의 보물이었다. 특히 죽산사람들은 오래전부터 이 고장의 배움의 전당인 남해중학교와 남해농업고등학교가 본동에 소재함을 자랑으로 여겼고 동네의 울창한 죽림과 연결된 당산의 매원에 대해 깊은 애정을 갖고 있었다.

지금의 남해중학교와 남해제일고등학교의 전신인 남해공립농업실수학교가 1930년도에 개교할 무렵 전 동민이 동원되어 동네에 있던 직육면체 모양의 큰 바위를 궁글대와 밧줄로 학교 운동장까지 옮겨 훈화대로 기증할 때의 모습은 흑백 사진과 함께 학교 개교 실록 자료에 남아있다. 그 후 남해중학교와 남해농업고등학교가 도립 남해대학의 부지로 변경될 때 그 훈화대는 지금의 남해제일고등학교 기록관 옆으로 옮겨 전시되어 그 상징성을 이어가고 있다.

소재 이이명 선생과 서포 김만중 선생의 애틋한 사연과 감응으로 창작된 매부(梅賦)는 죽산 당산의 습감재(習坎齋)를 배경으로 한다. 소재 선생의 영정을 모시고 100년간이나 제사했던 봉천사(鳳川祠)와 봉천사 묘정비(鳳川祠廟庭碑)를 가장 가까이에서 지켜 온 인연 때문에 남도봉매(南島鳳梅) 역시 죽산인의 박노인에 의해 이어졌다.

박노인은 개발의 불도저에 밀려 그 우람하던 매원이 사라지는 현장을 목격하고 누구보다도 소재 이이명 선생과 서포 김만중 선생의 생애와 동네의 구전에 대해 지대한 관심을 가진 학자였기에 매원의 현장에서 매실 몇 알을 살려 남도봉매(南島鳳梅)로 이어가게 했다.

필자는 어느 이른 봄날 매원의 추억을 잊지 못해 동네의 울창한 죽림을 뚫고 당산에 올랐다가 매원이 사라진 것을 보고 그 연유를 수소문 한 결과 동네 박노인의 남도봉매 살리기 소식을 듣게 되었고, 그 사연을 담은 시 한 편을 지어 2011년 10월 27일에서 29일까지 거행된 제23회 남해군민의 날 및 화전 문화제 행사 때 거리 시화전에 출품하였다. 그 때 남해문학회는 고 강철도 회장님이 이끌어 가실 때였고 회원들의 시화는 유림동 고개에서 2m 정도의 간격으로 효자문까지 전시되어 거의 1km에 이를 정도로 대성황을 이루었다.

오래전에 도립남해대학에 오랫동안 몸담아 계신 교수님을 향토사학자 한 분과 같이 만나 매원과 습감재, 매부, 봉천사묘정비에 관한 대화를 나눈 바 있었는데 대학에서는 이런 역사적 사실을 전혀 몰랐다고 아쉬워하셨다. 남해대학은 습감재의 옛터에 세워진 부속건물의 현판에 대한 재고와 주변에 매화 고목나무 몇 그루라도 재현해보고 당대의 거목이 서당을 열어 백성을 가르친 습감재 옛터에 배움의 터를 다시 세운 의미를 새겨봤으면 하고 권해 드린다.

습감재의 폐허를 살려 구한말 남해공립농업실수학교가 세웠던 서당풍의 3칸 목재 기와집은 필자가 중고등학교를 다닐 때만 해도 교원사택으로 사용되었었는데 바로 그 자리에 또 현판을 단 건물이 들어섬은 우연이 아닌 매부의 혼백이 인도한 것이 아닐까?

프랑스에서 〈황진이 시조론〉이 우연한 것인가?

> 황진이 시조론이 가까이 와있는데
> 아직도 못 느끼는 배고픈 시심들은
> 멀리서 허우적거리며 무얼 찾고 있는고?

'가장 한국적인 것이 가장 세계적인 것이다'라고 힘주어 말하던 선각자들의 면면들이 생각난다. 각 분야에서 우리 고유의 전통적인 것을 찾아보면 참 많기도 하다. 그것은 반만년 기나긴 역사의 저력이다. 역사가 짧은 나라에서 급조된 것들은 잠시 유행하는 것으로 끝난 것들이 참으로 많다. 그러나 우리의 것 중에 몇 백 년 동안 전통적으로 이어져 내려오면서 소멸되지 않고 말 그대로 가장 세계적인 것이 될 수 있는 것 중에 문학 장르로 정형시 시조(時調)가 있다. 700년~800년의 전통인데다가 그 발생지가 정확한 정형시의 문학 장르로 이만한 역사를 지니고 있는 것은 서양의 소네트나 일본의 와카(和歌)·하이쿠(俳句)가 있을 뿐이다. 이러한 전통적인 것들은 세계적으로 관심의 대상이 된다. 좋은 예로 몇 년 전 월간문학에 김월준씨의 월평을 소개해 보고자 한다.

저명한 불문학자이며 시인인 인하대 프랑스문화학과 이가림 교수에 의하면, 프랑스 파리6대학교에 교환교수로 가 있을 한 학기 동안 우리 현대시에 대한 강의를 하게 되어 자기는 열심히 하였지만 학생들의 반응이 영 신통치 않아 그 연유를 학생들에게 물어 보았더니, 자기들이 정립한 이론〔현대시의 태동을 이끈 프랑스 시문학 이론을 말함〕을 가지고 자기들의 흉내〔프랑스 문학을 흉내 내는 다른 나라들의 시문학 경향을 일컬음〕만 내고 있는 한국 현대시를 들어보나마나 배울 게 뭐가 있느냐하기에 궁여지책으로 한국시조론을 강의하게 되었다고 한다.

그런데 이상하게도 한국시조론을 강의하는 그 시간부터 학생들의 눈빛이 초롱초롱 빛나더니, 한 학기를 마치고 나니까 대학원 석사학위 논문에 황진이 시조론이 나올 만큼 한국에 대한 학생들의 인식이 완전히 달라지더라고 했다. 또한 한국적인 전통과 고유하면서도 독창적인 문화양식을 갖고 있는 성숙한 문화국가 한국이라고 은연중 말을 하더라고 했다.

그만큼 독창성을 중요시하며 세계문학의 중심지라고 할 수 있는 프랑스 파리의 시각이 달라지고 있는데, 국제적으로 우리 시조의 알리기 작업 현실은 너무나 안일하였다. 그러나 최근에는 많은 문학단체에서 전 세계에 우리의 얼 시조(時調) 알리기에 힘을 쏟고 있는데 특히 우리 고향 창선 출신 김봉군 박사가 한국본부 이사장으로 있는 세계전통시인협회의 활동이 가장 눈부시다.

한국문학비평가협회장을 지내시기도 한 김봉군 박사는 최근 에세이로 쓴 역사의 문명 진단서인《이 역사를 어찌 할 것인가》를 내놓으시면서 '이제 우리는 슬픔의 무덤을 파헤치며 이를 가는 분노의 자식들이 아니라, 광대한 역사의 지평 너머에서 피어오르는 통일대한민국의 꿈에 대하여 이야기 하는 소망의 선도자로 나서야 한다,'고 전제하고 우리 근·현대사의 흐름을 훑으면서, 갈피 갈피에 생채기 난 갈등과 쟁점 거리를 인문학적 관점으로 정리하기 위해서 이 책을 쓴다고 설파하고 있다.

이러한 맥락을 볼 때 우리 시조인들도 광대한 문학사의 지평 너머에 고유한 시조의 위상 정립을 위한 선도자로 나서야 한다고 본다.

일본이 자기 나라 고유의 단시인 하이쿠를 세계에 보급하기 위해 초등학교는 물론 그 이전에도 국민문학으로 그 바탕을 잡아 그들의 민족혼을 불어 넣은 후 그들의 고유 문학을 세계로 진출시키는 가교를 놓았듯이 우리도 시조 문학의 중흥을 위한 피나는 노력과 끊임없는 기반확대가 그 어느 때 보다도 절실하다고 본다.

사백어(死白魚)

긴 세월 무얼 하다 이제야 만나는지
이웃 들 함박웃음 세상 시름 모두 벗고
밤새워 옛날이야기 끝날 줄을 모른다

봉천에 천렵 할 때 학익진 펼친 이들
반두에 가득 차던 정다운 물고기들
그 이름 곱씹어 쓿기 죽산 마을 봄놀이

남면의 펜션에서 하루 밤이 짧았니라
죽산리 형님 댁에 아침밥상 받아보니
사백어 연노란 국물 내 유년을 부른다

    오래 전부터 서울의 고향 선배 한 분이 서울을 비롯한 객지로 흩어진 사람들의 고향마을 방문을 추진하고 있었다. 그 2년 전에도 이 행사에 참가하여 오랫동안 못 뵈었던 분들과의 해후에 가슴 벅찬 감동을 받았기에 이번에도 흔쾌히 참가하겠다고 하고 모든 걸 제쳐놓고 4월 14일 이 날을 기다려 왔다.

고향마을의 만찬에 참가하여 융숭한 대접을 받으면서 오랜만에 만난 즐거운 이야기들은 밤늦게 이어졌고 고향의 특산물 먹거리가 우리에게 더 한층 고향의 안온함을 안겨주었다.

밤이 이슥하여 예약된 콘도로 이동한 이후로도 주안상 차려놓고 이야기는 더 이어졌는데 고향에 오기 전 만남을 추진하시는 선배님께서 필자의 시문집이 좀 남은 것이 있으면 가져오라고 했지만 두 권 소장본 밖에 없다고 하니 그러면 그 책에 실려 있는 고태기 이야기라도 좀 복사해 오라고 했다. 20부를 예쁘게 제본하여 가져간 것을 읽어보며 젊은 시절 고향마을 봉천에서 고태기를 주종으로 한 천렵이야기(곱실이 쓸기)와 강진바다 문절구 낚시 이야기를 이어가다가 자정이 넘어서야 잠이 들었다.

하룻밤을 콘도에서 자고 짐을 챙겨 고향마을 선배님 댁으로 오니 아침밥상이 차려져 있었는데 고향 형수님들의 정성이 가득한 밥상이었다. 그 중에서 가장 정겨운 음식은 병아리 국이었다. 병아리의 원명은 사백어인데 우리나라에서는 남해안에서 동해안으로 유입되는 극히 좁은 지역에서 나는 어류로 몸이 투명하여 뼈가 보이고 심장 뛰는 모습도 볼 수 있는 조금은 신기한 물고기다. 그러나 죽으면 하얗게 변하니 사백어(死白魚)란 이름이 붙은 물고

기다. 해안지방에 살다가 2월에서 4월의 산란기가 되면 해수와 담수가 만나는 강 하류로 올라와 수컷은 강바닥 돌멩이 밑에 구덩이를 파고 암컷은 그 돌 밑에 산란을 한 후 수컷과 암컷이 보호하고 있다가 알이 부화하면 수명을 다하는 한 해만 사는 물고기다.

어릴 적 봉천(봉내) 어귀의 돌멩이를 들추면 이 사백어가 산란하기 위해서 옹기종기모여 있는 것을 많이 보곤 하였는데 유리알 같이 투명한 몸은 퍽 신기하였다. 봄철에 어머님이나 할머님께서는 아침 일찍 시장에서 그 사백어를 사 오셔서 국을 끓여주셨다. 그 담백한 맛을 잊지 못하고 있었는데 고향에 계신 분들이 오랜만에 고향 찾는 사람들을 위한 정성을 보여주신 것이다.

비 오는 날의 귀소(歸巢)

은어 떼가 넘쳐나는 급류의 계곡에서
비 내림도 섞어야 윤기 나는 물의 노래
빗줄기 폭포 줄기에 음표들이 춤춘다

펄쩍 뛴 높이마다 장단이 휘감기고
물줄기 감김 따라 음색도 가지가지
가끔씩 뇌성벽력에 효과음도 제 맛이다

숲속의 새소리도 여기 와서 풀릴 쯤에
폭포는 나래를 펴 은어 떼를 퍼 올리고
호수는 열 두 폭 치마 진객들을 맞는다

여기 내 집에 온 듯 온갖 것이 편안하니
물속에 내려앉아 한 세월 잠이 들어
은어 떼 모천 떠날 쯤 나도 이소하련다

비가 내려 살아나는 여름 날 물의 노래
갖가지 모여들어 교향곡이 되었으니
몸과 맘 음률에 젖어 안개 속에 잠기리

비가 많이 오면 고향의 봉천은 망운산에서 부터 읍성의 작은 도랑물과 하마정들과 파천들의 물을 모아 강진바다로 흘려보낸다. 바다에서 몸을 키운 은어(銀魚)들은 산란을 하러 자기가 태어난 모천을 찾아온다.

물을 따라 오르다가 큰 폭포를 만나 그 물줄기를 휘감아 오르는 모습은 정말 비장하다. 생존을 위한 몸부림이지만 그게 운명인 걸 어쩔 수 없다.

비 오는 날 이들의 활동은 더욱 활발해진다. 거센 빗줄기에 천적인 새들의 활동이 잠잠해지니 그들에겐 절호의 기회다.

은어 떼가 폭포에서 퐁퐁 튀어 오를 때 참게와 뱀장어는 거꾸로 행동한다. 즉, 은어는 바다에서 강으로 올라가지만 참게와 뱀장어는 바다로 내려간다. 그러나 산란을 위한 목적은 같다.

은어 떼들은 폭포 위를 향해 퐁퐁 튀어 오르지만 정점은 각각 다르다. 그리고 공중에 머무는 시간도 다르다. 수없이 공중에 점을 찍는 모습들을 카메라로 촬영하면 마치 오선지에 음표를 찍는 모습과 흡사하다. 꼬리를 늘어뜨리는 놈. 지느러미를 펴는 놈, 감는 놈, 꼬리를 두 갈래 세 갈래로 펼치는 놈, 합치는 놈, 몸을 S자로 굽히는 놈, 곧게 펴는 놈, 그냥 점이 되어 한 번에 폭포 위까지 날아가는 놈, 높은음자리표처럼 둥글게 휘말리는 놈, 머리를 휘젓는 놈……

거기다가 배고픈 산새 울음 간간이 들리고 소나기에 뇌성벽력이라도 치면 그대로 대자연의 교향곡이 되어 울려퍼진다.

손바닥만한 참게는 물살을 타고 내려오는데 참 헤엄도 잘친다. 참게의 발은 물갈퀴가 달려있기 때문이다.

굵기가 팔뚝만 하고 길이가 한 발이나 되는 뱀장어도 내려오는데 알 낳으려 바다로 가는 이놈은 무섭다. 시커먼 놈이 물살을 타고 내릴 때는 푸른 눈을 번득이고 입을 쩍쩍 벌리며 날카로운 이빨까지도 드러낸다. 전형적인 포식자의 형태를 보이는 이 뱀장어는 강이나 호수나 하천에서 가히 천하무적이다.

이 시꺼먼 놈이 물에서 철퍼덕 떨어질 때 은어들은 일제히 멈춘다. 마치 교향악단의 지휘자가 모든 악기를 잠깐 멈추게 하는 순간과 흡사하다.

시골집

시멘트 콘크리트 벽돌 상자 탈출 이후
짚 썰어 섞어 바른 자유거풍 흙벽에서
오감이 울타리 밖에 천리 길을 내닫다

잊었던 뒤안길에 할머니 헛기침은
함지박 담아 오실 무화과며 수밀도며
단감의 먹거리 오는 내 유년의 자장가

아토피가 달라붙은 도회고층 아이들이
솔바람 잣나무 숲 너도 나도 찾아들어
황토길 삼림욕으로 난치의 병 지운다

열어라 우리 삶이 갇혀서는 막히는 법
억지로 품어내는 막힌 공간 냉기류로
혈류도 신경마디도 냉방병에 멍 든다

이런 저런 까닭으로 도회로 몰렸으나
찬찬히 생각하면 내 살 곳 멀지 않다
버리고 떠난 시골집 하루 밤만 지내보라

지난 여름 갑자기 향수병이 도져 고향마을로 느닷없이 달려간 일이 있다. 서울 올라올 때 팔았던 시골집, 그 때 그냥 두고 올 걸 그랬다.

동네 친척들의 말에 의하면 이제 은퇴했으니 고향에 내려와 빈집 하나 있으니 그냥 들어와서 살아라 한다. 주변에 논밭도 묵히는 바람에 그냥 풀만 무성했다.

고향 선배님과 함께 찾아간 고향마을의 친척집에서 하루 밤을 지냈다. 사촌형제들과 뛰어 놀면서 같이 공부하던 대청마루가 그리 정다울 수 없었고, 종조할머니께서 뒤뜰에서 따주시던 무화과, 석류, 단감, 복숭아가 여름 날 뜨거운 햇빛으로 익어가고 있었다.

마침 비가 며칠 내려 습기가 차고 비워둔 방이라 좀 눅눅해서 쌓여 있는 장작으로 온돌을 좀 달구었더니 그날 밤 온 몸이 호강을 했다. 오리지널 황토를 바른 방바닥과 벽과 천정의 황토에서 내품는 고소한 흙냄새가 가마솥의 강냉이 삶는 냄새, 호박잎 데쳐진 향기와 어울려 흘러간 오랜 세월을 그침 없이 불러냈다.

뒤뜰 대숲바람과 뒷동산 솔바람을 맞으며 동족상잔 6·25전쟁에서 살아남으려 땅굴을 팠던 마을 뒷산 당산에도 올라본다. 할아버지 4형제께서 힘을 합해 4개의 땅굴을 팠는데 필자도 어릴 때 가족들의 보호 아래 이곳에서 기총소사와 폭격을 피했다고 할머님께서 들려주셨다. 굴은 U자형으로 만일의 경우 벽의 군데군데 숨을 주머니 공간을 마련했던 조상님들의 지혜와 은혜에 감사하며 바깥으로 나와 강진바다에 펼쳐진 물새 떼의 장관을 본다.

 얼마 전 제1회 보물섬 남해 한국철새박람회(KBF)의 성공적 개최를 위한 전국조류관련 단체 및 전문가를 초청한 1박 2일 팸 투어 행사의 초청을 받고 서울의 지인 2명과 함께 팸 투어의 일정을 소화하고 별도로 고향 산천을 둘러 본 일이 있었다. 요즘 그 두 분이 도회 생활을 청산하고 남해에 가서 같이 살자고 하신다. 만일 내려와서 살 곳을 마련한다면 이곳이 좋을 것 같다. 6촌 형님이 관리하고 계시는 이곳이 풍광이 아주 좋아 펜션을 짓겠다는 많은 사람들이 몰리는 곳이기도 하다.

골태기의 전설(1)

> 골태기 이름부터 촌스런 이 녀석은
> 미끼물고 내달리는 그 힘이 세찬 탓에
> 호쾌한 손맛에 이어 조과 또한 높았다

　골태기라는 물고기는 필자가 초등학교에 다니기 이전부터 인식하여 적어도 고등학교에 다닐 때인 60년대 말까지는 필자가 살았던 마을의 봉천에 살았던 것 같다.
　이 봉천이라는 큰 하천은 읍내를 병풍처럼 둘러싸고 있는 망운산이란 높고 큰 산에서 발원하여 읍내의 남쪽을 휘돌아 내리다가 대나무 숲과 노송으로 둘러싸인 죽산(대뫼)마을을 다시 한번 껴안고 마을 앞의 하마정 들과 동쪽의 파천 들을 촉촉이 적셔 주면서 그 많은 수량을 강진바다에 풀어 놓는데, 이 바다에 면한 봉내는 온갖 수초와 수생 어류 곤충의 낙원이었다.
　이 읍성 주변에 위치한 죽산 마을의 대숲과 송림 사이에는 조선 숙종 조 후궁 장희빈의 소생 왕자를 왕세자로 삼으려는 숙종의 처사에 반기를 들었다가 화를 입은 기사사화에 연루되어 유배를 온 소재 이이명 선생의 적소가 있던 곳이었고, 그 후 임인옥사의 화를 또 입어 두 번째도 이곳으로 유배를 당할 때는 영의정의 신분이었다.

그 이전에 장숙의의 어머니 윤씨와 조사석의 내연관계의 언사에 포문을 열었다가 숙종의 진노를 산 사건으로 먼저 유배를 당한 서포 김만중 선생은 이곳에서 국문학사의 금자탑인 《구운몽》과 《사씨남정기》, 《서포만필》을 남겼는데 소재 이이명 선생은 사적으로는 서포 김만중 선생의 사위이기도 했다.

서포선생이 이곳에서 생을 마감한 그해 소재 이이명 선생이 서포 선생의 적소에서 키우던 매화 두 그루를 죽산의 적소에 옮겨와 키우면서 지은 〈매부〉가 전해오고 습감재라는 서당을 여는 등 이 지방과 인근 고을에 끼친 그의 애민사상과 서포선생과의 매화 두 그루에 얽힌 인문학적 역사적 사실에 감동한 백성들이 그 당시거나 후이거나 또는 이 적소인 습감재 서당의 옛터에 고등학교와 중학교를 세울 때 상징적으로 매원을 조성했음을 유추해 볼 수 있다.

매원의 매향이 읍성의 향교와 망운산 상봉을 감돌아 봉내를 적시고 강진바다까지 흘러갔고 건너편 창선도까지 매향을 느낄 수 있었다. 그 우람한 매원이 이곳에 대학교가 들어서기 전 얼마까지도 존재했었지만 지금은 개발의 불도저에 밀려 흔적도 없이 사라졌다.

소재 이이명 선생은 임인옥사로 두 번째 이곳에 유배를 와서 얼마 후 한성으로 압송되다가 노량진에서 사사 당하였고, 그 후 죽산의 적소 부근에 봉천사라는 사당을 지어 200년 넘게 유지되며 이곳과 사천, 하동의 유림이 제사를 올렸으며 봉천사 묘정비도 세웠는데, 대원군의 서원 철폐령으로 봉천사는 훼철되고 봉천사 묘정비만 이 마을 인근 봉강산 자락에 외롭게 서 있다가 얼마 전 죽산마을 앞에 건립된 남해유배문학관에 옮겨져 문화재로 보호받고 있다.

이러한 역사적 사연을 담고 있는 이 봉천(봉내)은 읍내 사람들의 휴식처요 빨래터며, 가물 때는 보를 막아 물을 끌어들여 논농사를 짓게 해주는 이 지방 농민들에게는 생명수와 같은 존재였다.

여름이면 죽산(대뫼) 아이들이 주류를 이루어 읍내 몇 개 동네의 아이들이 같이 멱 감는 천연 노천 풀장이었고, 겨울이면 큼지막한 빙판이 생겨 하루종일 얼음지치기와 팽이치기, 연날리기를 하던 곳이었다.

사시사철 이 곳은 남녀노소를 불문한 삶의 큰 공간을 차지하였다. 그러나 뭐니 뭐니 해도 이곳의 진풍경은 천렵이 동반된 동네사람들의 봄놀이 프로그램이다.

골태기의 전설(2)

> 모내기 할 쯤이면 내금부락 아저씨가
> 소 몰고 쟁기 메고 쟁기질 오시는데
> 골태기 끓인 국물을 너무나도 잘 드셨다

    이 글의 주제인 골태기 이야기도 이른 봄부터 늦은 여름까지 일어나는 이야기다.
    골태기란 물고기의 이름이 문학지, 인터넷 신문, 필자의 저서, 블로그 등에 올라가 많은 독자 분들이 알고 싶어 하기에 이런 글을 써 보며 필자뿐이 아닌 모든 분들이 공유할 수 있는 산 좋고 물 좋았던 각자의 고향을 추억해보는 기회가 되리라고 본다.

    이 골태기는 생긴 모습이 좀 험상궂다. 울퉁불퉁한 큰 머리통에 눈은 퉁방울이고, 입은 물메기 입처럼 넓고 크며 가시 같은 이빨이 뾰족뾰족 여러 줄로 나 있다. 몸은 유선형으로 아주 날씬하게 생겼고, 몸의 색깔은 번득이는 진한 남색바탕에 쌀알보다 좀 작은 하늘색 점들이 형광으로 빛나는가 하면 어떤 개체는 갈색바탕에 역시 형광의 노랑, 회색 점들이 찍혀있기도 하다. 지금 생각하니 이 골태기는 이구아나, 청개구리, 메뚜기처럼 주위 환경에 따라 몸의 색을 바꾸는 재주를 지닌 것이 아닌가하는 생각이 들기도 한다. 주로 맑은 물의 큰 돌 밑에 숨어 살며 낚시에 지렁이를 끼어 담그면 순식간에 낚아채는 아주 성질이 급하고 용맹스런 놈이다. 이런 성질 탓에 낚시하는 사람들에게 짜릿한 손맛을 주는 물고기였다.

 몇 년 전에 필자가 어느 책에 골태기에 대한 글을 쓰면서 인터넷에서 골태기 사진을 겨우 찾아내 보관 중이었는데 컴퓨터 교체 때 날려버렸다. 그 후 국내의 몇 군데 하천에 갈 때마다 혹시 골태기란 놈이 사는지 눈여겨 살피기도 했는데 전문적인 탐색 답사가 아니어서 그런지 잘 보이지는 않았다.

 필자가 관찰하기로는 골태기란 이름이 표준말은 아닌듯한데 어디서나 사는 것은 아니고 냇물과 바닷물이 만나는 강어귀의 냇물 쪽에 살며 자갈이 적당하게 깔리고 물은 1급수가 되어야하며 수심이 너무 깊지 않은 곳에서 살았던 것 같다.
 봄이 되면 날을 잡아 동네에서는 봉내의 잔디밭에서 봄놀이를 했는데 이 때 천렵을 하여 국거리를 마련하였고 주종의 물고기가 골태기였다. 골태기의 천렵법은 독특했는데 가마니 떼기를 둘둘 말아 길게 연결하여 장정 예닐곱 명이 자갈이 깔린 바닥을 좌우로 휘저으면서 학익진을 펼치며 물고기를 반두 쪽으로 몰아가는 것이다. 이러한 천렵방법을 동네 사람들은 '곱시리 쓸기'라고 했다.

  모인 사람들이 다 먹을 정도의 국을 끓일 수 있는 큰 가마솥이 설치되고 잠깐 동안 잡은 물고기로 국을 끓이게 되는데 또 다른 곳에서는 큰 돼지 한 마리를 삶게 되고 밥도 짓는다.
  동네 농악놀이에 맞춰 덩실덩실 춤추는 사람, 윷놀이가 벌어지고 돌을 던져 나무 기둥을 맞히는 석사대회가 벌어지고 명중 될 때마다 '간주야!' 하는 함성과 함께 특별히 초대한 여성 소리꾼과 농악대가 함께 노래와 음악으로 축하를 해주고 모래사장에는 청년들의 씨름대회가 벌어진다. 이 동네 축제는 며칠 간 계속되면서 축제분위기를 이어갔다.
  어른들의 축제에 아이들도 신이 났었다. 놀이와 씨름, 천렵도 재미있었지만 무엇보다도 이날은 먹거리가 풍부해서 더 좋았다.

골태기의 전(3)

> 나이 값 한다고들 맛 따라 다녀 봐도
> 골태기 국물만한 그 맛을 못 찾으니
> 봉천에 골태기 씨를 뿌릴 때가 되었다

 필자가 초등학교 시절인가 그 이전인가 확실한 기억은 없지만 이 동네 놀이판에서 어른들이 마시는 우유 빛 막걸리가 맛있어 보여 어른들 몰래 한바가지 퍼와 친구들과 한 모금 두 모금 마시다가 나중에 모두 정신을 잃고 쓰러졌는데 뒤에서야 이 상황을 눈치 챈 어른들이 쌀뜨물을 만들어 먹이느라 동네 전체가 난리가 났던 일도 있었다. 그때 필자의 할머님께서 달려오셔서 발을 동동 구르시며 동네사람들을 부르시던 다급하신 목소리를 비몽사몽으로 듣던 일을 생각하면 지금도 웃음이 나며 할머니가 그리워진다. 그리고 같은 마을에 사시는 필자보다 다섯 살 위이신 고종사촌 형님을 따라 이 봉내에 오면 아주 재미있는 일이 벌어지곤 했다. 형님이 까만 약초 한줌을 찧어서 나온 하얀 물을 바켓스의 물과 희석해서 바위 밑 이곳 저곳에 뿌려놓으면 굵기가 손목만하고 길이가 바지게 작대기만한 뱀장어가 기어 나와 물위를 아나콘다처럼 S자로 헤엄치게 되는데 형님은 잽싸게 대에 묶은 큰 낚시로 낚아 올리곤 했다. 잠시 동안 잡은 많은 뱀장어는 숯불에 구워서 먹곤 했는데 그 맛은 정말 일품이었다. 아니 맛보다도 굽는 냄새가 천지를 진동하는 통해 주변의 동네 사람들과 나누어 먹지 않을 수 없었다.

60년대 초 누대의 가난을 면치 못하고 먹는 것 마저 제대로 먹지 못하던 시절이었지만 동네 사람들은 근면, 자조, 협동의 새마을 운동이 일어났을 때 정부의 대대적인 지원을 받아 봉천을 가로지르는 다리를 완공하게 되었는데 그 때의 봄날 축제는 봉천이 갈라놓은 하마정 들과 파천 들을 잇는 다리 개통식을 겸하여 출향인들을 초청하고 군수님도 참가하여 그 열기는 정말 대단하였다.

그 당시 필자의 아버님께서는 마을의 이장님을 하셨는데 그때 청년대표를 맡아 아버님을 도와 같이 일하신 선배 한 분의 연락을 얼마 전에 받았다.

"동생, 이제 봉내가 많이 깨끗해졌으니 한 번 내려오시게. 어디 좀 돌아다니며 골태기 씨를 좀 구해보세나. 골태기가 살 수 있는 봉내를 복원하여 자네와 내가 앞장서서 우리 봉내의 전설을 이어보세나." 그 소리를 들은 필자는 갑자기 가슴이 울컥했다. 그 당시 고향의 읍 지역 노인회 회장직을 맡아 일하셨지만 2020년도에는 제21대 남해군 노인회회장으로 당선되셨다.

* 보충 : 봉내의 멸종된 골태기를 다시 재현해보자는 고향 선배님의 생각은 필자의 생각과 같아 골태기의 씨를 구하기 위한 기초 작업의 정보를 얻기 위해 고태기로 검색해 보았으나 어디에도 나오지 않아 혹시 골태기로 찾으니 표준어는 검정망둑어였고 곱시리, 겟데기, 뚝지, 효자고기 등으로 불려지고 있었는데 효자고기는 논산 일대에서 불려지고 있음도 알게 되었다.
　필자가 어릴 적 기억하는 골태기의 생태에 대한 지식은 극히 제한적이어서 오래전의 대백과사전을 찾아보니 맑은 물과 자갈과 모래가 있는 국내의 여러 하천에 살고 있다고 되어있었지만 봉천처럼 물이 오염되는 바람에 거의 살 곳을 잃은 것 같다. 하지만 아직도 오염되지 않은 하천을 찾아보면 분명 있을 터 봉내에 뿌릴 골태기씨도 구할수 있을 것이라고 생각했는데 얼마 전 이 회장님과의 고향 만남에서 뜻밖의 소식을 듣게 되었다. 그것은 동네 분들과 삼동 어느 하천에서 골태기를 발견하셨다는 것이었다.
　필자가 알아본 바에 의한 한 가지 더 재미있는 사실은 열대어 구피를 구하려고 서울 종로 5가 관상어 가게에 갔다가 골태기를 보게 되었는데 다른 하늘색 형광으로 빛나는 수많은 점들이 열대어 관상어와 같이 아름다웠다. 가게 주인의 말에 의하면 골태기는 먹이 활동이 다이내믹하고 야성이 강한데다 건강하게 잘 자라는 특성이 있어 아는 사람들이 많이 찾는다고 하였다.

지남철에 얽힌 추억 하나

지남철 끈에 묶어 모래밭을 돌아보면
새까만 쇳가루가 무수히 달라붙어
흙속에 쇠도 있음을 알아차린 그 유년

　지남철(指南鐵), 어린 시절 이 지남철로 그 중에서도 말굽처럼 생긴 것을 줄에 묶고 모래바닥에 한참 끌고 다니면 참 신기하게도 쇠로 된 모든 것들이 찰싹찰싹 달라붙어 신기하기 짝이 없었다. 그냥 흙이나 모래로만 보였던 것들이 그 실험으로 비로소 모래와 흙에도 철가루가 섞여 있다는 것을 알았고 자석 위에 종이를 얹고 철가루를 그 위에 뿌려보면 신기한 철가루의 선이 규칙적으로 뻗어 나오는 자연 현상에 기염을 토하기도 했다.

　그 후 세월이 어느 정도 흐른 후 초등학교의 자연시간 공부를 통하여 그 것이 눈으로 볼 수 없는 자력선의 힘이라는 것을 알았고 이 지남철의 자력선이 우리 생활에 얼마나 많은 영향을 끼치는 가도 알게 되었다.

어쩌다가 정전이 되었을 때 그 갑갑함이란 이루 말할 수 없었는데 그 전기란 것도 이 지남철의 회전을 통해서 나온다는 것을 안 것은 초등 6학년 자연 시간이라고 기억된다. 그리고 그 자연책에 나온 발전기란 것을 만들기 위해 스피커 하나를 요절 낸 것도 지금 생각하면 추억이라면 추억이다. 그 발전기를 만든다고 스피커 속에 있는 지남철을 분리했다가 원형대로 맞춰놓지 못해 집안 어른들께 혼이 나고 급기야 새로 스피커를 구입해야 했던 일을 생각하면 웃음이 나온다.

그 때 왜 그토록 발전기를 만들어 보려는 호기심이 그리도 강렬했는지…….

50년대와 60년대쯤에는 농촌의 마을에 진공관 라디오가 한 동네에 하나 있을까 말까했다. 그래서 읍내 제일 약방 옆 유선 방송사에서 전파를 잡아 증폭된 것을 집집마다 유선으로 보내주고 그 사용료를 보리나 쌀로 받던 시절이었다.

그때 그 스피커를 켜놓고 〈수허전〉이나 〈삼국지〉 〈호동왕자와 낙랑공주〉 〈동명성왕: 주몽〉 〈북한 7300일〉 〈5분 드라마 김삿갓 북한 방랑기〉 〈잃어버린 장미〉 〈삽다리 총각〉 아침 드라마 〈창문을 열고〉 그외 신라의 삼국통일 과정을 그린 드라마 등 연속방송을 듣던 그 진지한 모습들을 생각하면 라디오 방송이 요새 텔리비젼을 시청하는 것보다 훨씬 상상력을 자극하는 효과가 있었다는 것을 지금에 와서 오늘날의 텔리비젼과 비교해보면 쉽게 알 수 있다.

 텔리비젼처럼 모든 것을 친절하게 시각적으로 보여주는 것보다 그 때는 읽기 아니면 듣기가 주된 매체였기에 훨씬 상상력이 뛰어날 수 밖에 없었던 같다.

 그 시대로 부터 40여 년이 지났건만 그때 그 스피커에서 흘러나오던 그 음악과 스토리들이 지금까지도 잊혀지지 않는 것은 이를 뒷받침 해주는 확실한 방증이 아닐까? 물론 개인차는 있겠지만……

 어릴 적 지남철 이야기가 불현듯 생각난 것은 무엇 때문인지 잘 모르겠다. 그냥 동심으로 한 번 돌아가 보는 것일까?

새벽길

> 가끔씩 퍼덕이는 새벽길 날개 짓이
> 고향 길 동구 밖에 사뿐히 내려 앉아
> 성묘에 신년 해맞이 새벽산사 오르다

　새벽 길, 그 아련하고도 상큼했던 기억들을 들추어 본다. 그 첫 번째가 정월 초하룻날 새벽 설날 성묘 길이다. 먼동이 트기도 전 이른 새벽 설날 객지에서 오신 친척 분들과 함께 서릿발이 돋은 보리 밭길을 지나 강진바다 해변을 가로질러 살을에는 해풍을 맞으며 아버님 두루마기 꼬리에 매달려갔다. 파도에 밀려오는 얼음 덩어리는 소리만 들어도 온 몸이 얼어붙는 느낌이었다. 그러나 한 편으로는 지금도 그 맑고 상큼한 새벽길을 잊을 수 없다.

　두 번째가 절간에 불공드리러 가던 새벽길이다. 어머님을 따라 절간에서 부처님께 불공을 드리고 한 참 지나면 동쪽 강진바다에 먼동이 텄다. 산길을 한참 내려오면 바다에서 일출이 시작되는데 그 산뜻하고 장엄하며 호쾌하였음을 지금도 잊을 수 없다.
　세 번째가 새해 첫날 일출을 보러 산꼭대기에 오르던

새벽 산길이다. 600고지의 산이지만 이른 새벽 산 초입에 들어 부지런히 산을 올라야 일출 시간에 도착할 수 있다. 눈이 무릎까지 쌓여 산길과 빙판이 되어있는 암반길을 오르는 것은 쉬운 일이 아니지만 산이 좋아 새해에 처음 떠오르는 해를 산에서 보려는 사람들은 끝도 없이 줄을 지어 산을 오른다. 해마다 고향산악회 회원들과 한 해의 안전산행과 서로의 행운을 빌어보면서 상징적으로 하는 신년 해맞이 산행은 2013년 계사년 첫새벽에도 이어질 것이다.

대충 세 가지 정도의 새벽길 서기(瑞氣)를 떠 올려보며 이쪽으로 전력투구하고 에너지를 키워 가리라.

10년 전 필자의 칼럼/시문집 《읍성의 문창에 시혼 걸기》에서의 〈새벽길〉 일부다.

필자가 '〈새벽길〉을 10년 후인 지금 다시 쓴다고 해도 별반 달라질 것은 없다. 다만 첫 번째의 기억은 나의 세대에서 끝나간다는 사실이다. 이른 새벽 차례를 지내고 세배 이전에 가솔들을 이끌고 지극 정성 숭모정신을 보이는 가문이 드물기는 해도 아직도 있기는 있을 것이다.

두 번째의 어두운 새벽 불공드리고 내려오며 강진바다의 일출을 보는 그 산뜻하고 장엄하며 호쾌함을 나 자신은 다시 경험하기 어려우리라. 나이 들고 고향에 자주 못 내려감이다. 하지만 지금도 독실한 불자들은 얼마든지 가능한 일이다.

세 번째의 신년 해맞이 산행이다. 한 때는 불암산에서 신년 일출을 보고 다시 수락산 정상을 올랐던 그 기백을 다시 세울 수 있을까?

2022년 신년 해맞이 고향산악회원들과의 만남을 기대해 본다.

5부
할머니와 명주 베 목도리

생강나무 꽃과 산수유 꽃
자운영(紫雲英) 꽃물에 젖어
찔레꽃 피는 고향을…
무궁화(無窮花) 삼천리 화려강산(華麗江山)
네잎클로버
할머니와 명주 베 목도리
고향산천을 담은 산수경석
폭우 내린 여름날의 야망
성묘(省墓)
일산 신도시에 이 시대의 스승 한 분이 살고 계셨다
고향 새벽 닭 우는 소리에

생강나무 꽃과 산수유 꽃

> 선동이 난무하고 거짓이 판을 치면
> 무지한 군중들이 소크라테스 사형하듯
> 진실도 허위에 가려 망나니 판 되느니

얼마 전 산을 오르는데 등산객 두 명이 서로 자기주장이 옳다며 논란을 벌이고 있었다. 그러다 보니 오르내리던 등산객들이 두 사람 주변으로 모여들기 시작했고 그들은 더 열을 올려 이제는 삿대질까지 서슴지 않았다.

사연인즉 봄을 맞아 산록에 노랗게 피어난 꽃을 한쪽에서는 산수유 꽃이라고 하고 다른 한쪽에서는 생강나무 꽃이라 하여 서로의 주장을 굽히지 않고 있었기 때문이다. 어떤 오십대 쯤 되는 여자 분이 산수유 꽃을 지지하며 편을 들었다.

"보세요! 생강이 어디 이런 깊은 산에서 납니까? 산에서 피는 산수유 꽃도 모르세요?"

산수유 꽃이라고 주장하던 사람은 자기편이 생겨서 신이 났고 생강나무라고 주장하던 사람은 의기소침해졌다. 그러나 내가 보기엔 그 꽃은 생강나무 꽃이 분명했다.

주변에 몰려 있던 사람들도 산수유 꽃이라고 말하며 그쪽으로 기울어지자 생강꽃이라고 주장 하던 사람은 어쩔 수 없다며 손사래를 치며 하산하려고 했다. 옳은 주장을 펼친 사람이 다수의 횡포에 당하는 형세라 마음이 편치 못했다. 필자는 불쑥 큰 소리로 말했다.

"이 꽃은… 이 꽃은 생강나무 꽃입니다!"

모두가 나를 쳐다보는데 나는 무언가 해명을 해야 했다. 흔히 두 꽃이 많이 닮아 있어 많은 사람들이 혼란을 가져오는데 산수유는 그 열매를 취하거나 꽃을 감상하기 위해 밭이나 정원에 가꾸고 있어 인가 주변에 많이 있다.
생강나무는 산중에 자생하고 있는 것이 우선 다르고 꽃도 자세히 보면 산수유는 꽃자루가 길어 꽃송이들이 좀 성글고, 생강나무는 꽃자루가 짧아 꽃송이들이 촘촘하다고 설명했다. 그리고 결정적인 증거를 제시했다.
"여러분은 생강냄새를 모르시는 분은 안계실겁니다. 이 나무의 피부를 좀 긁어 냄새를 맡아보세요. 분명 생강냄새가 날 겁니다. 이 때문에 생강나무라는 이름이 붙은 나무입니다."

반신반의 하던 사람들은 나무의 냄새를 맡아보고는 신기한 듯 서로를 바라보며 고개를 끄덕인다.

우리는 진실이 허위에 가려 빛을 못 보고 다수의 힘으로 밀어 붙이는 거짓에 암울한 세상을 살아간 역사를 많이 보았다. 그날 어떤 사람이 생강나무를 산수유라고 하니 대개의 사람들은 조미료로 쓰는 생강을 떠 올렸고 그 생강 냄새의 특징으로 나무 이름을 짓게 된 연유는 모르고 있었기 때문이었다. 하기야 생강나무를 평생동안 산수유나무로 알고 생을 마감했다고 큰일이 나지야 않겠지만 국가의 존망이 걸려있는 거대담론 앞에서는 달라진다. 거짓에 속아 공공의 장래와 하나 밖에 없는 자기의 인생을 던져버리는 것은 얼마나 불행한 일인가?

그날 생강나무 꽃을 주장하시던 분은 필자와 같이 하산하여 산 초입의 포장마차에서 막걸리 한 잔을 나누며 산행 이야기와 야생화 이야기를 이어갔는데 그때 그분이 어느 유명한 대학의 식물학자란 것을 알게 되었다.

"명색이 식물학자라는 내가 설명이 부족했어요. 왜 생강나무 냄새를 말하지 않았을까요. 허허허. 선생이 진정 식물학자입니다."

소탈한 그의 웃음에서 〈나의 고향, 나의 삶〉이야기보다 더 고매한 삶의 달관 하나가 불쑥 떠오른다.

자운영(紫雲英) 꽃물에 젖어

자운영 붉게 물든 들판 길을 걸어보라.
눈부신 오월의 빛 퉁기며 빗질하며
모조리 휘저어 뿌린 빨주노초 파남보.

자우다 거리낌 아예 없이 빗나간 들판
슬렁이는 보리 물결 뒤집어져 바람난 꽃
두견새 핏빛 울음도 낭자하게 쏟은 오월.

이렇게 붉은 오월 반항의 들판에는
자운영 붉게 타는 오월의 환쟁이가
내 고향 머슴아들을 꽃물 속에 담급니다

  필자는 어릴 적 오월의 푸른 들판에서 푸른 물 뚝뚝 돋는 시각적인 느낌보다 향긋하고 상큼한 후각에 더 민감했던 것 같다. 녹색의 들판에 자운영 붉게 피는 그 속을 자세히 들여다 보면 온갖 색깔이 존재함을 보았다. 하나하나 쪼개보면 그게 바로 무지개 색깔과 닮아 있어 오월은 푸름만 있는 것이 아니구나! 이렇게 오월 들판에서 다채롭게 반항의 깃발을 올리는 꽃도 있구나! 하는 생각을 가져봤다. 지금은 그 자운영 물결이 꿈결같이 흘러간 세월이지만 그래도 그 때의 자운영 오월 들판을 잊지 못한다.

화학비료가 마구 뿌려지고 발암물질의 일종인 제초제가 남용되면서 땅을 기름지게 하기 위해 가꾸었던 그 자운영을 보기가 정말 힘 든다. 추위에 약해 따뜻한 남부지방에서만 볼 수 있었던 이 자운영은 춘궁기에 풀죽을 쑤어 먹던 나물이기도 했다. 최근에는 우수한 생약 성분이 발견되어 6개월만 달여 먹으면 안경을 벗게 된다거나 각종 미네랄이 풍부하며 대상포진 치료, 몸에 쌓인 독성 해소, 치질 등에 약효가 뛰어나다고 각광을 받고 있는 풀이기도 하다.

우리는 60년대 초까지만 해도 보릿고개라 해서 식량난에 허덕였다. 지금 생각하면 그 어려움 속에서도 살아남아 건강을 지킬 수 있었던 것도 불쌍한 중생들을 위하여 하늘이 내려준 이러한 풀들을 많이 섭취한 덕분이 아닌가 하는 마음도 든다.

몸에 좋다고, 약이 된다고 건강식품이라고 고가로 사먹는 소위 웰빙식품들을 밥 먹듯한 우리 조상들과 우리들이었다.

 오늘 날 너무 잘 먹어 비만에서 오는 고혈압, 당뇨병 등도 그리 심하지 않았고 요즘처럼 무절제한 농약 살포로 발암물질이 가득찬 음식을 먹지 않았기에 암 발병률도 그리 높지 않았다. 자녀들 쑥쑥 많이 낳아도 골다공증이라는 증상을 앓는 우리네 어머님들은 별로 안계셨다.

 요새 아이도 낳지 않은 처녀들 중에 골다공증이 많이 생겨나는 걸 보면 세상이 거꾸로 흐르고 있다는 생각도 하게 된다. 자기 몸 들어 올리는 턱걸이 20개 정도는 거뜬히 하던 국민 체력 수준이 형편없이 저하되어 한 개도 못하는 사람들이 수두룩하다고 한다. 몸은 커졌으되 힘은 줄어든 약골들이 된 것이다. 고향의 자운영 꽃물에 젖다가 건강문제까지로 길어졌다.

찔레꽃 피는 고향을……

길을 걷다가도
이 꽃을 보면
눈물이 납니다.
그냥 서러운 꽃입니다.

배고픔에 꽃잎 따서 먹고
그래도 또 모자라 그 순마저 질러먹던
결코 그 시절 서러워서만 아닌
그냥 눈물어린 가슴에 피는 꽃입니다.

시퍼런 오월의 중간에 서서
그 하늘 담기에는
너무 작은 가슴이라
그게 서러운 꽃입니다.

그래서 무리지어 어깨동무하고
마음만은 북소리 내어 울리는 꽃
와~ 와~ 함성이 울려 퍼지는 오월 산에
송이송이 피워내는 순결입니다.

> 보시라! 내 슬픔에 겨워 지고 말지라도
> 허공중에 퍼진 향기는 산을 넘습니다.
> 머~언 먼 고향 길을 달려가는 저 품새를!
> 그리움은 고향이라서 그게 눈물입니다.

 찔레꽃처럼 고향 떠난 사람들의 향수를 자극하거나 달래주는 꽃이 있을까?
 오월이 피어나 고향 산천을 푸르게 채색하던 날, 찔레꽃은 그 수많은 송이 송이를 새하얗게 쏟아낸다.

작은 꽃이라 무리를 지어서라도 함성처럼 피는 꽃이기도 하다.

찔레꽃과 찔레순으로 어려운 시절의 허기를 달랬다는 이야기는 누구나 알고 있는 것이지만 그것 때문만은 아닌 고향의 서정이 여러 갈래로 담긴 꽃이라서 더욱 애착이 가는 꽃이다. 더구나 이 꽃의 향기는 너무나 상큼하고 순수한 향기라서 그야말로 순결의 표상이기도 하다.

꽃말이 '고독'이듯이 산이나 들에 피어있으면 그 이미지가 그대로 투영되는 꽃이기도 하지만 그 향기는 결코 만만치 않은 품격과 에너지를 지니고 있어 가는 바람에 미동만 해도 순간적으로 달려와 마음을 앗아가는 매력을 지닌 꽃이다.

그래서 고향 떠난 사람들은 고향이 그리울 때 그 향기를 쏘아 붙이면서 산을 넘고 바다를 건너 고향마을 동구밖을 달리기도 한다.

무궁화(無窮花) 삼천리 화려강산(華麗江山)

  몇 년 전 9월 중순경 경기도 양주시의 목화축제에 갔다가 인근의 나리 공원을 산책한 일이 있었다. 강렬한 햇빛이 쏟아지는 잔디밭에 선명하고 화려하게 핀 무궁화를 보면서 아련한 어릴 적 고향의 추억을 더듬어 본다.

  필자의 집에서 아주 가까운 거리에 필자에게 당숙모님 되시는 분과 6촌 형제자매가 살고 있었는데 동남향으로 앉은 4칸 기와집을 빙 둘러 무궁화 울타리가 조성되어 있었다. 키대로 자라면서 피워내는 무궁화는 정말 화려하였다. 초여름부터 피기 시작하여 10월이 다 가도록 날마다 피고 지기를 이어가는데 이렇게 끈질기게 피는 다른 꽃은 별로 없다.

  옛 기록을 보면 우리 민족은 무궁화를 고조선 이전부터 하늘나라의 꽃으로 귀하게 여겼고, 신라는 스스로를 '근화향(槿花鄕)/무궁화 나라'라고 부르기도 하였다.
  중국에서도 우리나라를 '오래 전부터 무궁화가 피고 지는 군자의 나라'라고 칭송하였다.

애국가 가사에 '무궁화 삼천리 화려강산'이 들어있음도 무궁화에 대한 역사성을 잘 말해준다.

필자는 목화축제가 열리고 있는 나리 공원에 화려하게 핀 무궁화를 보면서 카메라에 담았는데 집에 와서 열어보니 색상이 선명하고 자태가 너무나 당당하고 의연한지라 한동안 컴퓨터 모니터의 바탕화면에 깔아두고 그 아름다움을 만끽하기도 하였다.

무궁화나무는 양지 바른 곳에서 잘 자라는 양수(陽樹)다. 명색이 국화(國花)인데 어떤 곳에서는 일본의 국화인 벚꽃나무 아래에 심어놓은 걸 보면 기가 찬다. 독립운동가들이 구국정신의 상징으로 무궁화를 내세우자 일제는 보이는 대로 이 무궁화를 뽑아서 제거하는데 혈안이 되었었다.

그때는 그렇다 치고 근래에도 관공서나 공원 또는 둘레길에 무궁화동산이라고 만들어 놓고 2미터에서 4미터까지 자라는 무궁화나무를 무슨 분재 키우듯 가지를 잘라버리니 양수인 이 나무가 주변의 키 큰 나무에 햇빛을 빼앗겨 잘 자라지도 못하고 고사하는 경우도 많이 본다.

물론 다른 키 큰 나무가 없을 때는 수형조절을 위해 이른 봄 싹이 트기 전에 가지를 전정하면 꽃눈을 가진 새싹이 많이 나와 수형 조절도 되고 꽃도 더 많이 피게 된다.

독립운동가이며 언론인, 교육가인 남궁억 선생이 '사쿠라(벚꽃)는 금방 시들지만 무궁화는 면면히 계속 피는 꽃'이라며 일본의 벚꽃과 무궁화를 비교한 것을 문제 삼아 일제는 홍천의 보리울 학교에 키운 무궁화 묘목 8만 그루를 전량 소각하였고, 학교도 폐쇄한 역사적 사실이 있다. 이와 같은 만행은 남강 이승훈 선생이 세운 오산학교에서도 자행되었다.

필자가 살고 있는 아파트 앞의 공원에 무궁화동산이 있는데 등나무 덩굴이 무궁화 대여섯 그루를 한 묶음으로 조이는 바람에 제대로 자라지도 못하고 죽어가고 있는지라 시청에 몇 번 건의했으나 늦어지기에 어느 날 무궁화나무를 칭칭 감고 있는 등나무 모두를 잘라버렸더니 수세를 회복한 무궁화나무는 꽃이 활짝 피어나 공원을 화려하게 수놓았다. 그런데 그 등나무의 뿌리는 너무 커서 캐어낼 수 없어 약품을 사용해 뿌리를 제거해 버렸다.

네잎클로버

자연을 벗 삼아서 이웃과 잘 지내며
큰 욕심 내지 않고 물 흐르듯 살다보면
저절로 면역이 생겨 역질쯤은 건너뛴다

오늘은 날씨 좋아 집 콕은 아쉽네요
누군가 운동 후에 한 말씀 띄우시면
회원들 박수 갈채로 명승 찾아 떠나요

코로나 19의 영향으로 아파트 태극권 체육관 문을 걸어 잠글 무렵 관원들은 출구를 찾기 시작하였다.

아주 적절한 세 곳이 선정되었다. 두 곳은 아파트 밖이고 한 곳은 아파트 안이었다. 세 곳 모두 피톤치드가 넘쳐나는 송림과 잣나무 숲 속이어서 일단 바이러스는 얼씬 못하는 곳이고, 저자거리에서 묻어 왔더라도 박멸되기 마련이다. 세 곳은 대회에 나가 우승한 다른 한 분과 권법을 주고 받던 곳이다.

시중의 유명 약품회사에서는 중국 우한 발 역질의 예방

을 위해 피톤치드 성분의 스프레이 제품을 개발해 시판하고 있다. 아파트 뒤쪽의 삼림욕장에 위치한 너른 바위 전망대와 팔각정 두 곳 중 그날의 일기에 따라 선택된다. 비 올 때는 팔각정에서 사범님의 이론과 실기를 익혀 한 명씩 평가를 받고 비가 그치면 바로 앞의 넓은 목판 야외 원형 무대로 옮긴다.

　날씨가 좋으면 왼쪽으로는 도봉산. 수락산, 불곡산, 북한산과 오른 쪽으로는 저 멀리 감악산까지 한 눈에 보이는 너른 바위 전망대가 호연지기를 키우면서 우슈를 익히는 최적의 장소다. 이 곳 역시 노송으로 둘러 싸여 피톤치드가 가득한 곳이다. 어떤 회원은 가져온 마스크를 소나무 가지에 걸어 일광 소독과 피톤치드 소독을 겸하기도 한다. 또 어떤 회원은 휴식시간에 뜨끈뜨끈한 너른 바위에 머리를 낮은 곳에 두고 큰 대자로 누워 일광욕과 힘찬 혈액순환을 시도하기도 한다.

　아파트 안에서 수련할 때도 역시 소나무와 스트로브 잣나무가 울창하여 피톤치드 효과는 마찬가지다. 이곳은 바로 앞에 10여 미터 높이 폭포가 있다. 필자는 이 폭포아래 깃털의 색깔이 현란한 원앙새가 날아온다는 소식을 듣고 카메라에 담아보려고

운동이 시작되는 아침 9시 훨씬 전에 수십 번 접근을 시도했지만 성공 못했다. 야생인 이 새는 물에서 날았다 하면 순식간에 폭포 위 협곡으로 빨려 들듯 숨어버리기에 아직 촬영을 못했다.

오늘도 원앙새는 못 봤지만 휴식시간에 행운의 상징인 네잎클로버 두 잎을 만났다. 이 나이에 무슨 동심이 일어서일까? 고향으로 달려간다. 어머님이 봉천 큰 냇가 맑은 물에서 빨래를 하실 때 잔디밭 클로버 밭에서 어린 동생들과 행운을 찾던 그런 시절로 돌아간 것이다. 청소년기에는 4—H 지덕노체(知德勞體)를 상징하는 노래를 부르며 당시 이재신 마을지도자의 밭이 있던 동뫼산에 마을 안 꽃길 조성을 위한 치자나무와 무궁화, 개나리를 삽목하던 그 시절도 떠오른다. 이재신씨는 지역사회 노인들의 신임을 받아 2020년도에 제21대 남해군노인회장으로 당선되어 활동하고 계신다.

이재신 씨와 몇 년 전 나눴던 이야기가 뇌리를 스친다. 봉천의 특산물 골태기의 재현이다. 지금은 봉천에서 씨가 마른 이 어종이 삼동면 어느 하천에 생존하고 있으니 봉천물이 맑아지면 거기서 씨를 받아와 증식시켜 보자는 꿈이었다. 언젠가 고향에 내려가면 이 문제를 좀 더 심도 있게 접근해 보기로 한다. 골태기에 대한 특별한 이야기는 이 책의 〈골태기의 전설〉에 세세하게 기록되었다.

할머니와 명주 베 목도리

> 뽕나무 시비에는 윤관장군 보국안민
> 명주사 푸른 올엔 할머님 큰사랑이
> 위인을 보라시면서 부르신다 우리를
>
> 도대체 어쩐 일로 이리도 기울없나
> 부릅뜬 눈길로도 겨우 지킨 근역인데
> 풀어진 눈과 마음으로 어찌 할까 이 강토

 파주 광탄면에는 윤관장군 묘역이 있다. 윤관 장군은 1107년(고려 예종 2년)에 별무반을 이끌고 여진을 정벌하여 9성의 설치와 함께 고려 영토를 확장했다. 이율곡, 황희, 윤관을 파주 3현이라 하여 이 지방 사람들이 향토의 인물로 크게 자랑스러워하며 역사에 길이 남을 우리 민족의 위인들의 정신을 받들어 모시고 있다,

 필자가 오래 전 그 쪽 삼팔선 부근의 직장에 3년간 근무할 때 1호 관사에서 생활하면서 토요일에 서울로 올 때

와 일요일 오후 그 쪽으로 갈 때는 꼭 윤관장군의 묘역 앞 도로를 지나가게 된다. 한 번씩 차에서 내려 장군의 묘역을 참배하면서 문무를 겸한 이 호걸의 기풍을 흠모하게 되었으며, 주변의 노송 우거진 경관도 좋아 묘역을 천천히 걸으면서 여러 개의 비문 중 桑[뽕나무] 시비(詩碑)를 눈여겨 읽어 본 적이 있다.

葉養天蟲防雪寒(엽양천충방설한)
枝爲强弓射犬戎(지위강궁사견융)
뽕잎은 누에를 길러 추위를 막게 하고
가지는 굳센 활이 되어 오랑캐를 쏜다.

名雖草木眞國寶(명수초목진국보)
莫剪莫折誡兒童(막전막절계아동)
이름은 비록 초목일지라도 참으로 국보로다
자르거나 꺾지 못하게 아이들을 훈계하리.

몇 년 전에 고향에 갔다가 조부모님 유택을 돌아보던 중 묘역의 가까운 곳에 아주 오래된 뽕나무 몇 그루에 무진장하게 달려있는 뽕 열매를 보게 되었다.
보라색으로 무르익어가는 열매를 몇 개 따먹다가 성에 안차 차안에 있던 천막을 깔고 나무에 올라가 몇 번 흔들었더니 순식간에 떨어진 그 뽕 열매는 엄청나게 많은 양이었다. 샤벳트를 만들고, 설탕에도 재어 추출물을 만들어 먹으면서 온 식구가 고향산 오디 물에 시퍼렇게 젖었던 기억도 있다.

 어릴 적 필자의 할머니께서는 손수 누에를 키워 실을 뽑아 베를 짜셨고 한올 한올 정성들인 그 명주 베를 한 폭씩 떼어 식구들의 목도리를 만들어 주셨다.
 아무리 엄동설한에도 이 명주 베 목도리를 감으면 포근하고 따스하였다. 그리고 명주 수건으로 얼굴을 닦으면 피부가 비단처럼 고와진다면서 집안 처자들에게 명주수건을 선물로 내리셨다. 나이 들면 아무 때나 눈물이 흐를 때가 많은데 이 명주수건으로 눈물을 닦으면 눈이 짓무르지 않고 이불 안감으로는 최상이라 하시면서 며느리들에게 하사품으로 나누어 주셨다.
 당신이 세상 떠나실 때 입고 가신다며 벌써부터 만들어 두신 죽음 옷을 장롱에서 꺼내어 며느리들에게 설명해 주시던 그 모습을 어릴 때 잠깐 본 적이 있었는데 그때 필자는 할머니가 돌아가실 때 입고 가실 옷이라고 해서 어린 마음에 눈물이 핑 돌던 기억이 있다.

 윤관 장군의 뽕나무 시 한 편에서 유년이 명주실처럼 투명하게 풀려나온다. 곧 조부모님과 부모님의 유택을 찾아 벌초를 해야 할 날이 다가오고 있다.

고향산천을 담은 산수경석

당신은 나와 만나 일생을 도왔거니
한 번도 싸운 일도 돌아앉은 일도 없이
지금껏 어루만지며 마주 보고 웃었다.

어쩌면 그렇게도 고향을 품었는가
강진의 해면에도 아롱이는 무인도여
오늘은 어느 섬에서 낚싯줄을 내렸는가.

    망운산 줄기에서 억겁의 세월을 지내고 강진바다로 향하다가 심천리 시냇물에서 필자와 인연을 맺은 돌이 하나 있다. 몇 년 전에 모 언론에 소개되어 많은 분들이 이 수석에 대한 문의를 해오셨고 또 몇 분은 직접 찾아 오셔서 감상을 하고 가신 돌이기도 하다.
    수석(壽石)의 3대 조건인 질, 형, 색을 충족하는 산수경석인데다 손위에 올려놓고 축경미(縮景美)를 감상할 수 있는 정도를 적당한 크기로 규정짓고 있는 바 크기 면에서도 나무랄 데가 없다.

'수석(手石)'이라고 표기되는 수도 있는데 손바닥 위에 올려놓고 감상할 수 있는 돌이라는 뜻일 것이다. 수석을 좋아하는 어떤 동호회의 요청에 의해 그 돌을 호주머니 속에 넣고 간 일이 몇 번 있었는데 그때마다 그 아담하고 잘생긴 돌이 더욱 사랑스러웠고 정이 갔다. 호주머니 속에서 만져지는 느낌은 나름대로 별났다.

수석은 흔히 산수경석(山水景石), 물형석(物形石), 문양석(紋樣石), 괴석(怪石)으로 대별되고 있지만 그 진수는 역시 산수경석을 으뜸으로 치고 있는 것 같다. 필자가 소장하고 있는 이 돌은 별도로 좌대나 수반으로 연출하지 않아도 밑면이 평면으로 되어있어 그야말로 자연미의 진수가 무엇인가를 돌 자체가 몸으로 웅변하고 있어 더욱 마음이 가는 돌이다.

그러나 이 돌의 가장 근원적 가치는 자기가 태어난 고향의 모습을 그대로 지니고 있다는 점이다. 고요한 강진 바다에 둥둥 떠 있는 두 개의 섬, 바로 남해의 본섬과 창

선도의 이미지를 담고 있는데다가 남해대교와 노량대교가 떠 있는 노량해협, 창선대교가 있는 지족 손도, 창선-삼천포 대교가 걸려있는 원경을 끌어 오는 것이 어렵지 않다. 그리고 먼 강진바다를 아우르고 있는 남해의 진산인 망운산 주봉까지 기막히게 닮아있어 더욱 가치가 있다. 잔잔한 바다며 그리고 나지막하고 얇게 계단을 이루고 있는 들판, 그 사이로 버드나무 실개천의 흐름도 느낄 수 있다.

수석의 멋은 돌 자체가 출중하면 금상첨화겠지만 그보다도 자연을 축경하여 볼 수 있는 소장자의 심미안(審美眼)이 더욱 중요하다고 한다. 조그만 돌에서 우주를 볼 수 있어야 하고 이 골짜기 저 골짜기를 넘나드는 실안개를 그릴 수 있어야 하며 외로운 산봉우리에는 저 멀리 떠도는 구름도 끌어와 걸어 줄 수 있는 마음가짐이 있어야 한다. 실개천 물 흐름, 이 산과 저 산에 뜨고 지는 해와 달의 움직임, 급기야는 내 몸과 자연의 합일을 이루어 내는 경지로 가는 것이 수석 취미의 추구하는 바라고 할 수 있을 것이다.

비록 몇 점 되지 않은 돌이지만 그 중에서 가장 아끼는 고향산천을 담은 산수경석을 불러내다보니 봉황이 깃을 치며 비상을 준비한다.

고향해변 몽돌 밭에서 만난 범상치 않은 문양석에 자리 잡은 봉황의 두리번거림이 심상치 않다.

폭우 내린 여름날의 야망

때로는 겁도 없이 대자연에 들었다가
스스로 깨친 것이 생명줄이 되었으니
도래할 고비를 넘을 어린 시절 뗏목아.

봉천과 강진바다 사계절에 단련되어
수영장 레인이야 비단 길 호강이라
네 가지 영법 익히니 실버반 스타되다.

언젠간 어린 시절 그 뗏목을 타고서
강진바다 무인도며 창선도에 가고 싶다.
어릴 적 어등 흔들린 광천마을 찾아서.

서울서 사귄 두 분 남해 가서 살자 하며
고향바다 돌아 댕길 보트도 필요하니
보트도 동력모터보트로 면허 따자 하네요.

간밤에 엄청난 폭우가 쏟아졌다. 대충 챙겨 뒷산을 오른다. 밤부터 쏟아진 비에 폭포는 황토물을 내리 퍼붓는다. 문득 고향의 봉천이 달려온다. 폭포는 봉천의 용왕바위에서 강진바다로 내리쏟는 물굽이와 흡사했다.

여름 날 홍수가 나면 봉천의 급류와 소용돌이는 굉음을 내며 강진바다로 내닫는다. 동네 개구쟁이들은 떠내려 오는 통나무나 드럼통을 잡아타고 놀다가 집으로 굴려온다. 어떤 때는 헛간 지붕도 떠내려 오는데 그 지붕위에는 물에 젖은 닭들이 앉아 있기도 하였다. 구해주고 싶어도 물살이 너무 거세 안타깝게 바라보기만 하였다.

그러던 어느 날 홍수가나 물결이 무섭게 요동치는 봉천에서 개구쟁이 죽마고우들은 프랑스 작가 베른느의《십오소년 표류기》의 흉내를 내보기로 했다. 소설에서는 무인도에서 2년을 지내지만 강진바다 무인도 쇠섬에서는 하룻밤만 지내기로 했다. 죽산마을의 상징인 대는 뗏목의 선체가 되고 삿대가 된다. 뗏목을 엮을 새끼줄이 모자라

면 동미산의 칡넝쿨로 보충한다.

　이윽고 뗏목은 요동치는 봉천의 급류를 타고 강진바다로 내려간다. 뗏목에 위험이 닥쳤다. 조류가 바뀌며 뗏목이 쇠섬과는 반대방향으로 흘러가기 시작한 것이다. 설상가상으로 수심이 깊어지니 삿대도 해저에 못미친다. 무인도에서 더 멀어지기 전 결단을 내려야할 시점에 개구쟁이들은 뗏목을 버리고 무인도까지 헤엄쳐가기로 하고 바닷물로 뛰어들었다.

　봉천 용왕바위 냇물을 거슬러 올라, 세월교까지 헤엄칠 수 있는 능력을 가진 자신감에서 나오는 행동이다. 힘이 빠지면 배영으로 휴식을 취해가며 쇠섬까지 헤엄쳐 나왔을 때 허리에 찬 비상 식품을 버리거나 분실한 사람은 아무도 없었다.

　쇠섬의 동굴에 감춰놓은 취사도구에 석간수를 받아 밥을 짓는다. 섬에 지천인 굴, 바지락과 석장에 갇힌 도다리로 끓인 매운탕은 오랜 수영 끝 저체온을 해결한다.

　이렇게 우리들이 《십오 소년 표류기》놀이로 낮과 밤을 지낼 때 동네에서는 난리가 났었다. 빈 뗏목만 선소항에 떠밀려왔으니 동네 사람들은 어떤 결론을 내렸겠는가.

　(그 후 봉천 하구에서부터 강진바다로 간척이 되어 쇠섬과는 많이 가까워졌으나 그 당시는 토촌에서 건너가는 다리도 없었고 봉천하구에서 해수면 직선거리로 2km 정도였음.)

성묘(省墓)

새벽녘 닭 울음에 유년의 눈 귀 열려
달빛도 풀벌레도 창호지에 앉혀두고
명주사 물레를 잣는 어머님을 뵈옵다.

감나무 푸른 낙과 뒤안길로 다가서면
뚜-욱 뚝 황토밭에 욕심 떨구는 소리에
아버님 짧은 생애의 굵은 삶을 봅니다.

유택 보러 왔나이다. 벌초하러 왔나이다.
억새풀 고이 덮고 잠이 드신 두 분께선
오늘도 가르침으로 저를 불러 세웁니다.

  어릴 적 성묘에 대한 기억은 참 향기롭다. 하얀 모시 적삼 바지에 댕기를 매고 두루마기를 산뜻하게 날리시는 아버님과 집안 어른들을 따라 남산, 망운산, 설흘산, 삼동면 갈고개, 서면의 선영으로 조상님들의 혼백을 뵈오러 가던 정갈한 마음과 정성은 이렇게 나이를 먹었는데도 변하지 않았다.

음력 8월 초하루의 성묘와 음력 10월 보름날의 시향을 마치고 대가에서 친족끼리 회식을 하며 문중회의를 할 때의 모습은 그야말로 화기애애하였다. 머나먼 친족도 다함께 모여서 문중의 결속을 다지고 가풍을 진작시키기 위한 어른들의 가르침에 젊은 청년층과 소년층의 후손들은 경청하였다.

자기 뿌리를 부정하는 일은 나랏일이나 문중대사나 가정사를 통해 있어서는 안 되는 일이기에 우리는 교육을 통해 바로 잡으려고 노력하였다. 최근에 이런 교육들이 좋지 않은 사회시류를 타고 많이 악화되었고 이로 인해 삶의 기본 덕목마저 땅에 떨어져 짓밟히는 일이 많이 생겨나고 있다.

하루가 멀다 하고 매스컴에 보도되는 추악한 사건들은 이제 이 세상이 막다른 골목에 온 것이 아닌가 하는 생각마저 들게 한다. 도저히 인간의 탈을 쓰고 해서는 안 될 목불인견의 처참한 일들이 벌어지고 있다.

경제대국 10위권의 나라가 갑자기 어려운 난국을 만나 국가경제가 내리 박더니 고약한 역질까지 번지는 상황이라 참으로 총체적 난국이다. 천문학적 숫자의 재난기금을 이미 쏟아 부었고 또 뿌릴 참이다.

경제가 한 번 추락하면 다시 끌어올리기가 힘들다는 것

은 동서고금의 역사가 잘 증명하고 있다.

지금 국가 부도사태를 맞아 전 세계인의 조롱거리로 전락한 나라가 어디 한둘인가? 이들 나라들은 한결 같이 대중영합주의에 의한 포퓰리즘 정책의 폐해로 급기야는 나라의 경제기반이 무너진 경우다.

진정한 복지는 기업이 잘되어 경제가 살아나서 일자리가 많아지고, 그 이익이 국부로 축적되어 국민소득이 높아지고, 수출이 잘되어 외화를 벌어들여서 그 파이를 국민들이 나눠가질 때 가능한 것이지 국채를 발행해 국민에게 공짜로 나눠주는 그러한 방식은 바람직한 일이 아니다. 그 돈은 빚이기 때문이다.

특히 법을 만드는 사람들이나 집행하는 사람들은 동서고금의 역사를 비춰보고 타산지석으로 삼아야 함에도 그것에 역행하여 나라를 불행에 빠지게 하고 자신들도 역사의 죄인이 되는 것이다.

일산 신도시에 이 시대의 스승 한 분이 살고 계셨다

어느 날 찾아 뵈온 일산의 남해인은
정발산 오르는 이 모두의 벗이었다
서재에 넘치는 고전 그는 이미 대가였다

　몇 년 전 고향사람들이 대여섯 명 모여 서울둘레길을 걷는다 하여 같이 합류하였다.
　서울둘레길은 서울의 외곽을 한 바퀴 도는 총 연장 157km의 도보길로 총 8개 코스로 구성되어 코스별로 다양한 볼거리와 먹거리 이야기 거리가 산재할 뿐만 아니라 산길과 평탄한 길이 복합적으로 이루어져 있기 때문에 비교적 먼 거리지만 마음먹고 돌면 모든 코스를 섭렵하기가 그리 어려운 건 아니다. 필자도 이미 8개 코스를 틈틈이 부지런히 올라 서울시로부터 완주증을 받은 바 있다. 감동코스로 각인이 되어 지금은 세 번째로 돌고 있다.
　옛날 서울둘레길을 돌 때 동행했던 송원(松園)이라는 아호를 쓰시는 필자보다 6살 많으신 선배 한 분이 일산의 정발산을 하루도 빠짐없이 오르면서 노익장을 보내시고 계시다는 소식을 듣고 어느 해 봄 진달래, 개나리도 거의 지고 벚꽃이 피어날 쯤 전화를 드렸더니 너무 반가워하시면서 필자를 초청하였다. 정발산역까지는 상당히 먼 거리지만 괴나리봇짐 짊어지고 고향 까마귀를 만나는 심정으로 휑하니 그 쪽으로 내달렸다.

정발산은 사실 공원 개념의 언덕 수준인 산이지만 그래도 코스는 다양하여 일산 신도시 시민들에게 아주 큰 사랑을 받는 산이다. 산길을 걷는 도중 만나는 사람마다 선배님은 구면인 듯 인사를 나누시며 올라가시는 걸 보니 이쪽의 터줏대감이나 다름 없으셨다.
  손수 가지고 가신 보온병의 물에다 커피를 타시며 지나는 주변의 모든 분들께 따끈한 커피 한 잔씩을 권하시는 것을 보고 친절과 배려와 화목으로 삶을 영위하시는 분이라는 걸 단박에 알아차릴 수 있었다. 스마트폰으로 사물을 찍으시다가 야생화를 만나면 줌을 장착한 카메라로 정밀 사진을 촬영하시는 모습을 보며 사진예술에도 취미를 가지신 분이라는 것도 알 수 있었다.

몇 년 전에 상처하시고 두 아들과 함께 살고 계신 집은 일산 신도시의 고즈넉한 곳에 자리 잡고 있었는데 어찌나 서재, 거실 등 생활공간을 잘 정리 정돈 해놓으셨는지 나도 모르게 옷깃을 여미게 하였다. 오래된 고서와 고전과 월간물들이 가지런히 꽂혀 있는 서재는 부러울 정도로 풍족하고 다양했다. 서재에서 각종 책자와 희귀한 스크랩 자료를 보며 설명해 주시는데 감히 따를 수 없는 철학적, 문학적, 역사적 소양에 감탄하였고 각종 물품들에 폐품을 활용한 생활의 지혜와 우리 역사의 과거와 현재와 미래를 꿰뚫고 계시는 혜안에 감탄하면서 시대의 진정한 스승 한 분을 뵈올 수 있었다는 고마움에 젖었든 하루였다.

나는 나의 시집을 선물하였고 송원님은 김형석 교수의 신간을 저에게 서명하시며 주셨다.

그리고 다음엔 진짜 산행다운 산행을 한번 하자면서 운길산에서 만나기로 하였는데, 일산에서의 만남이 그해 4월 초였고, 그 후 운길산에서의 만남은 5월 25일에 이루어졌으니 두 달을 조금 넘어서였다.

운길산에서 만난 하루는 그야말로 인간승리라는 또 다른 주제를 담고 있기에 다음 기회에 별도 수필형식으로 올려볼까 한다.

고향 새벽 닭 우는 소리에

> 참으로 오랜만에 닭 울음 들어 본다
> 그 것도 고향 새벽 창호지 틈사이로
> 달빛에 흙냄새 까지 흠뻑 젖셔 오나니.
>
> 언제 적 소리던가 감나무 낙과 소리
> 주먹 만 한 장두감은 소리도 꽤나 컸지
> 소중히 물에 울려서 간식되던 장두감.
>
> 이산 저산 벌초하고 상경하기 바빴지만
> 조금만 삶의 고삐 늦추 잡은 그 날 하루
> 친구와 조각배 타고 달빛 보던 그 날 밤

 어느 늦여름 벌초를 위해 고향집에 갔다가 새벽 닭 우는 소리에 잠을 깨었다. 비몽사몽 지금 내가 누워 있는 곳이 서울이 아님을 인식하는 데는 잠시 시간이 필요했다.
 조부모님, 부모님 산소의 벌초를 위해 토요일 아침에 만나기로 약속하고 서울에서 금요일 오후부터 달려와 밤 12시경에야 도착을 하여 여장을 풀고 잠을 청했다가 지금 새벽 닭 울음소리에 잠을 깬 것이다. 시계를 보니 새벽 4시 37분 그 이후로 잠을 이루지 못했다. 겨우 4시간 정도 잔 것 같았는데 산뜻한 공기와 흙냄새 때문인지 이상하리만치 몸이 개운했다. 창호지 바른 창문으로 달빛이 고요히 비쳐든다. "툭"하고 뭐가 떨어지는 소리, 그리고 데구르르 구르는 소리, 감나무에서 감이 떨어져 황토마당에 구르는 소리다. 그리고 사방에서 들려오는 이름 모를 가을 풀벌레 소리…. 참으로 오랜만에 고향의 정취를 느껴본다.

항상 벌초하러 내려오면 하루나 이틀 동안 이산 저산 바쁘게 다니면서 땀에 흠뻑 젖은 몰골에다 햇볕에 벌겋게 탄 열 받은 얼굴을 하고 그날이나 뒷날 올라오기 바빴었다. 그러나 이 번 벌초는 예초기를 두 대 가동하는 바람에 완전 하루의 여유가 생긴 것이다. 어쩌면 토요일 휴무의 여건 때문인지도 모른다.

오래전부터 잊고 있었던 새벽 닭 우는 소리는 감나무 낙과의 소리와 이름 모를 가을 풀벌레들의 소리와 어울려 잔잔한 울림으로 밀려왔었다. 그리고 다음 날엔 오랜만에 죽마고우를 만날 여유도 있어 달빛 교교한 고향 바다의 갯냄새를 맡으며 바다 건너 어촌의 불빛을 바라볼 수 있는 시간도 가져봤다.

그해 고요한 새벽, 고향집 뒤안길로 들어서게 해준 그 장닭이 올해도 울어 줄지는 알 수 없지만 은근히 기다려지는 마음은 벌써 고향집 뒤안길을 서성인다.

제6부
흘승골성(紇升骨城)의 눈보라치는 사연

흘승골성(紇升骨城)의 눈보라치는 사연
타임캡슐
백두대간 고봉준령에서 무엇을 담았는가?
대물에 대한 놀라움과 감사
운탄고도 설경도 잠깐… 눈물 졌던 청령포
겨울 속으로 괴나리봇짐을 싸는 사람들
고대산 상고대
주유천하가 별거던가?
제1회 KBF(한국철새박람회)와 강진만
청풍(淸風)
술과 술 부대

흘승골성(紇升骨城)의 눈보라치는 사연

필자에게 흘승골성(紇升骨城)을 닮은 돌이 하나 있다. 테이블 모양의 이 돌을 들여다보면 항상 고구려의 기상이듯 세찬 눈보라가 몰아쳐 오고 대륙의 모래바람이 눈을 아리게 하는 환상에 젖어든다.

이 흘승골성(紇升骨城)은 고구려의 첫도읍지인 졸본(지금의 환인)에 있는 산성이다. 고려의 문인 이규보의 〈동명왕편〉에도 나타나는 것으로 원 이름은 흘성골성이었는데 지금은 중국식 이름으로 오녀산성(五女山城)이라고 불리고 있다.

고구려 그 역사를 떠올려 본다. 설원을 휘달리며 말갈기 휘날리던 마상의 주인공이 내품는 그 기상을 조금이라도 받은 후대라면, 평원에 떠도는 발해의 영광을 조금이라도 읽은 후대라면 지금 겪고 있는 국내외 환란을 결코 마음 편하게 대하지는 못하리라는 생각이다.

떠 올려본 돌 하나에 대륙평원의 웅혼함이 묻어나오니 필자는 이 돌을 진작부터 '흘승골성(紇升骨城)'으로 명명했다. 남과 북, 이념의 끝없는 평행선은 멀기만 하고 경제적, 군사적 대국이라 일컫는 주변국들의 야심은 그 옛날 못지않으니 모두들 정신 차려야 할 때다. 옛 고구려의 웅혼한 기상을 떠올려보며 '흘승골성(紇升骨城)'이라 이름하는 이 돌을 다시 한 번 불러낸다.

어디서 날려 오는 눈발인가

대평원 휘저으며 바람 주먹 불끈 쥐며
숨 가쁘게 달려오는 하얀 영혼 푸른 아미
휘날림 요동 벌 소식 편린처럼 시리다

설원을 떠다니며 송화강 전설 운다
북소리 철갑소리 육혈포도 우지지고
남으로 내지르는 창날 몇몇이나 속내 알까

노는 마당 좁은 터에 생각들도 고만고만
도토리 키 재기를 덮어버린 눈발 아래
올곧은 씨알 하나쯤 건져 낼 수 있을까

-필자의 제2시조집 《남녘 바람 불거든》 중에서-

타임캡슐

> 한 세대 어린 시절 그 짧은 시간에도
> 소중한 어느 역사 숨 쉬고 있었음을
> 하나씩 건져 올린다 동심으로 엮은 기록.
>
> 헤어지고 찢어지고 흙탕물에 빠졌어도
> 버려서는 아니 되는 소중한 추억들을
> 추슬러 물에 씻으니 어린 추억 달려온다.
>
> 주름진 작품들을 다리고 이어 붙여
> 없어진 것 살려내고 설명도 곁들이고
> 클로버 코팅지에 넣어 255편 구워내다.

  10대를 기점으로 20년 후면 30대다. 아직은 혈기 방장하여 새로운 각오로 10대에 꿈꾸었던 일의 성취에 에너지를 더 보탤 수 있는 충분한 나이다.
  2000년도에 휴전선 근처의 학교에 근무하면서 졸업반을 맡아 졸업 기념으로 20년 후에 개봉하기로 하고 타임캡슐을 묻었는데 그 개봉연도가 도래한 것이다.

캡슐의 내용물은 최고 학년의 가장 감명 깊었던 날의 일기 1편, 졸업소감, 가장 친한 친구와 자기의 초상화, 단체와 개인 사진, 20년 후의 나의 모습과 좌우명을 기록한 책갈피꽂이, 내 짝에게 주는 글, 선생님께 드리는 작별의 글, 정든 학교에 남기는 편지, 70회 졸업 앨범, 필자가 작성한 타임캡슐 제작 계획서, 학급 신문 등이었다.

표지석 아래 첫 삽을 뜬지 한참 지나도 캡슐이 보이지 않더니 향나무 쪽으로 파고 들어가다가 드디어 찾아냈다. 캡슐 뚜껑이 깨어져 있었고 빗물이 스며들어 캡슐 안은 물이 가득 차 있었다. 선배나 후배들이 자기 기수의 캡슐을 찾거나 묻는 과정에서 생긴 일로 보인다.

졸업생들은 물이 가득 찬 캡슐에서 해저의 보물을 건지듯 조심스레 정성을 다해 한 줌씩 끄집어낸다. 찰싹 달라

붙은 종이뭉치를 조심스레 한 겹씩 벗겨내어 말린다.
　20년 전 어린 시절의 글씨와 그림과 어린 얼굴을 보며 흐뭇해하고 학급 신문을 보며 탄성을 지른다.
　일기장을 통째로 넣은 어떤 졸업생은 한 장씩 넘기며 깊은 묵상에 잠기기도 한다. 필자가 담임했던 졸업생들의 작품은 최대한 복원하여 다음 기회에 나누어 주기로 했다.

　집에 와서 소독, 세척, 찢어지고 조각난 것은 붙인 다음 다림질하여 코팅작업 준비상태로 복원하는데 열흘이 걸렸다. 캡슐 개봉일에 못온 사람들의 전화, 카톡이 울린다. 모두 그립다면서 8월 말이나 9월초에 반창회를 준비하고 있다고 했다. 역질이 다 물러가면 그때 보자고 했지만 지킬 것 지키면서 추진하겠다고 한다.
　그들의 꿈은 선생님, 시인, 아나운서, 간호사, 여군, 카레이서, 축구선수, 회사원 등 다양하였지만 꿈이 다 이루어지는 건 아니다. 다만 지난 날 어린 시절 캡슐에 묻었던 순수에서 더 큰 영감과 에너지 재생산의 기회로 삼는다면 더 바랄 것이 없을 것이다.

　제자들에게 돌아갈 255편의 작품을 오늘 코팅하면서 여백에 네잎클로버 넣으니 어울린다. 곧 주인 찾아 떠날 모든 작품을 영상에 담아둔다.

백두대간 고봉준령에서 무엇을 담았는가?

유장한 흐름에도 느끼지 못함이야
누구를 탓 하겠소 향유 못할 비극되어
철조망 등줄 할퀴어도 아픈 줄도 모르네.

이 강토 못난 후손 한 두 명이 아니고나
뽑힌 자 수 백 명도 정신들이 혼미하니
어쩌나 백두대간이 오늘 밤도 울어 옌다

함백산은 해발고도 1,573미터로 강원도 태백시와 정선군 고한읍의 경계를 이루며 한라산, 지리산, 설악산, 덕유산, 계방산 등 우리나라에서 6번째 높은 백두대간의 대표적인 고봉이다. 대중교통도 여의치 않은 이른 새벽에 각자 나름의 교통수단을 이용해 집결장소인 강변역으로 집결한다. 재경남해군향우산악회 산행에 앞서 향우들은 간단한 인사와 함께 아침 7시를 조금 넘어 함백산으로 향하는 버스에 몸을 싣는다.

산 초입에 승용차 2륜구동이 미끄러져 내리며 길을 막고 있어 우리가 타고 있는 버스도 더 이상 오를 수 없다.
함백산은 백두대간의 설한풍을 매섭게도 뿌린다. 뼛속까지 파고드는 한기는 오늘 산행의 어려움을 예고한다. 무릎까지 푹푹 빠지는 이 적설량에서 아이젠과 스패츠 착용 없이는 등산 불가능이다. 앞서 가던 다른 일행 한 명이 경사진 눈 더미에서 중심을 잃고 마구 미끄러져 내려가다가 절벽 끝에서 나무줄기 하나를 간신히 잡고 버틴다. 본인은 물론 동료들이 손을 쓸 겨를도 없이 순식간에 일어난 일이다. 큰 변을 당할 번한 동료를 누군가 자일을 던져 간신히 구출해 낸다.

적설기 산행에서는 이런 사고에 조심하면서 오르기에 전념하다 보면 중턱에 오르게 되고 드디어 능선 길에서 적설기 산행의 진면목이 펼쳐진다. 우리 인생에서 젊은 피 끓어 오를 때 가장 화려한 역동적인 힘이 뻗혀 오르는 것과 같이 산행의 혈맥은 여기서부터 급박하게 뛰게 되고 마침내 정상까지 그 거친 숨결을 끌고 간다.

함백의 겨울산행은 그 풍부한 적설량과 힘차게 뻗어 내린 백두대간의 유장한 흐름에 마침내 심신을 열반의 반열에 올리게 되고 살아 천년, 죽어 천년의 주목군락 앞에서 "아! 백두대간!"을 가슴으로 외치게 되고 남과 북으로 뻗어간 한 반도의 의미와 분단된 조국의 상황 앞에서 깊은 묵상에 잠기기도 한다.

정상에서 끈질기게 몰아치는 설한풍은 민족혼을 일깨우는 혼 바람과 같을 진대 산에 오른 모든 사람들은 꺼지지 않는 혼 불을 가슴 속에 담아간다. 그것은 끊임없이 일깨우는 조선 선비의 푸른 솔 기개와 살아 천년 죽어 천년 주목의 가르침을 놓치지 않았을 때 가능한 일이다.

대물에 대한 놀라움과 감사

영지는 말 그대로 신령스런 버섯이다
쓴 맛도 그렇지만 생긴 것도 영물이다
참나무 진액 머금은 그 광채가 눈부시다

조금씩 따서 모아 영지차로 우리는데
대추를 가미하면 약효는 배가되고
거기다 꿀물을 타면 마시기도 좋아라

태극권 연마 후에 한 잔씩을 권하는데
마신 후 엄지 세워 진한 맛을 전하신다
오늘도 영하의 날씨 영지차에 몸 녹인다

고향에서의 전망 좋은 야외 운동 장소로는 우람한 매원에 접해 있는 동네 뒷산 당산 노송 아래였다. 학창시절에는 노송과 매화가지에 시화를 내건 시화전을 자주 열었을 뿐만 아니라 노송의 굽은 가지에는 샌드백을 매달아 놓고 몸과 마음을 단련하던 곳이기도 하다.

제3의 고향인 이곳에 고향의 당산을 대신할 곳을 물색하던 중 아파트에서 그리 멀지 않은 너른 바위 전망대로 마음과 몸을 조용히 얹어 놓고 있다. 당산에서 보는 강진 바다와 하마정 들, 파천 들, 봉천과 망운산은 볼 수 없지만 도봉산, 북한산, 수락산, 사패산, 소요산, 감악산, 불곡산을 한 눈에 볼 수 있는 전망대다.

너른 바위 전망대에서 운동을 마치고 주봉을 목표로 한 능선을 오른다. 곧 소나기가 쏟아질 것 같아 6부 능선에서 하산을 서두른다. 이 날은 사찰이 있는 곳으로 길을 잡았다.

그런데 가도 가도 사찰이 안 보인다. 길을 잘못 들었다. 물이 쏟아지는 계곡이 전개된다. 이 산에 수없이 왔어도 오늘 처음 보는 계곡이다. 다시 돌아가기도 그렇고 그냥 계곡의 맨 아래까지 가보기로 하였다. 주변에 어디에도 길은 없다. 그냥 바위를 넘고 물을 따라 내려간다. 좀 멀더라도 산중에서 길을 잃었을 때는 계곡만 타고 하산하면 마을이나 들판을 만나게 된다. 트레킹 하는 기분으로 물을 가르고 걷는다.

얼마를 왔을까? 황금빛이 눈부신 물체가 수면에 어린다. 영지의 균사체가 발산하는 광채를 직감한다. 올려다 보니 이건 정말 놀랄만한 대물이다.

십장생도(十長生圖)에도 나오는 이 영지는 그 약효를 인정받아 재배까지 하고 있지마는 이런 대자연에서 신령스럽게 자라난 대물과는 그 약효가 비교될 수 없다.
절간으로 가려는 길을 잡았으니 부처님의 도움인가? 아니면 날마다의 산행에 대한 산신령님의 도움인가? 조용히 두 손 모아 이런 영물 영지를 내려주심에 대한 감사의 묵도를 올린다.

아무도 다녀간 흔적이 없는 이 계곡에 충분한 수분과 거대한 참나무의 영양분을 먹고 아주 튼실하게 뿌리를 내린 대물이다. 중간 중간 새끼들이 생겨나고 있었지만 대물 두 뿌리와 중간 크기의 한 뿌리를 취한 이날은 정말 행운의 날이었다.

운탄고도 설경도 잠깐… 눈물졌던 청령포

중국차 티벳 말이 차마고도 길을 내듯
석탄은 한국 땅에 운탄고도 그었구나
정선과 태백 영월의 석탄산업 보고여!

우리네 연탄 한 장 뜨거웠던 전설이여!
밤새워 등 따숩던 네 온기에 고마웠고
새벽녘 탄을 갈면서 기도 같은 그 무엇

탄차는 어디가고 백설만 길게 뻗어
설화 핀 자작나무 능선위에 올려놓고
그 능선 하늘 맞닿아 어디까지 뻗었나?

정선과 태백 지나 영월 땅에 들어서니
청령포 단종애사 창천에 걸렸구나
찬탈의 멍에 쓴 자여 피의 역사 보느냐?

단종이 쌓은 돌탑 서낭당이 되었구나
그 돌탑 돌 얹다가 관음송 걸터앉아
한양 땅 정순왕후를 못내 그려 하시더라

재경 향우님들과의 2018년도 2월 정기산행은 강원도 정선, 태백, 영월을 잇는 운탄고도의 등정이었지만 여기까지 와서 청령포를 들리지 않을 수 없었다. 강원도 정선과 태백, 영월 일대의 산악지대에 거미줄처럼 뻗어 있는 길을 사람들은 운탄고도(運炭古道)라 부른다.

함백산(1572m) 백운산(1426m) 두위봉(1466m) 7부 능선을 휘감아 도는 이 운탄고도는 1960~70년대에 석탄을 운반하던 탄차가 다니던 길이였다. 운탄고도의 전체 길이는 100km 정도이지만 정선에만 해도 80km가 넘는 구간이 남아 있다. 그 구간에 있는 갱도를 막고 길을 다듬어 트래킹코스를 만드니 사람들은 산록 따라 펼쳐진 설원의 풍광을 보며 눈길을 헤쳐 걷는 재미에 이 추운 겨울에도 이곳을 찾아온다.

단종애사…

육지 속의 섬을 향해 서강을 건넌다. 단종 유배생활의 벗, 영월의 관음송이 클로즈업 된다. 600년 수령은 단종애사의 마지막 까지를 후세에 전해준다.

숙부인 수양대군으로부터 왕위찬탈을 당한 단종은 노산군으로 강봉되어 영월 청령포로 유배를 당하고 눈물과 비애, 그리움, 외로움 속에서 처소 바로 옆에 있는 소나무에 걸터앉아 마음을 달래었다. 바로 이러한 단종의 모습과 슬픈 말소리를 보고 듣고 했다 하여 '관음(觀音)'이란 이름이 이 소나무에 붙여졌다는 것이다.

단종의 영혼이 깃든 관음송은 신령스러운 나무가 되어 후세의 역사에 남는 나무가 되었다. 관음송은 국가에 위난이 닥칠 때마다 조선솔 적송의 맑은 색에서 검은색으로 변하였다고 한다.

청령포라는 지명은 1763년(영조 39년)에 세워진 단종유지비에 영조가 직접 '단묘재본부시유지(端廟在本府時遺址)'라고 써서 내렸고, 이것을 화강석 비좌 위에 올려진 오석(烏石)으로 된 비신에 새겼다. 비신은 비각에 보호되고 있는데 비(碑)의 뒷면에 1763년 9월에 원주감영으로 하여금 쓰게 했다는 내용이 새겨져 있고, 지명은 청령포라고 썼다.

겨울 속으로 괴나리봇짐을 싸는 사람들

지금 겨울 산으로 들어가서
봄눈 녹을 때나
밤안개로 내려오자.

천지에 눈이 펑펑
발자국 마다 금방 쌓이는 눈
내가 들어간 흔적도 없으리니
잠깐 세상을 등지다 오기로는
지금이 제철이다.

세상 뱁새소리 이명으로 끌고 가
지난 가을 단풍잎에 재를 뿌린 죄
눈이 펑펑 내린다고 덮을 수가 있을까?

원죄를 뿌린 자들이 눈 온다고 좋아할 때
아직도 잘못을 말하지 않을 때
오히려 더 시끄럽게 재잘거릴 때
겨울 산으로 들어가는 사람은
더 많아 질 것이다.

> 괴나리봇짐 가벼운 날
> 섬광 번득이는 검 하나 들쳐 업고
> 갓끈은 살리고 난마를 끊어내는
> 그 소리 눈바람을 휘젓는 날
>
> 뱁새소리 멀어지는가?
> 내가 멀어지는가?

    설익은 소문에 세상이 먼저 끓어재끼니 그 소문을 낸 자들은 히죽히죽 웃는다. 소문을 낸 자나 그 소문에 무너진 자들이나 모두 뱁새인 건 마찬가지로 보인다. 그렇게 끓어재낀 뱁새들은 간덩이가 커지면서 독수리나 된 양 갑자기 더 큰 먹이를 노리면서 설치기도 하지만 그 행각이나 마인드는 역시 뱁새의 수준을 넘지 못하고 그 한계에 부딪치면

서 더욱 소란해지기 마련이다. 이 뱁새들의 심한 소음을 차단하느라 지난 가을 단풍마저도 건너뛴 사람들은 올 겨울 더 시끄러울 것 같아 뭔가를 기댈 곳을 찾는다.

　세상사 역천자망(逆天者亡) 순천자흥(順天者興)의 천리에 맡겨두고 저 눈 내리는 겨울 산으로 더 늦기 전에 괴나리봇짐을 싼다. 싸늘하게 불어 재끼는 설한풍을 순하게 돌려막는 것은 각자의 몫이다. 자신이 없으면 입산을 말아야 한다. 겨울 산에는 굶주린 금수들도 있으니 물리적인 금속 송곳니 하나는 갖추어야 한다. 무딘 스틱 끝이나 닳아빠진 등산화로는 빙판을 찍어 버티지 못하니 새 걸로 장착해야 하고 동토의 설산에서 견뎌낼 비상식은 필수다.

　올 겨울 산행이 주는 의미가 왜 이리 무거운지 옛날에 가볍게 다녀왔던 그 봉우리들이 너무나 높게 느껴지는 것은 체력 때문만은 결코 아니다. 뱁새 소리의 난마를 끊어내지 못하면 하산의 봄이 길어질까 그게 짐일 뿐이다. 근간에 갑자기 더 많이 나타나서 와글대는 뱁새 울음은 심히 난삽한지라 더 이상 감내하지 못할 지경이다.

　경자년 끝자락 12월 13일 뿌렸던 눈이 심상치 않았는데 신축년 2월 3일 입춘 날 늦은 밤부터 내린 눈은 제대로 세상천지를 뒤덮었다. 준비해둔 모든 것을 들쳐 업고 입산을 서두른다.

고대산 상고대

> 휴전선 상고대는 한이 서린 칼날인가
> 못 이룬 자유통일 회초리에 감겨 올 때
> 살에는 북풍한설이 무더기로 내린다
>
> 이념도 비껴가는 정상에 올라보니
> 남과 북 다른 바람 회오리로 몰아칠 때
> 고대산 뒤틀려 우는 산 울음이 무섭다
>
> 허기가 밀물처럼 밀려오는 산정에서
> 바위를 병풍삼아 도시락을 비우는데
> 얼음이 서걱거리니 밥알인가 돌멩인가

얼마 전 고향 향우님들과 휴전선을 맞대고 있는 고대산을 올랐을 때의 산행은 겨울의 끝자락 적설기 산행이었는데 풍부한 상고대까지 선물 받은 뜻 깊은 산행이었다. 예리한 상고대, 눈이 내려 가지에 흐드러지게 쌓인 설화(雪

花) 하고는 근본적으로 다른 상고대, 눈은 위로만 쌓여가지만 상고대는 그 뻗혀 있는 방향이 사뭇 여러 방향이다.

바람의 방향 따라 뻗어 가는 모습이 변한다. 겨울엔 주로 북풍이 부니 그 뾰족한 끝은 남쪽으로 향해 있는 것이 보통이다. 그러나 산 속에서는 그 지형 따라 바람의 방향도 변화무쌍해서 상고대의 방향타도 이리저리 바뀔 때가 더러 있다. 나뭇가지나 풀잎에 얼어붙으면서 뾰족뾰족 성깔 사나운 서릿발 모양을 하고 있는 것을 보면 맑은 수정처럼 보이기도 하지만 날선 비수처럼 보이기도 한다.

이 상고대는 한자어로 목가(木稼). 무송(霧淞), 수가(樹稼)라고도 하는데 우선 그 섬세함과 광택이 부풀어 있는 눈하고는 전혀 다르다. 솜과 수정에 비유하면 적절할지 모르겠다.

미세한 공기 중의 수증기가 급격한 기온의 하강으로 서리가 되어 나뭇가지에 달라붙게 되는데 이때 바람의 영향

으로 일정한 각도로 경사지게 점점 그 덩어리를 키워가기 때문에 수많은 예리한 칼날 모양으로 층층이 뻗혀 있으며 특유한 반짝거림을 보인다. 만약 아침에 밝은 햇살이라도 비치면 그 영롱한 빛 무리가 가히 환상적으로 되기도 한다.

남해군향우산악회 산행지의 이날 고대산은 영하의 날씨에 안개가 자욱하게 바람에 밀려가면서 이미 형성된 상고대에 얼어붙어 점점 그 크기를 키워가고 있었기 때문에 그 모양과 크기가 대단하였다. 더러는 그 크기가 넘쳐나 땅바닥에 툭툭 몸을 풀고 있는 모습도 보였으며 얼굴에 날려와 떨어지는 상고대 가루는 짜릿한 차가움을 선사해 주기도 했다.

남녘에는 봄이 온다고 이미 그 소식들이 날려와 상고대 이야기는 남의 나라 이야기처럼 들릴지 모르지만 북쪽에 있는 높은 산이기에 이 계절에 상고대를 볼 수 있었음은 또 다른 행운이었다. 1월 18일 사전 답사 때에 점찍어 둔 표범 빙폭과 설경이 2월 정기산행까지 버텨주어서 고마웠고 좀처럼 보기 드문 상고대까지 덤으로 받았으니 고대산 산신령님께 감사라도 드려야겠다.

이 날 같이 고대산 등정을 하신 분들은 이 날의 상고대 이야기를 오래오래 이어가실 것 같은 생각이 든다.

향우님들과 함께 담아 온 상고대 풍경 사진을 올려 드리며 고대산 상고대 이야기를 접는다.

주유천하가 별거던가?

> 어릴 적 봉천 너울 강진바다 해류에서
> 물속을 읽어내는 힘들이 생겼음에
> 대양의 깊이와 폭을 몸에 담기 쉽더라

 2012년도의 일이었다. 아들과 딸이 근무하는 코엑스 영업점이 핵 안보 정상회담으로 이틀을 쉬게 되었다. 고향을 잊고 사는 아이들에게 고향을 보여줄 절호의 기회가 온 것이다. 손자 녀석이 가고 싶어 하는 곳도 바다이고 아들딸에게 보여줄 곳도 고향 바다의 푸른 기상이었다.

 호젓한 남쪽 바닷가에 하루 밤 묵을 곳을 정해놓고 봉천의 묘목장으로 향했다. 일찍 뿌린 고향의 시금치가 잦은 가을비로 습해를 받아 큰 피해를 입고 고향사람들이 망연자실해 있을 때 고구마 수확한 곳에 늦게 시금치 씨를 좀 뿌려놓은 것이 오히려 습해를 받지 않고 겨울 동안 잘 자라서 우리를 맞아 주었다. 잎줄기가 시뻘건 오리지널 황토밭 노지 시금치였다. 온 가족이 달라붙어 몇 포대를 수확하는 동안 손자와 손녀는 고조할아버지 때부터 내려온 땅을 밟으며 즐겁게 뛰 놀았다. 며느리는 아이들을 데리고 밭가 언덕에 지천으로 솟아있는 밤톨만한 달래를 캐고 있었다.

주유천하(周遊天下)가 별거던가? 아들과 딸, 그리고 손자와 손녀들에게 자주 고향의 땅기운을 받게 하는 것도 장래 주유천하 할 근본적인 에너지를 불어넣어주는 소중한 작업이다. 격대교육(隔代敎育)을 통해 손자 손녀가 환경 친화적인 인물로 자라나기를 바라며 걸음마 때부터 산으로 들로 많이 데리고 다녔다. 무엇인가 통했는지 이 녀석들은 조상님들이 대대로 지켜온 논밭으로 뛰어다니면서 기가 펄펄 살아있었다. 이들의 주유천하는 이렇게 시작되는 것이다.

가까운 고향의 원초적인 정서를 모르면서 먼 세상 구경은 큰 의미가 없다. 아무리 천하를 휘젓고 돌아다녀 봐야 대자연을 받아들이는 기본 정서와 인본주의적 정서가 약하면 이는 시간낭비일 뿐이다. 경제가 허락하지 않아 세상 여러 곳을 못 돌아봤을 지라도 자연에 대한 기본 소양만 갖추면 세상천지를 다 그려낼 수 있는 것이 인간이다.
천하의 명승지를 다 보았으되 감동을 느끼지 못할 수도 있고 비록 내 고향 산천의 조그만 시냇물에서도 마음만 열려있으면 심원한 무한량의 수량을 경험할 수 있다는 말이다. 강진바다 아담한 해류의 느낌을 진실로 감지할 수 있다면야 저 웅혼한 태평양의 맥을 짚을 수 있다는 뜻이다. 즉 어렸을 때부터 호연지기의 기본정서가 자리를 잡지 못하면 더 이상의 넓은 세상은 의미가 없다는 말이다. 나의 속이 비좁은데 어찌 천하를 담을 수 있으랴.

고향바다의 해조음을 들으면서 깊어가는 봄밤의 정취는 실로 부드러움의 극치였다. 이렇게 고향 자장가 속에 온 가족이 아름다운 봄밤을 만끽하게 해준 아들과 딸의 휴가가 고맙고 먼 길을 비좁은 차속에서 짜증 한 번 안내고 시종일관 웃으며 재롱부리며 할아버지와 할머니의 고향이며 아버지의 고향을 처음 찾아온 여섯 살과 세 살 박이 손자 손녀가 고맙다. 다음 날 새벽에 아들과 나는 제법 멀리 떨어진 곳으로 낚시를 갔다. 갯바위 앞 해초 속에서 낚아 올린 노래미는 꽤 많았다.

숙소로 돌아와 물고기를 보여줬더니 녀석들은 살아있는 노래미를 방바닥에 쏟아 놓고 같이 논다. 쩌억 쩍 입을 벌리는 노래미와 입을 맞추기도 한다. 세 살짜리 손녀 녀석은 노래미의 입에 밥알을 넣어주며 먹으라고 한다. 퍼덕거리면서 꼬리지느러미가 볼을 때려도 자지러질 듯 웃으며 좋아한다. 확실히 환경 친화적으로 자라난 아이들이다. 이번 고향 방문은 짧지만 자라나는 2세들에게 주유천하의 첫걸음을 떼게 해준 의미 있는 1박 2일이었다.

제1회 KBF(한국철새박람회)와 강진만

망운산 그림자를 품고 있는 강진바다
봉천 물 바닷물과 만나는 개펄에는
철새의 보금자리로 갈대밭이 무성타

철새도 이 백 여종 남해가 최고란다
흰목물떼새 알락꼬리마도요 쇠청다리도요사촌 특별보호종
팔색조 검은머리물떼새 천연기념물 사는 곳

누군가? 이런 곳에 철탑을 세우는 자
그것도 판넬 덮는 태양광 발전이라
아는가? 철새도래지 모를 리가 없겠지

    남해는 해마다 우리나라에서는 가장 많은 200종의 철새가 찾아오는 새들의 낙원이다. 국제적으로 중요한 물새들 가운데 검은머리갈매기, 검은머리흰죽지, 노랑발도요, 중부리도요, 4종류가 전 세계 최소 숫자의 1% 이상 남해 갯벌에서 살고 있다. 특히 IUCN(국제자연보호연합)특별

보호종으로 지정된 흰목물떼새, 알락꼬리마도요, 쇠청다리도요사촌 3종류와 천연기념물인 팔색조와 검은머리물떼새가 존재하고 있다. 새는 생태계의 지표종으로 새들이 살 수 없는 환경에서는 사람이 살수 없다고 어느 자료에 기록되어 있었다.

2018년 12월의 1박 2일(22일~23일) 팸 투어에 초청을 받고 두 분을 모시고 고향으로 향하는 마음은 그다지 가볍지 못했다. 그 전날 21일에 포천의 어느 온천에 아내와 같이 갔다가 업주의 안일한 시설 점검의 영업행위로 큰 상처를 입어 119에 실려 병원에 가서 수술을 받았기 때문이다.

또한 설상가상으로 23일은 서울의 문중회의가 종로 5가에서 계획되어 있어 중요한 문중 숙원사업을 의논하는 날이었기 때문에 더욱 혼란스러웠다. 이렇게 어떤 일이 3개정도 겹치면 당연히 그 선택에 조금은 고민할 수밖에 없다. 포천 온천에서의 뜻밖의 사고에서는 업주가 영업상 일어나는 사고에 대해서 대처하는 태도가 너무나 안일하여 안전사고에 대한 불감증을 넘어 인간성 상실의 현장을 여실히 본 충격도 크다면 크다.

사실 이런 상황에서 나 혼자라면 고향의 이번 팸 투어를 포기했을 것이다. 하지만 외지인 두 분이 같이 약속한 터라 치료중이지만 약을 투약하며 고향 행 버스에 몸을 실었다. 무리만 안하면 해풍으로 상처소독도 하고 정다운 철새들의 노랫소리를 들으면 상처 치료에 도움이 될 것이다. 문중의 일은 총무와 나이 많은 조카에게 부탁을 해야만 했다. 서두에 이런 이야기를 할애하는 이유는 그만큼 황당한 일을 당하고 기분이 나빠도 고향에 대한 좋은 일들에 대해 무엇인가 보탬을 주고 싶기도 하고 고향을 찾아 유쾌한 마음으로 마음이 서로 통하는 사람끼리 고향을 돌아다니다 보면 세 사람 모두 얻는 것이 많음을 강조하기 위해서다.

남해터미널에 도착하여 시간이 촉박하여 가까운 거리지만 택시를 타고 유배문학관에 가니 이번 팸 투어를 기획한 조세윤 회장이 우리를 반겨 맞는다. 각지에서 모이신 초청 인사들은 한국물새네트워크, 한국 조류관련 전문가, 남해군 관내 언론사, 서울, 부산 향토 사진작가로 해당단체에서 30명을 초청한 걸로 알고 있고 이 분들과 함께 1박 2일의 팸 투어를 시작하는 것이다.

장소를 옮겨 선소 횟집에서 생선 미역국과 회로 점심을 든든하게 먹고 남해군청 담당과장을 대리한 분이 남해를 방문한 전문가 분들에게 감사의 인사를 전하신다. 사실 모든 행사에서는 지방자치단체의 지원이 있어야 모든 면에서 순조롭다. 주변의 장량상 동정마애비의 설명을 조회장으로부터 듣는데 강진만의 잔잔한 바다 위에 물새들이 간간이 뜨고 앉는다. 탐조관광의 대상이 조류이니 어김없이 카메라가 작동되고 망원경이 등장한다. 횟집 바로 앞과 옆이 그 유명한 강진만 철새 도래지며 갈대밭이다. 서서히 해안 도로를 걸으며 탐조 활동이 자연스럽게 시작된다. 다행스럽게도 오래전에 심은 도로와 갈대밭 사이로 소나무가 울창하게 자라 띠를 두르고 있고 사이사이에 심은 동백나무가 있어 조심조심 소나무와 동백나무 사이로 탐조활동을 해도 철새들이 놀라 날아가지를 않고 갈대 숲 사이의 물위를 유유히 헤엄치며 따스한 남쪽나라 남해 강진만의 여유를 즐기고 있었다.

'아! 고향에 왔구나. 물새 우는 따뜻한 내 고향 강진만 갈대밭에……'

봉천과 강진만은 이런 곳이었다. 잔잔한 감동이 넘쳐흐른다. 멀리 망운산 봉우리의 그림자가 봉천(鳳川)과 강진만 잔잔한 수면 위로 내려앉는다. 봉천의 물에 노니는 피라미들의 은빛 비늘과 떼 지어 노니는 붕어와 잉어들의 유영에 어릴 적 추억이 묻어난다. 어딘가에 참게와 장어들과 자라들과 물메기들도 굴을 파고 숨어 있을 것이다. 읍내 사람들의 휴식처요 빨래터이며, 아동들의 수영장이었고 겨울엔 썰매장이었다. 내가 태어난 죽산[竹山:대뫼] 사람들은 물론 성내(城內) 성 밖 사람들의 천렵장이었던 봉천의 또 하나 잊을 수 없는 추억으로 '곱실이 쓸기'가 있다. 봄철 못자리를 마치고 조금은 한가한 시기가 되면 우리 동네 죽산 사람들은 이 봉천과 동뫼의 잔디밭에서 봄놀이가 벌어진다.

동네 청년들이 가마니나 멍석을 길게 말아 학익진(鶴翼陣)을 펼치고 봉천의 자갈밭을 '시이소~ 시이소' 구호아래 좌우로 훑어 내려가면 골태기, 은어, 피라미, 미꾸라지, 붕어, 자라, 실장어, 송사리, 민물새우, 가재는 물론이고 장구애비, 잠자리 애벌레, 물장군, 물매암이, 소금쟁이, 물자라 등 수생곤충들까지 반두에 갇히게 되고 청년들은 '우~~~'하는 함성과 함께 묵직한 반두를 끌어 올리면 중간 정도로 자란 뱀장어와 강진 바다에서 올라 온지 며칠 안 되는 실장어는 알아서 반두 그물코를 빠져나가게 되고 퍼덕이는 알 밴 물고기와 잔챙이와 수생곤충들은 다시 물속으로 돌려보내며 쓸만한 놈들은 양동이에 담게 되는데 이렇게 몇 번 하면 동네 사람들이 모두 먹을 수 있는 국거리가 마련되고 국에 넣을 푸성귀는 근처 마늘밭에서 캐온 마늘과 시금치가 지천에 널려있고 봄동배추와 상추와 부추와 쪽파 대파도 주변의 밭에서 무한정으로 공급된다.

 일찍 심은 마늘밭에는 이미 마늘 쫑다리가 올라 올 때라 그 달착지근한 맛도 동네 축제에 선보이게 된다. 그리고 옆에 걸린 대형 가마솥 몇 개에서는 밥이 끓기 시작하고 다른 대형 가마솥에는 천렵해온 물고기로 국을 끓이게 된다. 또 한 쪽에는 통째로 삶는 돼지고기 냄새로 술꾼들은 안주가 공급되기를 기다리며 침을 삼킨다.

 이때쯤 봉천 자갈밭에는 석사대회가 무르익어 가며 멀

리 세워져 있는 나무 기둥을 돌로 맞힐 때 마다 '간주야~~~!' 하며 소리꾼이 외치게 되고 농자천하지대본(農者天下之大本)의 깃발을 높이든 동네 농악의 장구와 꽹과리에 맞춰 동네 사람들은 흥겹게 춤을 추게 된다. 또 한 쪽에는 척사(윷놀이)가 벌어지고 청년들은 모래밭에서 씨름으로 힘과 기술을 자랑한다. 그리고 봉천 용왕바위에선 한학과 역사에 밝으신 김노인께서 동네 아이들을 불러 모아 백일장을 열어 글 잘하는 아이에게 큰 상을 주시고 참가한 모든 아이들에게는 눈깔사탕을 선물로 주시고는 우리 동네와 읍성주변에 귀양 오신 어른들에 대한 이야기를 해주셨는데 지금은 기억에선 멀어졌지만 아마 소재 이이명 선생과 약천 남구만 선생, 후송 유의양 선생의 이야기가 아니었을까를 유추해 본다.

전설에 의하면 이 용왕 바위는 이 동네에 귀양 온 고관대작이 앉아서 하염없이 한양 땅을 바라보던 바위라고 전해온다. 이조 숙종조 목호룡의 고변과 정적들의 당파싸움에서 세종의 아들 밀성군의 8대손인 소재 이이명 선생이 남해에서 왕이 되기 위해 역모를 꾸미고 있다는 모함을 받아 남해로 내려온 금부도사에 의해 한양으로 압송되어 노량진에서 사사된 역사적 사실이 있음을 볼 때 이 마을의 용왕바위는 이 지역에 막대한 인문학적 흔적을 남긴 소재 선생을 기리며 바위도 용왕바위로 부르고 전설도 전해 오지 않았을까 하는 상상을 해 본다. 용이 승천했으면 강진바다로 나갔을 텐데 그러지 못해 이무기로 바위 밑 깊은 물에 숨어 있기에 이 김노인께서는 이곳에 멱 감으면 안 된다는 이야기를 해주셨고 여름철에 이곳에 멱을 감는 아이들의 옷을 몰래 감추셨으며 물밖에 나와 용서를 빌면 어른께서는 잘 타이르시며 옷을 돌려주곤 하셨다.

아마 아이들의 익사 사고를 막기 위한 배려였을 것이라는 생각을 해 본다. 실제로 어떤 아이가 이곳에서 멱을 감다가 온데간데 없어졌는데 나중에 강진 바다 한 가운데서 떠올랐다는 이야기가 전해온다. 이 용왕바위 심연의 밑바닥에는 강진바다로 통하는 용굴이 있어서 깊이 들여다보면 빨려 들어간다는 이야기도 전해온 좀 신비로운 곳으로 우리 어릴 적 뇌리에 남아 있는 곳이다. 그 용왕바위 주변의 논을 동네 사람들은 용왕마지기로 불러왔으며 용왕마지기 논을 보호하기 위한 제방의 물막이 역할도 했던 용왕바위는 봉천의 직강공사에서 파괴되어 모두 석축 쌓는 데 이용되었다.

봄 날 봉천의 단합된 동네잔치는 거의 100호를 넘는 동네 규모에 200명 이상이 참가하는 상당히 큰 축제로 이틀 사흘 계속되고 사람들은 단합된 마음으로 그 해 농사의 풍년을 기원하며 두레와 인보정신(隣保精神)의 맥을 이어갔던 것이다. 60년대 조국근대화의 초석을 깔던 새마을 사업이 한창일 때의 일이다.

* 흔들리는 맹세, 이렇게 가슴이 답답한 이유는 무엇일까?

　이렇게 옛날을 반추하며 바라보는 봉천에 내리는 물과 그 속에 노니는 피라미 떼들과 잔잔한 강진만 수면에 어리는 망운산 봉우리를 보며 갑자기 가슴이 답답해 온다. 어쩌면 저 정답고 신령스러운 망운산 시루봉이 어지럽게 돌아가는 풍력발전기의 프로펠러와 강력한 자기장과 고압전류의 전자파에 정령과 정기를 빼앗기지 않을까하는 안타까움에 젖어 들 수밖에 없는 이번 고향방문은 정말 혼란스럽기도 하다.
　하필이면 망운산이고 강진만인가? 새를 포함한 동물은 인간보다 청각이 몇 배가 뛰어나다. 무섭게 돌아가는 대형 프로펠러의 진동음과 반복되는 난반사에 괴로움을 당할 것은 뻔하다. 그리고 태양광 발전의 판넬에서 쏘아 올리는 반사광을 철새들이 기피할 것은 더욱 뻔하다. 그리고 고압으로 흐르는 전류도 위험하다. 어느 날 이번 장마나 태풍처럼 전선이 물에 잠긴다면 전체 갈대밭과 주변의 철새나 수생동물들이 떼죽음을 당할 수도 있을 것이다. 그리고 판넬이 파손되면 유독물질이 흘러나올 텐데 이를 또 어찌할 것인가?
　우리는 이미 몇 년 전에 무슨 공해를 유발할 수 있는 조선시설이나 발전시설 등을 우리 고향에 들이지 않고 미래의 무한한 가치를 위해 청정지역으로 남아있기로 군민투표를 통해 확실한 방향을 정한 바가 있다. 그 맹세가 흔들리고 있다. 세태가 흔들리고 배신의 시대라고 하지만 눈앞의 이익에 눈 멀어 우리와 우리 자손들의 미래를 생각한다면 결코 그래서는 안 된다.

내 고향 푸른 해풍은 아직까지 청정해서 그 바람을 먹고 자라는 마늘과 시금치나 약초가 바로 청정 보약이며 보물이다. 맑은 해풍과 미네랄의 기운으로 윤기를 더욱 강력하게 발산하는 동백나무 잎 사이로는 동백꽃 역시 붉게 탄다. 오염되지 않은 맑은 물에서 자라는 어족 자원은 미래의 희망이다. 회원들은 해안도로에 줄지어 선 청솔 푸른 바람과 동백나무의 윤기어린 잎 사이에서 청정 남해를 느끼며 갈대숲 사이로 흐르는 봉천 탐조길을 타고 오르며 철새를 만난다. 쇠백로가 여유롭게 서있는 야트막한 큰 웅덩이에 멀리서 맨눈으로는 식별이 불분명한 한 떼의 새를 본다. 다시 위쪽으로 눈을 돌리니 큰고니가 깃을 치며 여러 마리 노닐고 있었다. 그런데 어떤 분의 설명을 들으며 강진만 철새도래지 관리에 대한 어두운 그림자를 또 한 번 느낀다.

어느 날 불도저를 동원해 그 작은 호수의 매립을 시작하는 바람에 큰고니 떼가 크게 놀라 모두 반대쪽으로 날아갔는데 얼마 전 공사가 끝나니 다시 돌아왔다는 것이다. 이런 상황을 보고 어느 누가 철새도래지로서의 높은 점수를 매길 수 있을까?

 적어도 철새도래지로서의 명성을 유지하며 관광객이 올 수 있게 하려면 이런 문제부터 해결해야 하지 않을까? 그리고 지난 번 태풍의 영향으로 밀려 내려온 각종 폐비닐이나 플라스틱 종류의 쓰레기가 길옆에 그대로 방치되어 있으니 참으로 철새도래지로서의 난맥상을 본다.

 이 길은 철새 도래지를 돌아 볼 수 있는 길이기도 하지만 읍에서 봉천을 타고 내려와 강진 바다 해안도로까지 연결된 군민들의 산책길이기도 한데 하루 빨리 이 지저분한 쓰레기를 처리해야 할 것 같다. 그것보다 당장 발등에 불이 떨어진 사태는 바로 쓰레기의 집합체인 쓰레기 매립장이 옮겨갈 약속을 어기는 것 같다. 이래서는 안 된다. 정말 안 된다. 쓰레기 매립장에는 알게 모르게 악취나 침출수가 흘러 나올텐데 그 오염된 물이 강진바다로 스며들 것을 생각하니 모골이 송연해진다.

* 어린 시절을 생각한 봉천 건너기

 산책로를 타고 오르다가 징검다리가 있는 곳에서 같이 간 두 분이 벤취에 앉아 쉬고 있는 틈을 타서 어릴 적 추억을 반추하며 그 징검다리를 건너 반대쪽으로 갔다가 못

볼 것을 본다. 갈대 숲 길 사이로 널부러진 철제 기둥과 철판들이 얼마 전 이곳에 무슨 일이 있었는가를 대변해 준다. 태양광 발전을 위한 판넬을 얹어 지지하기 위한 바로 그 철 기둥과 철판들이다. 그리고 침수한 물에서 건져 낸 판넬들, 아직 개봉도 못한 채 갈대밭 주변에 쌓여 있는 것들, 이렇게 갈대숲과 외진 곳에 숨겨 두어도 하늘은 보고 관심 있는 사람들은 다 본다. 새들의 눈은 더 밝으니 하늘에서 더욱 정확하게 내려다본다. 만약에 내년 2월 15일까지도 치워지지 않는다면 제1회 보물섬 남해 한국철새박람회를 보러오는 전문가는 물론 참가하는 전국의 관광객이 다 볼 것이며 세계적인 조류학자들이 볼 것이며 외국관광객도 물론 이 풍경을 볼 수밖에 없을 것이고 돌아간 사람들은 또 이러한 난맥상을 전할 것이다. 아니 SNS로 실시간 전송될 것이다. 보통문제가 아니다. 빨리 정리되기를 바랄뿐이다.

  지난 9월 태풍 콩레이로 인해 강진만으로 통한 이 철새 도래지가 침수될 때 태양광 발전시설공사를 하고 있던 이곳이 이렇게 만신창이가 되었다고 한다. 이곳은 강진만을 간척할 때 쌓은 제방으로 생긴 늪지대인데 폭우가 쏟아지는 시간과 만조시간이 겹칠 때는 수문이 닫혀 물이 빠질 수 없으며 엄청난 수위로 순식간에 물이 차오르는 곳이다. 이런 침수지역에 태양광 판넬을 깐다는 생각을 한 자체가 도저히 이해가 안 되는 부분이다. 더구나 이곳은 남해가 자랑하는 철새도래지어서 외래 관광객들이 탐조를 많이 오는 곳이다.

시설을 중단한 곳에 연두색 휀스가 둘러쳐 있었는데 판넬을 걷어 낸 바닥에는 헤아릴 수도 없는 쇠말뚝이 처참한 몰골로 줄지어 그 머리를 드러내고 있었다. 태양광을 받고 자라야 할 갈대는 이미 다 쳐내고 맨땅이다. 만약 태양광 판넬이 깔린다면 솟아오르는 갈대는 모두 쳐낼 것이고 그것도 귀찮으면 제초제를 뿌릴지도 모른다. 생각만 해도 끔찍하다. 그리고 휀스에는 '위험 특고압' 이라는 경고판이 붙어 있었다. 철새도래지에 이런 시설은 정말 고려의 대상이 될 수 밖에 없다. 조류에 대한 홍보와 한국최고의 생태관관광지로서의 자림 매김 1호 페브루어리 플라워(February Flower)호는 이러한 난맥상부터 해결해야 순풍을 받을 것이라고 본다.

관광두레를 통하여 주민이 만드는 지역관광을 위한 2019년 제1회 보물섬 남해 한국철새박람회의 성공적 개최를 위한 전국조류관련 단체 및 전문가를 초청한 팸 투어 현장의 현주소를 보며 나름대로 아연실색하지 않을 수 없다. 보물섬 남해의 철새테마관광에 대한 프로그램지원과 새로운 탐조관광의 길을 모색하는 계기로 삼을 팸 투어 첫날에 받은 큰 충격이다. 서울에 사는 향우들은 고향을 보는 눈이 남다르다. 고향사람들은 고향나무를 보지만 나와 같은 향우들은 고향 숲을 본다. 고향이 잘 되는 것이

향우들이 잘 되는 것이다. 가깝고 먼 조상들의 뼈가 묻혀 있는 곳이고 우리들의 근원은 고향에서 시작되었으며 정신적 안테나는 항상 고향의 주파수에 맞춰져 있다. 나는 내년 2월의 2019년 제1회 보물섬 남해 한국철새박람회를 손꼽아 기다린다. 더 많은 향우님들과 함께…….

나의 문필생활은 한 시라도 고향을 떠나 생각한 적이 없다. 2012년도 이후에는 발간된 적이 없는 재경남해향우회지 2012년도판 '남해가 그리운 사람들' 향우회지 편찬위원장을 맡아 고향 10개 읍면의 스토리를 강조해 실었고 남해중/제일고 총동문회지 창간호 '망메새'의 주간을 맡아 역시 그러했고 지금의 재경노원구남해향우회장을 맡아 역시 고향을 노래한 회장 인사를 빠뜨린 적이 없다. 고향 까마귀들의 한결같은 합창이다. 개인 시집을 3권 내었지만 그 곳에도 고향에 대한 주제가 압도적으로 많다. 어찌 보면 향수병이다. 몇 년 전에는 한국문단원로 40여 명을 안내하여 동네 후배가 운영하는 서면 바닷가 절벽에 위치한 어느 시설에서 1박 2일 워크샵을 개최한 적이 있는데 그 주제는 남해유배문학과 현대 남해출신 문인들이나 타지출신 문인들이 쓴 남해를 주제로 한 작품을 통해 남해의 정신을 알려드리는 것이었고 남해의 풍광을 소개하는 것이었다.

내년 2월에는 더 많은 사람을 모시고 고향으로 내려가 강진만 철새의 낙원을 거닐다가 오고 싶다. 이번 투어에 같이 가신 두 분은 모두 서울 태생이시다. 각 분야의 전문가이시며 시대를 꿰뚫어 보시는 높고 깊은 혜안을 가지신 분들이다. 이 분들이 남해를 보는 눈이 너무나 정확한 데 저어기 놀라고 있다. 이분들이 이 번 투어를 마치고 나에게 제안해 온 것은 셋이서 남해로 내려와 살자는 것이었다. 나는 마음속으로 정했다. 내려올 곳은 당연 이 강진만 철새 도래지 부근이라는 것이다. 정다운 선소항구, 고즈넉한 토촌의 쐬섬, 남해 진산 망운산의 물을 받아 내려 강진만으로 들여보내는 봉천 부근의 해안에 접한 곳이면 어디라도 좋다. 강진만을 모두 볼 수 있는 아마 군둔산 중턱 어디쯤이 되지 않을까? 아니면 남해 어디라도 좋다. 남해의 모두가 좋기 때문이다.

  남해는 해마다 우리나라에서는 가장 많은 200종의 철새가 찾아오는 새들의 낙원이다. 국제적으로 중요한 물새들 가운데 검은머리갈매기, 검은머리흰죽지, 노랑발도요, 중부리도요, 4종류가 전 세계 최소 숫자의 1% 이상 남해 갯벌에서 살고 있다. 특히 IUCN(국제자연보호연합)특별보호종으로 지정된 흰목물떼새, 알락꼬리마도요, 쇠청다리도요사촌 3종류와 천연기념물인 팔색조와 검은머리물떼새가 존재하고 있다. 새는 생태계의 지표종으로 새들이 살 수 없는 환경에서는 사람이 살수 없다고 어느 자료에 기록되어 있었다.

* 그리고 자신감과 희망을 보며

　석식을 하기 전 사랑채의 아늑한 공간에서 1차 간담회가 1시간 이상 진행되었다. 전문가들의 발표는 2019년 제1회 KBF(한국철새박람회)의 성공적 개최를 위한 자양분이 되어야 하기 때문에 아주 심도 있게 차분히 진행 되었으며 미해결된 사안은 명품게스트하우스에서 2차 간담회로 미루고 석식으로 들어갔다. 멸치 쌈 정식, 고향 맛이 살아 숨 쉰다. 그리고 질 좋은 고향 바다의 멸치볶음은 다른 어느 곳에서의 맛과 비교할 수 없을 만큼 우수하다. 그리고 해양체험활동을 자원한 6명의 회원이 바다로 나가 해양체험에서 잡아 올린 생선을 굽는 냄새가 고즈넉한 해안에 짙게 깔린다. 일일 갑판장이 되어 쿨러에 가득한 어획고를 올린 필자는 팸 투어가 끝나는 날까지 일등 갑판장이라는 별명으로 불리는 영광을 안기도 했다.

　숙소인 명품게스트하우스로 돌아온 회원들은 주민사업체 활성화 토론회인 제1회 KBF(한국철새박람회) 성공개최를 위한 2차 간담회를 가졌는데 전문가들은 좋은 의견들을 많이 내어 놓았다. 아무도 봉천의 징검다리를 건너서 갈대밭에 가려져있는 태양광 발전의 중단된 폐허를 본 사람이 없는 것 같다. 당연히 철새들의 환경과 먹이가 되는 봉천의 수질과 그 물에 사는 물고기들도 관찰의 대상이 되어야 할 텐데 이 분들은 카메라와 망원경의 포커스를 철새들에게만 맞춘 듯하다. 나는 간담회의 자리에서 내 고향 강진바다의 치부를 차마 말할 수 없었다. 그 분들은 갈대밭에 가려진 태양광 발전의 현장에는 못 가봤을 것이다. 그 걸 보고 가만있을 사람들이 아니다. 어쩌면 더 알려지기 내년 2월 전에 우리 고향에서 조용히 처리해야 할 일인 것 같다.

 2차 간담회의 주된 의제에 대한 결론은 강진만에 대해 물새들의 보금자리인 습지를 야금야금 먹고 있는데 대해 우려를 표명하며 이번 KBF(한국철새박람회)를 통해 강진만이라는 철새 서식지를 널리 알리고 그리고 강진만은 미래 세대에 크나큰 지역사회의 미래를 담보하는 사례로 남아서 전 지역으로 파급효과를 내는 성공적인 대회가 되기를 모든 단체에서 힘을 보태야겠다는 결론을 내렸으며 2019년 2월 15일~17일 3일간 시작되는 제1회 KBF(한국철새박람회)가 너무 촉박하지 않느냐는 우려에 대해서 조세윤 회장은 이미 남해군 의회에서 3,000만원의 예산을 통과해서 지원해준 사업인데다 다른 유관단체의 협조를 얻어 큰 욕심 내지 않고 알찬 대회를 열수 있다는 자신감을 피력하였고 이 계획은 벌써 1년 전부터 준비해온 것이기 때문에 이제 실행만 남았다고 하면서 1월 10일까지

개별단체에 취지, 내용, 협조사항의 공문을 보낼테니 많은 협조를 부탁한다고 하였다.

둘째 날에 물건의 방조어부림과 독일마을 방문을 마친 회원들은 남해인의 지혜와 조국근대화의 밑거름이 되었던 파독 광부와 간호사들의 눈물어린 이야기와 그 당시 국가 원수에 대해 다시 감명을 받는 기회를 가졌고 어제 돌아본 가천 다랭이 마을과 바랫길 등의 남해생태관광자원과 연계한 탐조활동에 큰 기대와 희망을 걸 수 있다는 점을 이구동성으로 말했으며, 남해는 다른 지방과 차별화된 유배문학의 메카로 자리 잡고 있고 한국최초의 유배문학관이 있으며 독특한 특산물이 많이 나고 죽방렴 같은 조상의 지혜가 서려있는 곳 등 생태관광자원이 무궁무진한 만큼 2019년 2월 15일~17일 3일간 개최되는 제1회 KBF(한국철새박람회)에 더욱 성공적인 요소가 될 수 있다는 확신을 가졌으며 조세윤 회장은 거기에 대해 이미 큰 그림과 작은 그림이 완성된 듯 개략적인 프로그램을 발표하기도 했다. 즉, 유배문학관이나 실내체육관에 부스 수 십 개를 만들어 참여 단체, 군민들이 쓰게 하고 각 지역의 특산물도 전시하고 선소와 토촌 주변의 해안도로를 계속 순환운행하며 조류탐사 전문가들의 설명을 곁들이면서 생태관광과 연계될 수 있도록 문화관광 해설사의 활동도 추진하겠다고 했다.

한국관에서 점심을 먹을 때 남해군의 담당과장이 나와 남해를 찾아온 조류전문가들에게 고맙다는 인사를 했으며 성공적인 제1회 KBF(한국철새박람회)가 될 수 있도록 많은 관심을 가져주시라는 부탁의 말씀을 전하고 다시 유배문학관으로 돌아온 회원들은 내년 대회 때 만나기를 약속하며 각자 자기 지역으로 돌아갔다.

유배문학관에서 다른 분들과 내년 2월에 만나자는 작별 인사를 하고 필자는 두 분을 안내하여 효자문 삼거리에서 시내로 들어오며 전봇대 전깃줄이 없는 남해 문화에비뉴를 걸으면서 우리 고향의 문화에 대해 설명해 드렸다. 다시 두 분과 함께 택시를 대기료 포함 왕복으로 계약하여 금산으로 달렸다. 서울로 올라갈 17시 버스를 19시로 막차로 바꿨다. 언제 봐도 감동인 남해 금산, 보리암에서 점점이 떠있는 섬과 바다를 바라보는 자체는 필설로 다할 수 없는 감동을 준다. 오죽했으면 필자의 3번째 시문집 '읍성의 문창에 시혼걸기'의 표지는 이것으로 했을까? 가락국 김수로왕의 왕비가 된 허황옥 황후가 인도에서 가져온 돌로 쌓았다는 보리암 삼층 석탑에 나침반을 놓고 신비한 이변을 두 분께 보여드렸다. 다른 곳의 금산관광을 마치고 저녁식사는 남해 재래시장에 들어와 수족관의 살아있는 활어도 구경하고 생굴과 마른 고기를 안주하여 남해산 막걸리로 목을 축이고 물메기국에 밥 한 그릇을

뚝딱 마치고 터미널로 가서 찻집에서 차를 마시며 팸 투어의 비하인드 스토리를 들춰보는 시간을 가졌고 남은 시간은 이번 1박 2일에서 남긴 추억의 사진들을 카톡으로 서로 전송하는 시간을 가졌다.

〈후기〉

그 후 제1회 KBF(한국철새박람회)는 2019년 11월 2일과 3일 양일간 2,000 여명의 군민들과 학생 그리고 국내외 관계자들의 참석하여 성황리에 개최되었다. '철새들의 서석지 보전과 탐조관광 활성화'를 목적으로 한 이번 행사는 '플라스틱으로부터 새들을 구하자'라는 주제로 남해군유배문학관 광장에서 30여 개 지역에서 참여한 다양한 철새에 관한 체험부스들과 남해관광 두레 플리마켓 그리고 남해군 합창단의 합창과 전남 순천만에서 온 흑두루미 춤 공연들이 이어지며 남해군민들이 경험하기 힘든 의미 있는 철새축제가 펼쳐졌다.

2019년 필자의 팸투어 당시 우려했던 태양광 발전의 후유증으로 널려있었던 쓰레기나 자재들은 주최 측에서 잘 처리하였을 것으로 본다.

하지만 얼마 전 고향신문을 보다가 태양광 발전시설을 했다가 만신창이가 되었던 그 곳에 또 태양광 발전소 공사를 한다는 소식을 접하게 되었다. 생태환경은 정치적

구호가 아닌 과학을 기반으로 하여 시행되어야 한다. 예를 들어 청정에너지를 개발해야 하는 것은 옳은데 전문가들이 폭발 위험이 없다는 비등수형 원자로로 된 우리 원자력 발전소를 갑자기 정지 시키고 태양광 발전소를 어지럽게 건설하는 것이 과연 옳을까?

한 해에 축구장 3천 개 넓이나 되는 수풀을 훼손하고 태양광 발전소를 설치하는 모순을 이대로 놓아 둘 것인가? 수풀뿐이 아니라 강진만 철새도래지에도 태양광 발전소를 설치하겠다는 착상은 더 큰 문제점이 있는 것 같다. 모두가 주목하고 있는 한국 철새 도래지에 이 시설을 꼭 해야만 하는지 관계기관과 군민의 지혜를 모아야 할 때다. 국내외적인 철새도래지로 되었을 때 국내외 철새 탐조인들이 이곳에 태양광 발전 시설이 설치되어 고압전류가 흐르는 고압 전선이 거대한 철탑에 걸려 있다면 아마 기겁을 할 것이며 두고두고 조롱거리로 남을 것이다. 왔던 철새도 돌아갈 이런 시설은 근시안 적이다. 강진만 수려한 경관을 망칠 이런 일은 제발 하지 말아야 한다.

그리고 철새 도래지에 자리한 쓰레기 매립장은 다른 곳으로 이전한다는 발표가 났다. 세계적인 철새도래지로 도약하는 이 강진만에 날아온 희소식이 아닐 수 없는데 태양광 발전소의 어두운 소식도 철회되기를 비는 마음 간절하다.

청풍(淸風)

언제나 부채 바람 서늘하여 개운하다
님들이 던져주신 바람의 향기 따라
흔들린 마음 추슬러 제자리를 지킨다

등단을 새겨주신 시천님 어떤 귀향
중하에 보내주신 구산님 무애부채
묵향을 전해주시던 스승님 단오부채

청풍이 돌아돌아 무아에 머무를 쯤
홀연히 태극선이 가까이 다가와서
난향을 같이 섞으며 삼태극을 돌린다

요즘 어쩐 일로 부채를 많이 생각하게 되는지 무슨 바람이 일어 부채를 자주 들먹이는지 모르겠다. 필자가 날마다 즐겨하는 운동 중에 태극선이라는 부채가 손에서 떨어질 날이 없어 혹시 그런지도 모르겠다.

오랜 전에 남해향우회카페의 온라인과 오프라인에서

신선한 바람을 일으켜 주신 구산 김성렬님이 선물로 주신 묵향의 부채를 다른 부채와 나란히 놓고 옛일을 되새겨 생각하는 시간을 가져본다.

  필자의 등단시를 부채에 소중히 담아주신 시천 유성규님의 등단 축하 합죽선은 시풍을 제대로 전하라는 분부셨고 서실에서 계절 오는 줄 모르고 묵향에 젖어 있을 때 일으켜 주시던 서실 스승님의 단오 부채, 삶의 올곧은 바람이 저절로 흘러나오는 님들이 주신 부채의 바람, 심신이 노곤할 때 바라만 보고 있어도 허접스런 바람을 물리치는 부채의 묵향 바람, 그 맑은 바람에 머릿속도 청량해짐을 느낀다.

  오늘 갑자기 그 부채의 바람이 그리워지는 것은 몇 년간의 세월이 너무 시끄럽고 혼탁하여 무의식중에 꽤나 마셔버린 그 치졸한 세상 공기를 부채의 묵향바람에 날려 보내고 새로운 청량함을 모셔 와서 모두가 떳떳하였으면 좋겠다는 생각이 뇌리를 스치기 때문이다.

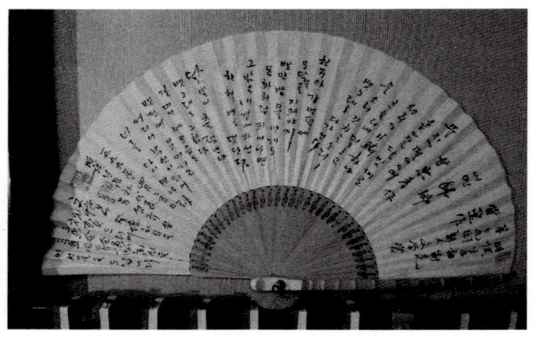

술과 술 부대

> 아이락 한 잔 술에 세상판도 그려 본다
> 좋은 술 어쩌다가 썩은 부대 담겼다가
> 탁류에 휩쓸려가니 이를 어찌 붙드나?

몽골을 여행할 때 게르에서 몽골인이 '아이락'이라 부르며 떠 주는 새큼한 마유주(馬乳酒)를 마시면서도 눈은 마유주 부대를 떠나지 않았다. 말가죽으로 만든 술 부대를 보면서 '새 술은 새 가죽부대에 담아라.'라는 성경의 말씀이 생각났다. 왜 하필이면 가죽 부대인가? 옛날에는 술을 양 가죽으로 만든 부대 속에 넣었는데 이는 교통이 불편하던 시대에, 원거리로 운반하기에 편한 까닭이었다.

초원을 이동하며 생활하는 몽골 유목민들에게 가죽 부대는 참 편리하리란 생각이 들었다. 필요할 때만 담고 그럴 필요가 없을 때는 말려서 접으면 부피도 작고 가벼워 얼마나 편리한가? 이사 갈 때 무겁고 부피가 큰 빈항아리를 낑낑거리며 옮길 때를 생각해보면 그 답이 나온다. 더구나 까딱 잘못하여 금이 가거나 깨어지지 않게 하려면 여간 신경 쓰이는 게 아니다. 미국의 서부 영화에서 말을 타고 사막을 달리다가 목마르면 마시는 물도 가죽부대에 담겨져 있다. 말 등에 물 항아리를 얹어 다닌다면 얼마나 불편할 것인가.

'새 술은 새 가죽부대에 담아라.'는 축약된 표현이고 원래는 신약 마테 복음 제9장 제17절에 '새 포도주를 낡은 가죽 부대에 넣지 아니하나니 그렇게 하면 부대가 터져 포도주가 쏟아지고 부대도 버리게 됨이라 새 포도주는 새 부대에 넣어야 둘이 다 보존되느니라.'로 되어있다. 이 성경의 가르침의 뜻은, 받아들이기에 따라서는 여러 가지로 가닥 지어진다. 새로운 사상은 새로운 표현형식이 필요하다는 것으로 내용이 다른 때는 형식도 같이 달라진다. 즉 표리부동(表裏不同)해서는 안 된다는 의미로, 문예, 예술 분야에서 많이 적용한다.

우리 인류는 이 성경의 말씀을 만고의 진리로 믿으며 수 천 년을 살아왔다. 역사의 고비마다 이 술 부대는 터지고 술은 쏟아져 나왔다. 쏟아진 술은 썩은 술도 있었고 그렇지 않은 술도 있었다. 새 술로 부대에 담겨졌다가 그 부대가 썩은 것이어서 허망하게 쏟아진 경우도 있었고 담겨지지 말았어야 할 썩은 술이 새 부대에 담겨져 그 부대마저 썩게 한 경우도 있었다.

'나는 새 술이고 새 부대에 담겨져 썩지 않고 여러분을 실망시키지 않겠습니다.' 라는 의미의 약속을 다짐하던 자들도 그 술의 유효기간을 견디기는커녕 그 부대의 마개를 막기도 전에 썩어서 터지는 것을 많이도 보아왔다.

우리는 불안하다. 세상사 수없이 많은 종류의 술이 담긴 술 부대가 좋은 세상의 좋은 기호품을 신선하게 보존하여 우리를 즐겁게 하는 것이 아닌, 언제 어디서 터질지 모르는 우환의 대상으로 우리에게 각인 된 것은 참으로 슬픈 일이다.

몽골말의 모태가 품어내는 기운이 담긴 마유주가 신선한 가죽부대에 담겨졌다가 유라시아 정벌의 몽골 대평원 영웅들의 고단함을 풀어주었다면, 근면, 자조, 협동의 새마을 정신을 바탕으로 조국근대화 작업에 박차를 가하여 온 세계가 부러워할 만한 고도성장으로 급기야는 세계 10대 경제대국을 이룩한 이 나라를 소란스럽게 하는 졸장부들의 술 부대와 술의 역할은 참으로 초라하고 부끄럽다.

이미 술 부대에 들어가기도 전에 시어버린 경우도 허다하다.

제7부
신축(辛丑)년의 기세(氣勢)

보는 것과 먹는 것
유월에 만난 죽마고우(竹馬古友)
신축(辛丑)년의 기세(氣勢)
철골 소심(鐵骨 素心)
속죄(贖罪)
머리맡의 세 점 돌
피지도 못하고 죽을 것들에 대한 응답
思鄕 片片 十二首
오덕(五德)이 실려오는 소리

보는 것과 먹는 것

세상을 돌다보면 친구가 생겨나고
스승도 생겨나고 제자도 생겨난다
오늘은 버섯 스승의 가르침을 배운다

네로의 그 호강을 산중에서 누려보니
가르침 주신이가 고맙기도 하려니와
그 버섯 맛의 정령을 만난 것도 큰 행운

옷 입는 망태 버섯 이렇게 볼 줄이야
여왕의 거실 안에 초청받은 남자 되어
반나절 동영상 찍기 사라진 여왕이여

아침 일찍 미끈한 몸을 밀어 올리고 곧 노란 망사 드레스를 두르는 버섯, 이름하여 노란망태버섯이라고 한다.
　노란 그물을 짜며 자기 몸 두르기 2~3시간 후에는 그 찬란함을 끝내고 이내 시들고 마는 버섯이다.

　사진 찍기를 좋아하는 사람은 이 버섯의 현란한 드레스

입는 모습을 촬영하려 새벽부터 산을 뒤진다. 운 좋게 땅 거죽을 뚫고 나오는 이 노란망태버섯의 출현을 알아차린 사람은 곧 드레스를 올올이 짜는 노란 빛의 향연을 보게 되는데 실로 황홀하기 짝이 없다.

어떤 사람은 땅을 뚫고 올라와서 3시간 정도 펼쳐 두르는 노란 망사드레스의 현란한 모습을 시종일관 동영상으로 찍은 사람도 있다. 어떻게 이리 아름다운 색을 내며 그물을 짜는지 신비 그 자체다. 이렇게 그물옷을 걸치고 허무는 버섯을 여왕버섯이라고도 하는데 그 우아함과 아름다움이 버섯의 최고라는 뜻일 것이다.

어제 본 것은 밋밋한 드레스였지만 오늘은 아주 현란하게 넓게 펼쳤다. 지체도 높지만 풍만한 모습에 우아하기

까지 한 여왕의 모습에 다름 아니다. 한참 가다가 또 만난다. 이번에는 여왕이 쭈그리고 앉았다. 여인들이 쉬~를 하는 모습과 닮아 있다. 노란 망사 드레스가 완전 한 겹 접힌 것이 이채롭다.

이 노란 망태버섯은 식용이다. 그것도 중국에서는 아주 귀한 손님에게 대접하는 버섯이라고 한다. 보기로는 노란 망태 버섯이 일품이고 맛으로는 달걀버섯이 로마의 네로 황제가 같은 량의 금을 하사하며 구해 먹었을 정도로 탁월하다. 그래서 황제버섯이라는 이름도 붙었다. 달걀버섯을 호박잎에 싸서 참기름에 볶아 맛을 보니 네로황제의 일화에 수긍이 가고도 남는다.

고향에 살 때는 노란 망태버섯이나 달걀버섯이 있는 줄도 몰랐는데 이곳에서 버섯을 잘 아는 사람과 산행을 하면서 두 버섯을 즐기는 것도 호강이라면 호강이다.

유월에 만난 죽마고우(竹馬古友)

유월에 내비치는 우리 추억 푸르고나
그 바다 그 들녘을 찾아 나선 사람들아
우리는 어깨동무로 남은 세월 그리 살자

봄비가 흠뻑 내린 고향 들녘 물고랑에
벗은 발 찰랑이며 송사리 떼 쫓던 시절
친구여! 밀 구워먹던 그 언덕도 생각나니?

하나 둘 떠나가서 오늘 여기 못 왔구나
삶은 그저 나그네 길 앞서거니 뒷서거니
그러다 어깨동무로 오늘처럼 만나는 것.

일흔 고개 보이는가 멀어서 아득 터니
어느 새 코 닿을 듯 성큼 닥아 왔구나
짐 벗어 던진 이후로 가벼워서 빨리 왔나?

레이저 눈빛으로 들판에 나가보세
유월의 에너지가 짙푸르게 녹아들어
우두둑 뼈마디에서 기가 솟아 흐를걸세

2년후면 인생 칠십 근골(筋骨)이 문제렸다
가볍게 위밍하며 늦지 않을 날을 위해
오늘을 헹가래치며 지금부터 준비하세

초등학교 동기생들의 동창회는 참 정답고 허물이 없다.

3년 전 2017년 6월 10일 충주의 계룡산 동학사 부근의 어느 산장에 초등학교 동기생들이 모였다.

세월의 흐름을 막을 수는 없어 먼저 간 동기생들이 해마다 늘어나고 그럴수록 남아있는 죽마고우들은 어깨동무에 힘준다. 서로 건강을 염려해 주며 끝까지 오래 같이 가자는 뜻이다.

해마다 개회식 프로그램에 축시 낭송을 넣는 바람에 그 때도 축시하나 지어 친구들에게 들려주었다. 이 날도 축시 낭송을 할 때 친구들의 몰입수준은 대단했다. 낭송이 끝나자 박수갈채는 물론이고 곳곳에서 엄지손가락들을 치켜세우는 사인을 보내준다. 유월에 만난 죽마고우(竹馬古友)의 시는 어렸을 때의 추억을 불러내며 앞으로 남은 생에 활력소를 불어 넣어 주기 위한 것이었는데 아마도 그게 마음에 와 닿았는가보다.

그리고 60대를 넘기면서 관절보호나 성인병 등을 막아보자는 취지로 몇 년 전부터 내가 할 수 있는 우슈/쿵후 태극권, 태극검, 태극선 시범을 보여주기도 한다. 이 나이에 무슨 무술을 할까마는 양생 차원의 몸놀림들이 잘되면 온 몸이 살아나기 때문에 권장 차원에서 시범을 보이는 것이다.

여느 동창회와는 좀 다르게 시낭송도 하고 기타연주는 물론, 초등학교 학예회 때 연습했던 하모니카 삼중주도

선보인다. 부산교육대학을 나와 교편을 잡았던 여자 친구의 탁월한 지휘로 교가 제창은 준비해온 악보를 보고 2절까지 우렁차게 제창하며 어린 시절로 돌아간다.

올해는 서울 친구들이 주관하여 남해, 부산 등 전국의 동기동창들을 불러 모으기 위해 일찍이 충북 단양의 호텔까지 예약해 두었으나 중국 우한 발 괴질이 길어지는 바람에 해약하는 사태가 벌어졌다.

고향으로 가는 추석 성묫길도 여의찮은 상황이니 100명 가까운 죽마고우들의 금년 만남은 접을 수밖에 없었다. 바이러스에 주눅이 들어 칩거하며 면역력을 죽이며 사느니 보다 방역수칙 지키며 죽마고우들과 즐거운 시간을 가지는 것이 오히려 면역력을 키우는 계기가 될 수도 있을 것이라는 생각도 해 봤다.

어쨌거나 이 바이러스로 인해 만물의 영장이라는 인간이 이렇게 주눅이 들었던 때는 일찍이 없었던 것 같다. 지나친 공포심으로 비참하리만치 움츠려 있는 것 보다는 열심히 운동하고 섭생에 주의하며 긍정적으로 생활하는 것이 면역력을 키워 질병과 싸워 이기는 확실한 방법이다.

〈신년축시〉

신축(辛丑)년의 기세(氣勢)

역질에 주눅 들어 일상이 해체되니
사는 게 뭐가 뭔지 가끔씩 헷갈리고
마스크 뒤집어쓰니 내 이웃도 몰라 봐

거기다 모자 쓰면 눈빛마저 가려지고
나는 나, 너는 너 뿐 안광마저 희미하니
경자년 기나긴 터널 신축 해는 보이는가?

그래도 해맞이로 뒷산 능선 올라서서
뜨는 해 바라보며 힘을 얻은 맹세 하나
역질을 바수어버리는 그런 것이 아닐까?

테스형 떠난 자리 라톤형은 안 계신가?
텔레스형 그 형 또한 불러 볼 날 있으려나?
불러도 입마개 벗고 기세 좋게 부르자

모든 걸 제자리로 돌려놓는 해가 되어
코로나 핑계로는 더 이상 기지 말자
백신과 치료제 나와 영장답게 살기를!

어차피 면역만이 삶의 원천 고향이다
어릴 적 황토밭에 뒹굴었던 그 시절엔
아토피 면역결핍증 그런 것은 없었다

때맞춰 운동하고 섭생에 몸 맞추고
물 흐르듯 곱게 살면 역질은 건너뛴다
신축년 새 날개라면 새 세상도 열릴 듯

철골 소심(鐵骨素心)

> 작년에 한 대 올려 이름만 전하더니
> 금년엔 일곱 대가 모든 걸 전해준다
> 향기도 향기려니와 소심 먼저 맑으오
>
> 이름이 말해주듯 강건함이 으뜸이오
> 티없는 꽃잎마저 소복으로 가을맞이
> 그 속에 마음을 두고 마주 앉아 있다오
>
> 언젠 적 우정으로 이리 피어 만나보니
> 정든 님 그 소식도 난향으로 다가와서
> 내 심사 흔들어 깨워 어깨동무 내 동무

    중국란 철골 소심은 그 이름이 말해주듯 잎의 기세가 강건하여 무사의 강검을 보는 듯하다. 꽃잎이나 화설에 티가 없이 맑아 소심이라 한다. 향기 또한 순하고 은은하여 고고한 군자의 도를 전한다.
    금년에 비배관리를 잘했는지 무려 일곱 대를 올려 집안

을 온통 난향으로 적신다.

　가을을 알리는 추란이 조금 늦게 무서리 내리는 가을의 끝머리에 피어 더욱 강건한 느낌을 준다.

　2007년 제1시조집 《크리스털의 노래》를 출판하여 그해 1월 종로 국일관에서 향우님들과 문우, 지인 들을 모신 출판기념회 때 고향 향우님께서 주신 선물이기에 잘 키워 지금까지 보전하고 있다.

　난에 대한 이야기는 참 많다. 사군자로서의 뜻이 깊어 그 고매한 자태도 자태려니와 향기 또한 품위가 있어 일찍이 난향에 대한 이야기도 많이 전해 온다. 난향천리 인향만리라 하여 옛 선비는 난을 가까이 두었고 금란지교(金蘭之交)의 뜻을 새기며 쇠같이 단단하고 난초처럼 향기로운 사귐으로 친한 친구 사이를 이어가기도 했다.

이러 저러한 난의 소중한 이미지로 하여 좋은 일에 선물을 많이 하는 이 난은 주는 이나 받는 이는 이 난의 깊은 뜻을 잘 받아들여 주는 것이나 받는 것에 대해 경건해야 한다. 주는 이는 격에 맞게 주어야 하며 받는 이는 그 뜻을 소중히 받아들여 잘 간수하여 키워야 한다. 그러나 그렇지 못함에 문제가 생긴다. 대개 받는 이의 입장에서 넘쳐나는 이 많은 난을 관리하기가 벅차서 그런지 아니면 하찮게 생각해서 그런지 받고 나서 관리를 잘 하지 않아 얼마 못가서 거의 말려 죽이고 만다. 난의 성질을 잘 모르기에 뙤약볕에 내어 놓아 잎을 태워버리고는 볼품이 없다 하여 그냥 버리고 마는 경우도 있고 물을 너무 많이 주어 귀한 난을 썩혀버리고 마는 경우가 많다. 고고한 난이 이렇게 천박한 대우를 받는 것은 예부터 내려오는 난의 가치를 훼손하는 것은 물론 친환경 문화에 익숙하지 못한 우리의 현실을 잘 말해준다.

2007년도에 선물 받아 지금 까지 15년 동안 잘 키우면서 꽃대를 올려 피워내는 이 정성은 곧 나에게 난을 선물한 사람의 정성과 인격을 잊지 않고 잘 기리는 것과 마찬가지다.

철골소심을 선물한 그 사람과는 높은 산에도 자주 갔고 서울 둘레길과 고궁탐방도 같이 다니면서 지금까지 금란지교(金蘭之交)를 잘 이어오고 있다.

속죄(贖罪)

> 죄라면 죄인 거다 밟아 뭉갠 그 죄 크다
> 노송의 상처 보며 세상판도 그려 본다
> 할퀴고 무너뜨린 죄 제 발등을 찍는다

 죄라면 죄다. 사람이 밟아서 뭉개고 휩쓰는 바람에 흙이 패이고 흙속에 묻혀 있어야 할 나무의 뿌리는 바깥으로 노출되고 다시 짓밟혀 만신창이가 된 채 보기에도 처참한 모습을 많이 본다.
 필자는 여러 사람에 휩싸여 아무 생각 없이 쿵쾅거리며 내 건강만을 위한 이기주의 산행을 일삼던 젊은 날을 반추해보며 요새는 속죄의 시간을 갖는다. 적어도 내가 무너뜨린 만큼은 다시 쌓아야 한다는 생각이다.

 오래전 수락산 북쪽을 올랐을 때다.
 급경사의 험한 등산로에 들어 위만 쳐다보고 급피치를 올리는데 공제선상에 노송 한그루의 처참한 모습이 보인다. 푸른 하늘에 떠있는 거미줄 같은 소나무 뿌리의 앙상함이 측은하기 짝이 없다. 땅에 묻혀서 나무의 몸통을 지탱하고 수분과 영양분을 빨아 올려야 할 뿌리가 저모양이니 쓰러지거나 고사할 것은 시간문제다. 가던 길을 멈추고 주변의 돌을 모아 담을 쌓고 주변의 썩은 낙엽과 흙을 모아 넣어본다. 어림없다. 뿌리 사이의 공간이 너무 깊고 넓은데다 담 쌓을 돌도 한정적이다. 시간이 많이 흘러 해도 서산에 지기 시작해서 정상 오르기는 포기하고 하산을 서둘렀다.

다음 날 어제의 그 노송 아래 배낭을 내려놓는다. 배낭에 넣어온 포대를 꺼내어 나무뿌리가 없는 곳으로 가서 흙을 야전삽으로 퍼 담는다. 그리고 앙상히 드러난 뿌리를 감싸 흙의 유실을 막아줄 큰 돌부터 주변을 돌아다니며 모아본다. 돌이 귀한 산이라 구하기가 쉽지 않다. 천신만고 끝에 구해온 큰 돌로 담을 쌓고 앙상한 나무뿌리 사이에는 마사와 부엽토를 섞어서 채우고 그 바깥에는 흙 포대를 차곡차곡 쌓아올린다. 5살짜리 손자 녀석도 신나게 손 삽으로 흙을 파서 포대에 넣어 나르며 할아버지를 돕는다. 하지만 이런다고 이 노송이 안전할리 없다. 얼마간 견딜지 모르지만 자꾸 밟아 무너뜨리면 얼마나 견디겠는가?

세상일이 모두 그렇다. 쌓은 자가 있는가 하면 무너뜨리는 자 따로 있다. 천신만고 끝에 고이고이 쌓은 것도 할퀴고 밟아 뭉개어 무너뜨리기는 일순간이다. 어릴 적 친구들과 냇가의 모래밭에 각자의 모래성을 정성들여 쌓아갈 때 천방지축 돌아다니며 발로 뭉개어 버리는 그런 아이가 있었는데 커서도 그런 방향으로 살다가 여러 사람에게 피해를 주더니 좋지 않게 생을 마감하는 것을 보았다.

머리맡의 세 점 돌

> 원추를 빙빙 돌아 삼태극이 차오른다
> 그 위로 태양이 떠 에너지를 품었나니
> 나타난 태극권 초식 기를 뻗혀 흐른다
>
> 얼마나 기다렸노 삼태극 품은 돌아
> 머리맡 너를 두고 고향산도 불러왔지
> 세 점 돌 머리맡 이후 잠자리가 편하이
>
> 산정의 삼단 호수 아침마다 물을 채워
> 정한수 고요함을 내공으로 끌어오니
> 근골로 생겨난 산이 고향 찾아 가잔다

새벽에 기상하면 운동 나가기 전 머리맡에 앉혀 놓은 세 점의 돌 앞에서 조용히 팔단금(八段錦) 기공체조를 꾸준히 하는 편인데 약 10분 정도 걸린다. 물리적으로 돌이 기를 보태주는 것도 아니고 힘을 주는 것도 아니지만 의(意)와 념(念)을 극대화 하면 결과는 달라진다.

김춘수 시인의 〈꽃〉을 연상해 보면서 필자는 생명이 없는 돌에게도 〈기(氣)〉와 〈태극의 음양〉 〈삼태극의 무극〉 〈맥(脈)〉 〈근골(筋骨)의 고향〉까지를 나름대로 부여하고 지금까지 거둬들이지 않았다.

 두 개의 산수경석 중 하나는 망운산에서 발원하여 강진 바다로 흐르는 고향마을 봉천에서 만났고 또 다른 하나는 역시 망운산에서 발원하여 서면 쪽으로 흐르는 연죽천에서 만난 돌로 고향에서 같이 살다가 서울 올라올 때 품고 온 돌이다. 둘 다 크기, 재질, 색상이 비슷하며 두드리면 쇳소리가 나는 강도가 아주 높은 돌이다.

 원추 모양의 문양석은 2011년도 여름에 재경남해군산악회 향우님들과 강원도 인제군 방태산 아침가리골〔조경동〕트래킹 때 계곡의 험한 물길을 따라 내려가다가 폭포를 만나 물과 함께 뛰어 내려 소(沼)의 깊은 바닥에서 우연히 만난 돌이다. 50여명의 향우님들 중 3명이 폭포에

서 차례로 뛰어내렸다. 폭포의 높이가 5m를 넘었기에 체력과 담력이 감당하지 못할 때는 당연히 우회를 해야만 했다. 필자는 뛰어내린 쪽이었는데 물기둥과 함께 바닥에 가까워진 상황에서 뜻밖에도 까만 바탕에 새하얀 삼태극 문양을 두른 데다 둥근 태양까지 박혀있는 돌을 발견하고 무의식적으로 안아봤지만 사람 머리통 크기의 돌을 안고 물위로 떠오르는 것은 불가능이었다. 밖으로 나와 다시 잠수를 시도해봤지만 솟아오르는 와류에 다시 밀려나오고 말았다. 돌과 다시 만나기 위해서는 폭포의 물과 함께 떨어지는 중력이 있어야 했다. 로우프를 허리에 묶고 폭포위에서 다시 뛰어내려 그 돌을 감아 끌어 올렸던 기억이 새롭다.

　두 점의 산수경석중 하나는 공제선이 부드럽고 물을 담을 수 있는 3단 산정호수를 지닌 육산의 형상이고 다른 또 하나는 산세가 험준하면서 준봉을 갖춘 데다 골격이 강하게 뻗어 남성다운 기백을 지닌 악산의 형상이다. 젊은 날 고향에서 자주 올랐던 두 산을 연상하기에 안성맞춤의 돌이다.

　삼태극을 몸에 두른 방태산 아침가리골의 돌을 고향산 산수경석의 두 봉우리 사이에 우뚝 세우면 절묘하게도 태극을 따라 도는 태극권 어느 한 초식의 문양이 뻗혀 오른다. 오늘도 이 세 점의 돌 앞에서 야외수련장으로 나가기 전 팔단금 기공체조로 하루를 연다.

피지도 못하고 죽을 것들에 대한 응답

> 운명을 따진다면 초목도 마찬가지
> 초가을 내린 씨앗 참으로 가엾구나
> 새싹을 밀어 내지만 찬 서리에 견딜까?
>
> 싹틔운 토마토며 금송화 어린 줄기
> 찬 서리 한 번이면 모두 죽고 말텐데
> 덧없이 던져진 모습 보는 마음 편찮네
>
> 좋은 일 한 번 하자 모든 것 제쳐놓고
> 꽃삽 떠 어린 줄기 베란다에 심었더니
> 꽃피고 열매 맺으니 그도 보기 좋아라

아침마다 만보도 할겸 야산의 텃밭에 나가 한적하고 공기 좋은 대자연 속으로 나가 내가 즐겨하는 운동을 하며 봄부터 가을까지 많은 걸 배우고 느낀다.

살아있는 것들에 대한 평소의 생각이 조금씩 달라진다.

흔히 말하는 거두어들임에 대한 고마움과 그 보답이다.

  봄부터 가을까지 텃밭의 채소들은 많은 즐거움을 나에게 제공했다. 텃밭이 거기 있기에 아침 일찍 달려갔고, 거기서 만보 중 5,000보를 확보할 수 있었으며 상추, 방울토마토, 가지, 쑥갓, 열무, 파, 부추, 오이, 호박, 완두콩, 강낭콩 등은 식탁을 풍성하게 하였고, 주변의 야산에서 뿜어져 나오는 소나무와 참나무의 피톤치드는 태극권 운동으로 받아들이는 기(氣)와 혈(血)의 원활한 흐름에 큰 보탬을 주어 양생(養生)의 효과를 증대시키기도 하였다.

  이제 만추의 계절을 지나 초겨울로 접어드니 찬 서리가 내리고 푸르던 텃밭의 일생은 끝이 났다. 그런데 운동하는 먼발치에 그냥 넘기기엔 애잔한 자연현상이 눈에 밟힌다. 여름철에 농익어 떨어진 방울토마토가 씨앗을 내리니 그것들이 발아하여 손가락 길이 만치 커져있었다.

  그 뿐이 아니다. 어느 분이 텃밭 주위에 메리골드(금송화)를 줄지어 심었는데 그것도 씨앗이 떨어져 자라나고 있었다. 그러나 곧 찬 서리 내리면 꽃도 못 피우고 얼어 죽을 것이 뻔하여 꽃삽으로 정성들여 떠서 집으로 가져와 베란다 화분에 심었다. 햇볕이 잘 드는 데다 거름도 적당히 넣어 주었더니 방울토마토와 메리골드가 잘 자라 꽃을 피웠다. 추위에 헤매던 꿀벌 한 마리가 들어와 이꽃 저꽃을 돌아다니며 꽃가루와 꿀을 딴다. 아마 화분 수정이 되었으니 토마토 열매도 열릴 수 있을 것을 예상해봤다.

　바깥에는 눈이 내리는데 베란다에서는 금송화 꽃과 방울토마토의 꽃을 보는 것도 퍽 재미있는 일이다. 토마토가 열리지 않더라도 노란 꽃만 보아도 참 예쁘다. 이들의 모습을 카메라에 담아 보며 이제 열매를 맺을 때까지 물 주고 거름 주리라.

　봄부터 가을까지 인간에게 미각과 시각과 후각을 즐겁게 해주며 원기를 제공해 준 채소와 꽃들에 대한 보답이라면 보답이다.

　꽃을 피웠으니 그 씨앗 고이 받아 따뜻한 봄날 다시 텃밭으로 돌려보낼 것이다.

思鄕 片片 十二首

고향 찾는 나그네 눈 길 머문 곳
남해 관문 노량과 창선 연륙교
상전벽해 여긴가 더듬어 본다
떠 날 때 내리던 눈 오늘은 봄비

명승고적 곳곳에 남해 얼 서려
찾는 이 가슴 가득 묻어나는데
충렬사 참배하고 거북선 보며
노량해전 창파에 충혼이 어려

10여 리 달려오니 대성운해 이락사
관음포 바라볼 때 노을이 진다
돌탑의 사연 어린 탑동을 지나
관당벌 좌로 우로 풍요롭구나

저 멀리 대국산성 전설이 어려
연지는 천년 역사 알고 있으리
설천 문항 솔곳 등 기념비 있어
이 고장 3.1운동 횃불을 든곳
망운산 뻗어내려 강진바다 쪽
동서남북 사대문 읍성 터 있어

동문 안 서문 밖에 심부름 갔네
효자문 갈림길서 하마정에 서다

갓고개 부엉새는 울어 예는데
치자 꽃 핀 못 둥에 달빛이 섧다
금산 일출 놓칠세라 설친 새벽잠
38경 돌아보다 해가 저문다

벽련 앞 노도에는 서포님 혼백
저 붉은 동백으로 선혈을 쏟다
구운몽 서포만필 사씨남정기
올곧은 문학정신 살으리랐다

최영장군 무민사 미항 미조항
퍼덕이는 고기 떼 살아 숨쉰다
물미도로 돌아서 은점 바닷가
은빛 칼치 행렬에 물빛 푸르다

지족 손도 죽방렴 물살에 울고
창선도 건너뛰면 저기 사천 땅
점점이 섬을 이어 연륙교 서고
대방산 봉수대에 왕후박 나무

가천의 암수바위 기묘함이여
설흘산 봉수대기 내려다 본다

다랭이 삿갓배미 애닯은 농심
구미리 숲속에서 여장을 풀고

호구산 길을 열어 용문에 들어
일주문 지나가며 번뇌 벗는다
청솔 잎 바람결에 귀도 씻으며
뼈조차 가벼워야 불이문 든다

올곧은 선비의 혼 이 땅을 적신
이웃 문신수 선생 문학기념비
문학계 정성으로 그 뜻 더 높이
스포츠 파크 언덕에 우뚝 섰다네

    남해향토역사관장으로 계시면서 향토사 연구에 선구자적 역할을 하시다가 〈대장경 판각지 소고〉,《대장경 분사 남해대장도감》 등 수많은 논문과 저서를 남기시고 가신 정의연님께서 생전에 남해를 대표할 수 있는 노래 가사를 부탁하시기에 7·5조로 지은 시를 보내드렸는데 그 분의 저서 《남해문화의 작은 둥지》에 게재하신 것을 그 사연과 함께 올려 본다. 자신의 저서 표지에 정성들여 올려놓은 필자의 7·5조 정형시는 추진하시던 분의 작고로 노래로는 나오지 않았지만 남해의 대표적인 곳곳을 노래한 것이기에 이 기회에 다시 한 번 불러내어 읊어 본다.

오덕(五德)이 실려 오는 소리

> 매미가 울어대던 봉천 가 버드나무
> 그 아래 늪더위를 귓전에 씻든 소리
> 처서가 닥아 오나니 너의 울음 끝인가

  요즘엔 흔히들 매미가 시끄럽다고 한다. 하지만 시골에서 유·소년기를 보낸 사람들은 이 매미소리를 그냥 들을 만 하다거나 오히려 이 소리에 어린 날의 추억을 더듬어 내고는 어느새 고향마을로 마음이 줄달음치는 사람도 많다. 몇 년 전 모 텔레비전 방송국에서 매미의 울음소리를 과학적으로 분석하여 매미가 시끄럽다고 아우성치는 사람들의 편에 서서 알리고 있었다. 그러나 매미소리를 좋아하는 사람들도 있는데 너무 편파적이었다. 매미소리에 짜증내고 싫어하는 인물들이 주로 등장하였고 마치 매미가 인간들에게 엄청난 피해만 주는 곤충으로 몰아가고 있었다.
  물론 사람에 따라서는 시끄러울 수도 있다. 하지만 현대인은 너무 기계적인 소리에 길들여 있고 자연의 소리를 듣는 기능은 오히려 퇴화한 듯하다.

　매미소리는 대자연의 소리다. 매미는 여름 한 철을 울기 위해 6~7년의 세월을 캄캄한 땅속에서 애벌레인 굼벵이로 산다. 땅에서 나와 울다가 불과 한 달도 못 살고 갈 뿐이다. 우리의 옛 선비들은 매미울음이 청아하다고 하여 우리를 만들어 키우면서 매미소리를 즐겨 들었다고도 하는데….

　깨끗한 나무껍질에 앉은 매미의 날개는 정말로 투명하다. 앞뒤 날개, 속과 겉이 유리알처럼 깨끗하다. 매미는 식물의 수액을 먹고 자란다. 수액이 변변치 못할 때는 그냥 아침 이슬로 만족한다. 옛 화가들은 매미의 이런 정갈한 모습을 즐겨 그려냈다. 겸재 정선이 대표적인 인물이다. 옛 문인은 이런 매미에게서 다섯 가지 덕목을 찾아냈다.

　첫째가 문(文)이다. 머리에 가는 관이 두 줄로 곧게 뻗어 있어 선비의 갓끈을 닮았음이다. 둘째가 청(淸)이다. 이슬을 마시니 맑다. 사념(邪念)과 탐욕을 버려야 함을 뜻한다. 셋째가 염(廉)이다. 곡식을 축내지 않아 염치가 있다. 넷째가 검(儉)이다. 살 집을 안 지어 검소하다. 다섯째가 신(信)이다. 철에 맞춰 오가니 믿음이 있다. 그뿐만 아니다. '순자'를 보면 '군자의 배움은 매미가 허물 벗듯 눈에 띄게 바뀐다.' 라는 구절이 나온다. 매미의 허물은 나뭇가지에 붙어있는데 그 것 또한 황금색을 띤 투명체다. 이 허물이 약으로 쓰이기 때문에 많은 사람들이 수집하러 다닌다. 오랫동안 땅속에서 견디느라 그 껍질마저 영양가, 약성분, 지기가 서려있나 보다.

　매미의 날개는 관모(冠帽)에도 붙어 있다. 펼친 날개 모양이 신하의 오사모이고 나는 날개 모양이 임금의 익선관(翼蟬冠)이다. 조선시대 임금이 정사를 볼 때 쓴 관모(冠帽)인 익선관(翼蟬冠)은 매미 날개 모양의 작은 뿔 둘이 위로 불쑥 솟았기에 날 개 익(翼)과 매미 선(蟬)을 썼다. 그 모자에 매미 날개가 없으면 서리, 옆으로 나면 문무백관이다. 모름지기 임금이나 신하는 매미의 오덕을 기억하라는 가르침이다.

　올여름이 다 가기 전에 몇 날쯤을 고향의 시냇가 버드나무 숲에서 쓰르라미 소리 듣는다면 올여름에 오덕의 어느 하나쯤 정리할 수 있을까?

제8부
양생(養生)

양생(養生)
억새 풀 노원 들녘
10km에 어김없이 찾아오던 서울에서의
통증이 왜 남해에서는 없는 것인가?
내산 편백림 산길 마라톤
몽골의 별 빛
고향의 42.195
맨발 산행 소고
명품을 기다리며
다시 바다로

양생(養生)

> 고함도 쳐봤지만 귀를 막은 자들이라
> 순천자흥 역천자망 사필귀정 맡겨두고
> 차라리 양생에 들어 몸과 마음 지키려오

　누구나 체력적으로 다운되는 나이가 되면 몸과 마음이 헐렁해지는 것은 어찌할 수 없는 일이다. 그러나 몸과 마음의 단련법을 체득하고 섭생에 유의하면 남은 세월 건강을 탄탄하게 건질 수 있다. 다름 아닌 양생(養生)의 기법을 터득하는 것이다.
　양생(養生)이란 말은 병에 걸리지 않고 건강하게 오래 살도록 건강관리를 잘하는 것이다. 필자는 고교시절에 유도 공인 승단대회를 준비하느라 허리나 무릎을 많이 상하여 그 후유증으로 큰 고통을 당하였다. 이를 극복하기 위해 60대 중반부터 시작한 운동이 태극권(太極拳)이다. 흔히 우슈(武術), 쿵푸(功夫)라고 하는데 말 그대로 무술(武術)이다. 태극권을 처음에 느림과 부드러움으로 시작하는 것은 수련의 방편이고 빠르고자 하면 질풍 같은 권과 각이 쏘아져 나가 강도의 조절이 자유롭기 때문에 남녀노소 모두가 편하게 즐길 수 있으며, 만일 강도를 끌어올리면 상상을 초월하는 양생효과를 볼 수 있는 운동이다.

필자는 이 운동을 하며 문화체육관광부장관배 대회와 국제교류대회에 출전하여 60세 이상 노년부 태극권, 태극검, 태극선에서 2015년부터 내리 3년간 2관왕을 하여 금메달을 목에 걸었다. 도장에서 하루 3시간 이상의 땀 흘린 보람이었다. 이 일이 신문지상에 보도된 이후 아파트 주민들의 부탁으로 매일 2시간씩의 재능기부를 한지가 3년이 넘었다. 서두에 말한 양생(養生)이 진행되고 있는 건지 요즘은 높은 산 등정과 마라톤을 재개해도 될 정도가 되었다. 무릎관절과 허리 통증이 깨끗이 사라졌기 때문이다. 요즘은 신종 코로나 바이러스 폐렴의 창궐로 인하여 아파트 체육관의 문을 걸어 잠그고 인적이 드문

삼림욕장 너른 바위 야외 수련장으로 장소를 옮겼다. 거기에는 솔바람과 피톤치드는 물론 고요와 정기가 흐를 뿐 괴질은 없다. 태극권에 들어가기 전 준비운동격인 참장공(站樁功)과 태극기공 팔단금(太極氣功 八段錦)은 가정에서도 인터넷 동영상을 통해 따라 할 수 있다.

몇 년 전에 재경남중·제일고교 총동창회 총회 서울숲 걷기행사 직전에 모두가 몸 풀기로 해본 것이 바로 태극기공 팔단금이다. 땀을 많이 흘리는 운동은 몸에 황산화 현상을 일으켜 빨리 늙지만 태극권은 기와 맥을 살려 몸의 노화를 느리게 하고 나쁜 기를 몰아내어 몸의 활력을 유지한다. 이른바 양생(養生)이다. 정통적 방식의 양가태극권 훈련이란 몸의 활성화, 생명에너지의 활성화가 기본이다. 더 나아가 마음의 활성화까지 나아가면 본격적인 훈련이 되는 것이다. 우리가 흔히 몸이 좋지 않다라고 하는 소리의 핵심은 생명력이 약해졌다라는 뜻이다.

몸의 활성화란 바로 이러한 생명력을 다시 일으킨다는 뜻이므로 이 훈련을 하면 어디가 좋다라는 말이 필요 없다. 그냥 생명력을 증가시킬 따름이다. 심신의 활력을 다시 찾아야겠다라고 생각되면 아무리 나빠진 상태라도 시작하면 된다.

때가 되면 고향마을 봉천과 강진바다 만나는 읍성 옛터 푸른 잔디밭에 쉼터 하나 만들어 죽마고우 불러 모아 내가 체득한 태극권으로 양생(養生)을 전하고 싶다.

억새풀 노원 들녘

> 마른 억새 설한풍에 서걱이는 노원 들녘
> 검 날에 스치우는 바람소리 더욱 차니
> 올밤도 수변에 깃든 청둥오리 울것다.
>
> 두 발로 퍼 올리는 지기는 아직 차니
> 쉽사리 손끝으로 몰려가지 못하고
> 중간 녘 허리춤에서 빙빙 돌고 있구나.
>
> 태극선 펼쳐들고 막판 기를 뿌려보니
> 방황하던 기운이 순간 뻗쳐 나아간다
> 촤르륵 펼치는 소리 그도 맑아 좋구나.

요즘에도 가끔씩 노원역에서 멀지않은 동부간선도로 옆 수변공원에 나간다.
앞에는 중랑천이 흐르고 뒤쪽은 자전거 도로와 산책로가 나란히 달리는 중랑천과 도로 사이에 억새풀 군락이 잘 조성되어 있어 그 안으로 들어서면 사람은 잘 보이지 않는 아늑한 공간이 있다. 사람 눈치 볼 필요없이 검과 권과 선을 복습 또는 예습하기에 안성맞춤이다.

태극선에 필요한 부채는 주머니에 넣어가지만 태극검 수련에 필요한 진검은 시합장이나 도장 외에서는 쓰기가 곤란하므로 오래전에 마련한 단단하고 신축성이 강하여 부딪쳐도 잘 부러지지 않는 노간주나무 지팡이로 대체한다. 오래전부터 정화된 중랑천은 학과 청둥오리가 노닐고 잉어 떼와 피라미 떼와 물매기가 유영하는 도시 속의 친환경 공간이기도 하다. 물이 깨끗하니 수초 또한 무성하게 자라났다.

바닥이 고르지 않은 산천에서의 실전과 진정한 기와 맥의 순환을 위해서는 도장이 아닌 실외에서 적응하는 훈련이 필요하다.

노원 지역에서 자영업을 하던 친구는 날마다 자전거로 이 수변도로를 오고 가며 운동을 했고 필자는 마라톤 연

습을 했다. 그러다가 어떤 때는 자전거도 마라톤도 내려 놓고 천천히 걸으면서 세상사 이런 저런 이야기를 나누다가 군데군데 마련된 벤취에 앉아 준비해간 간식이나 커피를 마시기도 했지만 어떤 때는 근처의 도봉산을 자주 오르곤 했다. 그러다가 친구는 아들에게 자영업을 물려주고 시골로 떠났다.

작년 봄에 몇 번 친구의 농장에 내려가 묵은 땅에 삽질도 같이 하면서 며칠을 지냈는데 친구는 필자가 쉬지 않고 장시간 삽질을 하는 것을 유심히 보더니 하는 말이 "친구야, 나도 꽤 삽질을 잘하는 편인데 허리가 아파 몇 번을 쉬었는데도 자네는 잠시도 쉬지 않으니 웬 일인가?"

이 물음에 그냥 고개만 끄덕이고 넘어갔는데 지금 생각하니 태극권 운동의 도움이 컸음을 은연중 느낀다.

발바닥에서부터 끌어 올린 기와 혈이 나선형으로 퍼져 가면서 과[胯:허벅지에서 골반 허리 케어 부분]를 다시 크게 돌리면서 생성된 기혈은 온 몸에 전파되어 손끝, 머리 끝까지 나아간다.

근육만 쓰지 않고 나선형으로 나아가는 기와 혈을 보강해 주는 원리를 일상생활에 적용하면 근육이 뭉친다거나 관절이 아프다거나 그런 것을 많이 완화해 주는 것은 틀림이 없다. 하지만 이러한 효과를 감지하기 까지는 의(意)와 념(念)을 통한 상당한 수련이 된 후의 일이다.

10km에 어김없이 찾아오던 서울에서의 통증이 왜 남해에서는 없는 것인가?

기와 혈 솟구침이 뭔가 다른 고향에서
치유의 소근그림 무릎 인대 불러내니
유년의 청정 혈맥이 다시 살아나는 듯

    오래 전 이야기지만 고향땅에서 원없이 달려본 마라톤 이야기라 기억을 더듬어 적어 본다.
    2007년 3월 4일 창선-삼천포 대교 개통기념 전국 하프 마라톤대회 날이다.
    날씨가 너무 차다. 그리고 비까지 머금고 있으니 오늘 대회의 어려움을 예고하는 것 같다.
    어제 밤에 도다리 쑥국을 정성들여 끓여준 이종은 회원 어머님의 정성과 회원님들의 성원에 보답하기 위해서라도, 농어 대짜배기로 회원들의 영양보충을 시켜준 설천 감암 출신 지상복 향우님의 열의에 보답하기 위해서라도 마라톤 완주의 대열에 들어서야 하는데 날씨가 문제라면 문제다. 다들 오늘의 경기를 위해서 취침을 서둘러한 탓에 컨디션들은 좋은 것 같았다.

아침 일찍 숙소에서 "심! 심! 심!"을 외치고 오늘의 마라톤 집결장소인 삼천포로 향한다.

공원에 사천시에서 세운 이 고장 출신 박재삼 시인의 시비를 가만히 우러르고 영남시인의 기개를 생각하며 역시 카메라에 담는다.

얼마 안 있어 대회 측의 안내와 팡파레 음악, 그리고 폭죽과 함께 하프 코스팀이 맨 먼저 힘차게 출발한다. 주로를 달리면서도 하프에 대한 두려움이 밀려오기 시작한다. 10Km만 넘어서면 어김없이 찾아오는 양 무릎관절의 통증 때문이다. 무릎통증이 시작된다면 그 이후 10Km 반환점서의 고통은 감당하기 어려운 부분이다. 잔뜩 흐린 하늘에서 찬비가 내리기 시작한다. 푸른 바다 위에 걸려 있는 창선-삼천포 대교의 중간쯤에서 앞서 뛰던 한 분이 중앙선 돌출표지에 걸려 사정없이 넘어진다. 많이 안 다쳤기를 위로하면서 계속 나아간다.

운동 경기 중 마라톤처럼 고독한 경기가 있을까? 묵묵히 자기와의 싸움에서 시작해서 자기를 이기는 운동이다. 하프보다 늦게 출발한 10Km 코스 주자들이 벌써 반환점을 돌아오고 있었다. 3위로 달려오는 외국인의 모습이 보인다. 저 추세로 달리면 앞서가는 1위와 2위를 추월할 것 같다.

5Km 냉천마을과 당항마을을 지나, 6Km 목화 주유소,

7Km 곤유마을 빨간 벽돌집, 8Km 곤유리 선창마을, 9Km 동대마을 창선주유소, 10Km 수산리를 지나면서 군데군데 서서 손을 흔들어주는 고향사람들과 음료수와 물수건으로 참가자들의 편의를 위해 활동하는 학생 자원 봉사들에게 지친 몸이지만 손을 흔들어 주면서 앞만 보고 달린다. 상신 마을 주변 도로를 달릴 때는 혹시 이모님이 나와 계실지 않을까하고 물어도 보고 살펴도 보면서 달린다. 그리고 가끔은 해변에 눈을 돌려 보지만 뿌려지는 비와 안개에 가려 시원한 바다는 볼 수 없다.

그런데 이상하다. 이미 반환점을 돌아섰는데 의례히 찾아오던 10Km 지점 무릎관절의 통증이 없다. 더구나 날씨는 차고 바람이 부는 난코스이니 찾아와도 일찍 찾아왔을 무릎 통증인데 오늘은 없다.
결승선 2Km 앞두고 마침내 무릎관절이 노크를 한다. 그러나 여기서는 기어가도 가야할 남은 거리다.
물에 빠진 생쥐 꼴이 되어 결승선을 밟았으나 아무도 없다. 다들 쏟아지는 비 때문에 부스에 몰려있기 때문이다. 그러나 주최 측 카메라맨은 2시간 12분대에 달려오는 나를 놓치지 않고 찍는다. 점심은 하동 섬진강 변에서 참게탕으로 먹고 바삐 서울로 향한다.

내산 편백림 산길 마라톤

이 길은 어머님 품속
아늑함에 묻혀 잠드는 곳
달리면서도 나는 또 잠잔다

이 길은 조상님 근골(筋骨) 이어
황토먼지 일으키며 백마를 달리는 곳
달리면서도 나는 힘이 솟는다

이 길은 나의 삶 숲길
정령이 살아나서 눈을 뜨는 곳
달리면서도 나는 날개를 편다

해마다 이 길을 달릴 때면
부모님이 살아오시고 가족이 따라 와서
내 삶의 이정표에 불을 켜준다

아스팔트길보다 시멘트길보다
돌멩이, 풀포기, 황토가 어우러진
인생길 숲길을 같이 달린다

제7회 보물섬산길달리기대회에 참가하기 위해서 새벽 1시에 기상하여 서울 집결지로 모이던 일이 엊그제 같다. 인원 점검 후 새벽 3시경에 출발하여 밤새 버스를 타고 달려 내산 편백휴양림에 도착해 곧바로 스트레칭하고 스타트라인을 출발해 산길 15km를 달린다. 서울, 부산, 광주, 통영, 순천, 광양, 진주, 고성, 거제, 사천, 삼천포 등지에서 이 대회에 참가한 사람들이 600명을 넘었다.

우거진 편백숲에서 흘러나오는 향기에 머리가 맑아진다. 피톤치드라는 것이 쏟아지는 모양이다. 6회 때에 이어 최고령자상을 은근히 기대했는데 간단히 포기해야 했다. 필자보다 초등학교 한해 선배님이 서울에서 같이 내려온 데다 저 멀리서 스트레칭을 하고 있는 부산에서 오신 분은 75세라고 누군가 귀띔해 준다.

숲길 달리기는 고향의 맑은 정령과 만나는 길이다. 편

백 숲의 향기는 더없이 큰 도움을 준다. 발에 채이는 돌멩이나 풀뿌리는 삶의 끈을 질기게 이어가는 에너지가 되기도 한다. 오르막길 내리막길 인생길과 같은 스릴있는 레이스를 펼치다 보면 어느 새 피니쉬라인이 눈앞에 펼쳐지고 장내 아나운서의 멋진 소개가 이어진다. 그리고 전광판에 기록이 나온다.

고향에 내려오면 보너스가 많다. 숲길 달리기를 마치고 나면 푸른 바다를 찾아 배를 띄운다. 필자가 속한 남달모 회장이 주선한 바다의 그물을 올리러 가는 것이다.
각종 바닷고기가 퍼덕이며 올라온다.
그야말로 오리지널 자연산 횟감들이다.
달리기로 뻐근한 근육은 소주 몇 잔과 싱싱한 회 안주에 금새 풀린다.

명승고적 몇 군데를 돌아 읍성으로 들어와 이제는 고향 맛집에서 멸치 쌈을 곁들인 저녁 식사를 하며 대회를 주최한 남마클 임원들과의 석별의 정을 나눈다. 좌장격인 필자는 건배제의를 받고 남달모의 구호 "심! 심! 심!"을 그럴듯한 멘트와 함께 잔을 높여 선창하고 일행들은 호응한다. 그리고 상경하는 동안 버스 안에서의 건각들은 다음을 기약한다.

몽골의 별빛

눈 시린 초원의 빛, 별이 되어 뜨는 밤에
칭기즈칸 혼 바람이 저 별이듯 달려오고
내 심사 고삐를 당겨 말안장에 오르다

동방의 매운바람 휘몰아치던 날에
말갈기 너도 울고 창검도 세우나니
새는 날 저 산 너머에 갈가마귀 울겠네

피 흘린 저문 강에 노을빛이 찾아 들 때
황야는 눈 감은 채 진혼곡을 덮어 주고
살아서 더 외로운 자 다독이며 잠재운다

몇 년 전 한국이 주도한 세계전통시인협회의 창립을 앞두고 한·몽 문화교류가 이루어져 한국대표 시인들이 울란바타르에 있는 몽골국립박물관에서 개최된 4박 5일 일정 세미나에 참가하였다.

〈몽골의 별빛〉은 이 때 몽골의 회원들과 같이 문학기행을 할 때 현지에서 필자가 발표하기 위해 현지에서 준비한 시조다.

지금은 미국, 영국, 중국, 네팔, 독일, 몽골. 캐나다 등 여러 나라가 참가하는 세계전통시인협회를 창립한 종주국으로서 한국의 유성규 시인이 회장직을 맡고 있고, (사)세계전통시인협회 한국본부 이사장은 전 한국문학비평가협회장이었던 김봉군 시인이 맡고 있다.

김봉군 시인은 남해 창선을 고향으로 두신 분으로 최근에 에세이로 쓴 역사와 문명 진단으로 《이 역사를 어찌할 것인가》를 내 놓았는데 이 책의 서두에 '이제 우리는 슬픔의 무덤을 파헤치는 이를 가는 분노의 자식들이 아니라 광대한 역사의 지평 너머에서 피어오르는 통일 대한민국의 꿈에 대하여 이야기하는 소망의 선도자로 나서야 한다. ~중략~ 소망의 메시지는 우리 모두를 기쁨의 광장에 모이게 한다. 까닭에 필자는 이 책을 쓴다. 우리 근현대사의 흐름을 훑으면서 갈피갈피에 생채기 난 갈등과 쟁점거리를 인문학적 관점으로 정리하기 위해서다.' 라고 밝히고 있다.

필자의 제2 시조집에도 게재된 이 〈몽골의 별빛〉을 2017년 11월 11일 양주시립도서관에서 개최한 문학 강연의 교재에 넣어 낭송하기도 하였다.

이날 강연 주제가 〈우리 얼 시조시(時調詩) 가까이서 누구나 시인이 되어보기〉였는데 서양의 정형시 소네트(Sonnette)와 한국의 시조시를 비교하는 부분에서 때 마침 몽골에서 발표한 시가 생각나서 인용하였다.

영국, 이탈리아 등의 정형시 소네트(Sonnette)는 14행으로 씌어졌기 때문에 그 내용이 집약되고 시심이 옹골차서 오래토록 내려져 왔다는 것은 한국의 정형시 시조시(時調詩)시가 700년 전통을 이어져 내려오는 것과 맥을 같이 한다.

대충 쉐익스피어가 소네트(Sonnette)를 지어 세상에 내어 놓은 것이 1500년대 중반이니 우리 시조는 그 때보다 250여 년 앞선 셈이다. 그 후 워즈워즈, 키츠, 라이너 마리아 릴케 등의 시인들이 정형시인 소네트(Sonnette)를 많이 발표하여 불후의 명작이 되었다.

고향의 42.195

> 고향의 강진 바다 해변을 뛰었지만
> 풀코스 혼이 났던 기억만 남았는데
> 그래도 이정표 하나 고향땅에 꽂았다

  2007년 5월 20일 보물섬 마늘 축제 마라톤 대회. 전국에서 내로라하는 마니아들을 포함하여 동호인들이 많이도 참가했다. 황영조 선수의 지휘에 따라 스트레칭을 마치고 풀코스 출발선 맨 앞에 섰다. 어느새 집 사람이 잔디구장 안쪽 내 옆에 서 있었다. 걱정스런 눈빛이다. 이 나이에 무슨 마라톤이냐고 극구 말렸지만 결심을 굳힌 나의 의지에 걱정하며 어쩔 수 없이 따라 나선 것이다.
  빵파르와 함께 풀코스가 맨 먼저 출발이다. 공설 운동장을 한 바퀴 돌고 읍내거리를 지나 유림동을 끝으로 차산 선소길로 접어든다.
  선소와 토촌 중간쯤을 정신없이 달리고 있는데 마라톤 마니아이며 미조 답하에서 해사랑 전복집을 운영하시는 남해마라톤클럽 회원 장용희님께서 가까이 다가와서 해

주시는 말씀…

"벽송님, 지금 이 속도는 3시간 30분에 들어 올 수 있는 굉장한 속도입니다"

12Km 지점에서는 한영찬 감독님이 너무 빠르다고 또 지적해주신다. 오버페이스 하고 있다는 것을 그 때야 알았다. 장용희 님이나 한영찬 감독님은 풀코스를 엄청나게 여러 번 뛰신 마니아들이신데 이 분들보다 앞서서 뛰고 있다는 것은 분명 뭐가 잘못된 것이라는 걸 그 때야 알아 차린 것이다. 오버페이스의 결과가 어떤지는 그 쓴 맛을 본 사람만 아는 일이다. 완주에 대한 불안감, 30~40km에서 받을 고통의 검은 그림자가 어른거리지만 일단은 뇌리 속에서 빨리 지워버린다.

토촌 마을의 쐬섬이 보인다. 소년, 청년 시절의 추억을 잠깐 떠 올린다. 우리 마을에서 쐬섬까지의 거리는 꽤 된다. 그러나 해변을 따라 걷는 재미도 쏠쏠하다. 그 당시 썰물이 되면 보였다가 밀물이면 숨어버리는 쐬섬까지의 돌길이 놓여있어 연인들의 데이트 코스로도 각광을 받던 곳이다. 돌길이 보이기 시작하면 일찌감치 쐬섬에 들어와 해면이 낮아지기를 기다리는 읍내 사람들은 멀리 맞은 편 선소 항구를 바라보며 섬 주변 바위나 잔디밭에서 낭만을 즐기다가 물밑에서 머리 풀고 흔들리는 해초들이 보일 때면 일제히 바닷물 속으로 들어가 바다의 개펄을 더듬어 간다.

여름 한철 더울 때 우리는 해수욕이 따로 없었다. 물 쇠스랑 하나에 해바리 주머니 허리에 꿰어 차고 선소 쪽으로 맨발로 더듬어 가노라면 발아래 수없이 밟히던 주먹만한 피조개며 새조개, 소라고둥, 성게 등의 감촉이 지금도 짜릿하게 전해온다. 건져올린 소라고둥이 알맹이가 없이 껍데기뿐일 때는 아쉬운 마음으로 들여다보곤 하는데 이때 숨어있던 낙지가 갑자기 튀어나오면서 얼굴에다 먹물 총세례를 퍼부어 우리를 놀래게 하기도 했다. 초심자들은 이렇게 먹물 세례를 받고 아쉬워 하지만 경험자들은 안 그렇다. 빈 소라고둥 속에는 십중팔구 낙지나 쭈꾸미나 문어 새끼가 숨어있기 마련이어서 이놈이 튀어나와 도망하기 전에 재빨리 해바리 주머니에 넣어버린다.

그 날 일행 중에는 키조개를 캐는 경우도 있는데 이 키조개를 밟으면 행운이지만 그 대가를 톡톡히 지불해야한다. 입부분의 껍질 끝이 칼보다 날카로워 십중팔구 발바닥에 큰 상처를 입은 후에야 전리품을 캘 수 있기 때문이다. 그러나 걱정 없다. 바닷물 속에서의 상처는 덧나지도 않고 며칠 후면 깨끗이 낫는다.

맑은 바닷물과 바닥에 깔려있는 부드러운 머드가 바로 소독약이고 치료약인 듯했다.

다리 사이로 무수히 감키는 해초사이에는 뜻하지 않은 복병이 많이 숨어있었다. 밤송이처럼 생긴 성게는 밟으면 수없이 많은 날카로운 가시가 살 속을 뚫고 들어오는 아품을 감수해야 한다. 그러나 이것은 나중에 물밖에 나와 하나하나 뽑으면 되지만 제일 무서운 것이 쐬미라고 하는 아주 작은 바닷고기다. 자기들의 보금자리를 침범하는 적들에 대한 경고인 듯 그 자그마한 몸에서 나오는 독침 한방에 쏘이는 날에는 아무리 거구의 어른도 물속에서 비명을 지르고 허우적이며 사경을 헤매야한다. 목물 정도의 깊이에서도 주변사람들이 구조를 해주지 않으면 생명이 위험할 정도의 마비나 고통이 따라 바로 설수가 없을 정도이기 때문이다. 이 무서운 쐬미의 공격을 예방하는 특효약은 마늘이다. 마늘을 으깨어 몸에 바르고 물에 들어가면 쐬미뿐 아니라 해파리의 독침을 비켜 갈 수가 있다.

낚시터에서도 이 독침을 가진 종류의 물고기를 잘 못 건드려 큰 낭패를 보는 경우가 많다.

경험이 많은 꾼들이야 이 조그마한 물고기가 공포의 대상임을 다 알기 때문에 그럴 일이 없겠지만 대부분 초심자들은 낚시 바늘에 가끔씩 달려오는 손가락 크기보다 작은 이 조그마한 물고기를 손으로 만지다가 거의 초죽음에 이르는 경우가 많다.

의료시설이 전혀 없는 무인도나 외딴 섬에서 낚시를 하다가 이런 경우를 당했다고 생각해보라. 거의 몇 시간을 해독제 없이 견뎌야 한다는 것은 지옥이 따로 없다. 자연의 섭리를 깨우쳐 주는 교훈이기도 하다.

수십 년 전 서면 외딴 섬에 동료들과 낚시를 갔다가 어느 한 분이 이 고기를 낚시 바늘에서 떼어내다가 독침의 공격을 받고 그냥 바위 위에서 고통을 호소하며 뒹구는 사태를 경험한 일이 있었다. 정말 보기가 안타까웠다.
 같이 간 일행들은 발을 동동 굴러보았지만 별다른 대책이 없이 동료의 고통스런 모습을 지켜볼 수밖에 없었다.
 사람의 체질에 따라서는 이 독소를 풀지 못하고 죽음에 이르는 경우도 있다고 하니 정말 조심해야할 일이다.
 잠깐 쐬섬 옆을 지나며 옛 추억 한 토막이 뇌리를 스쳐 지나가는 것도 잠깐, 앞으로 남은 35여 km를 생각하며 쐬섬을 뒤로한다.

 섬호, 남해읍과 이동면의 경계지점을 통과한다. 뙤약볕 아래 조금 일찍 수확하는 밭마늘을 들어 보이며 뛰고 있는 우리들에게 손을 흔들어 주시는 고향 분들… 아리따운 고향 아가씨의 건강미 넘치는 미소도 놓치지 않는다.

 초양을 지나 광두나루가 저 멀리 보이는데 우리 보다 뒤에 출발한 10km의 선두주자들이 벌써 돌아오고 있었다. 광두나루 가까이 10km 반환점을 지나면서 타 지역에서 온 어떤 팀의 팀원들은 하프를 신청할 걸 괜히 풀코스 했다고 후회하고 있었다.
 "이제 5km 왔는데 언제 이 길의 8배를 뛰누… 아이고…"

초음들판, 석평리, 이동면의 중심지 무림, 난음, 그 다음 영지를 지나 지족해협으로 들어선다.
　저 멀리 창선교가 남해본섬과 창선도를 이어 해협에 반공을 그리며 그림처럼 떠있다. 창선교를 지난다. 죽방렴이 지족 손도의 소용돌이치는 물살을 가르고 있었다. 이 빠른 물살 속에서 단련된 어패류가 전국에서 제일 맛이 좋다고 그 명성이 자자하다.
　바다 위에 걸린 창선교를 지나 왼쪽 광천리로 가는 오르막길에 풀코스의 반환점이 기다리고 있었다.
　정말 공기 맑고 경치 좋은 천혜의 해안도로 마라톤 코스다. 맑고 짭짤한 해풍을 맞고 자라는 남해 마늘이 이제 수확기를 맞아 성분면에서 타 지역 마늘보다 월등히 앞서는 만큼 비싼 값으로 팔려나가 고향 분들께 함박웃음을 안겨주길 바라면서 잠시 주변의 절경과 끝없이 이어진 마늘 밭을 바라본다. 오늘 마라톤의 슬로건이 바로 '보물섬 마늘축제 마라톤' 이 아닌가?

　강진바다를 끼고 도는 이 구불구불 정다운 도로를 승용차를 타고 간다거나 김삿갓 방랑식으로 도보로 걷는다면 정말 꿈 같은 경치에 감탄사가 연발되겠지만 혼신의 힘을 다하는 마라톤 코스에서는 그런 개념을 떠 올릴 여유가 없어진다.
　풀코스 첫도전의 범 무서운 줄 모르는 하룻강아지의 무

모함이 오버페이스로 일관하고 있었음을 반환점을 돌아섰을 때야 내 스스로 이제 몸으로 느끼게 되었다.
　체력이 전부 소진되어 더 뛸 수가 없었다. 남달모 회원이 아침에 준 에너지 젤을 한 봉지 짜먹어 본다. 그 분은 또한 아침에 일어나 스포츠 파크 숙소에서 아침을 먹고 잠깐 휴식을 취하는 동안 나의 첫 풀코스 소식을 듣고는 황급하게 숙소로 뛰어가 여러 가지 모양의 약제가 혼합된 체력보강제를 한 봉지 주었던 사람이다.
　따뜻한 마음을 느끼며 꼭 완주해야겠다는 마음을 굳혀본다. 나중에 알고 보니 향우산악회 산행대장으로 수년간 수고 하시는 박상모 후배님의 동생임을 알게 되었다.
　그리고 어떤 사람은 첫 풀코스라면 테이핑을 권장하면서 내가 사온 테이프를 손수 붙여주기도 했다.

　반환코스를 돌아서 25Km 정도의 지점에서부터 뒤를 보니 나의 뒤에서 뒤처져 오는 사람들을 구급차가 자꾸 실어 나른다. 그 지점까지는 적어도 약 30여 명 정도의 주자들이 지쳐있는 상태에서 그래도 끈기를 보였는데 급기야는 포기하고 자꾸만 구급차에 몸을 던져 넣는다.
　주변이 허전해지면서 태양은 더욱 강렬해지고 한 낮으로 치다르며 기온은 자꾸 올라가니 목마름과 호흡 곤란도 점점 가중된다. 혼자 뛰는 필자는 자꾸만 외로워졌고 마음이 약해지기 시작하였다.

'저 구급차나 패트롤카를 향해 손을 들어버릴까? 그러면 이 고통이 끝날 텐데…'

30Km 지점에서는 부부 주자를 비롯하여 고작 7사람 정도가 필자 뒤를 멀찍이 뛰어 오고 있었다. 결승선을 5Km 앞둔 표지판, 보통 때의 이 거리는 미미한 거리지만 온 몸이 말을 듣지 않는 상황에서는 체력 고갈에 따른 부담과 고통은 말로 다 할 수 없다. 토촌과 선소의 중간 지점이다. 나의 잔뼈가 굵은 이 강진바다 해변 길은 나의 꿈과 희망을 키워준 보금자리와 같은 곳이건만 오늘은 엄청난 고난의 길이 되어 나를 괴롭히고 있었다. 건너편 지척의 군둔산에는 할아버지와 할머님께서 잠들어 계신다.
"할아버지, 할머니 남은 5Km를 더 뛸 수 있도록 힘을 주십시오." 그러면서 마지막 힘을 쏟아본다.

마지막 주자 그룹을 응원이나 하듯 거의 경보수준으로 뛰어오는 나를 카메라맨이 사진을 찍는다. 팔을 들기도 힘들었지만 그래도 들어서 답례를 한다. 공설운동장 입구에 오니 한영찬 감독님과 심창호 후배가 나를 부축하다시피 해서 결승선으로 인도한다.
풀코스 완주 결승라인을 통과한 것이다.
잘 뛰는 사람들 축에 끼어 일찍 들어왔으면 좋았으련만……. 남달모 회원과 나의 결승선 통과모습을 사진으로 찍어 주려고 벼르던 집사람은 시간이 다 되어가도 내가 들어오지 않자 자꾸 걱정을 하다가 남달모 회원 한 사람과 함께 급기야는 나를 찾아 나서게 된다.
 어디선가 기진맥진해서 쓰러졌거나 잘못돼서 사경을 헤매고 있거나 하는 불안감이 엄습했을 것이다.

 우이천 자전거 도로를 몇 번씩 왕복하면서 거리를 늘려가며 맹훈련 할 때 집사람은
 "마라톤 하다 희생당하는 사람 신문에 많이 납디다. 꼭 그렇게 뛰고 싶다면 5Km 정도로 연습하세요. 제발…"
 신신당부를 하던 집사람이다.
 선수도 아닌 보통 여자로서는 힘든 5km 코스를 이미 뛰고 온 상태에서 또 선소까지 뛰어갔다가 온 것이다.
 모두 합해서 10km 정도를 뛴 셈이다.

 그럼 어째서 나를 못 만난 것인가?
 간발의 시각 차를 추리해보면 다음과 같다.
 집사람과 남달모 회원 한사람이 나를 찾아 선소쯤을 약간 지났을 때 나는 이미 시간적으로 공설운동장 결승라인을 밟고 있을 때였다. 지금 생각하니 돌아오던 코스에서 너무 숨이 막히고 힘들어 잠깐 나무 그늘이 있는 길가의 도랑벽을 넘어 도랑물에 몸을 좀 식히고 얼굴에 찬물을 끼얹으려고 들어간 일이 있었는데 그때 서로를 몰라보고

지나친 것 같다. 나의 핸드폰도, 집사람 핸드폰도 물품보관소의 포대 속에 있던 상태에서 서로 연락도 되지 않는 정말로 답답한 시간을 보내고 집사람이 선소에서 다시 운동장으로 돌아왔을 때는 서울로 출발할 시간을 10분 정도 지나가고 있을 때였다.

　서울로 출발할 시각인 4시가 되어 가는데도 사람이 나타나지 않는 가운데 나 또한 별별 생각이 다 났던 참으로 답답한 시간이었다.

　내가 결승선 들어오는 것 찍어줄려고 카메라만 댕그마니 들고 운동장을 뛰어다니다가 하도 안 들어오니 아직은 서먹서먹한 다른 회원들에게 알릴 경황도 없이 남달모 회원 한 사람과 급히 나를 찾아 나섰으니 서로 연락이 두절된 상태에서 이런 일이 생긴 것이다.

　신랑이 어떻게 될까봐 노심초사 발을 굴렸을 집사람에게는 오늘 풀코스가 원망스러웠을 것이다.

　미안한 마음을 감출 수가 없다. 그렇게 말리고 말렸는데 이런 일까지 생겼으니 내가 감수해야할 부분이다.

　다시 풀코스에 도전하기가 겁이 나고 피로해진 근육이 제자리로 원상복귀 되려면 얼마를 지나야 될지 모르겠다.

　이번 주 토요일 강원도 가리왕산 나물산행과 일요일 산악회 도봉산 정기산행이 가능할지도 미지수다.

맨발 산행 소고

> 맨발로 걸어보라 한 반도 격전지를
> 오늘도 찾아 모실 백골 된 님이시여
> 살갗이 스쳐 지나면 땅울림을 주소서

  맨발공원은 한의학에 기초해 만든 공원이다. 발 지압 효과는 양의학에서도 인정하는 것으로 알고 있다. 하지만 모든 곳에 지압을 할 수 있는 맨발공원이 있는 것도 아니고 산에 발 지압 등산로가 있는 것은 아니기 때문에 각자 형편에 따라 하면 될 것이다.
  필자는 아파트 가까운 곳에 산이 있어 자주 맨발등산을 하는 편이고 고향사람들과의 산행에서도 권장 차원에서 여러 번 시도하기도 했다. 몇 년 전 청계산 이수봉을 오를 때만 해도 여러 사람이 시도한 바 있었으나 봉우리에 올라보니 필자 혼자 맨발이었다. 그 뒤에 재경남해군향우회 김형배 사무총장과의 수락산 산행에서는 상봉까지 맨발 산행을 마친 일도 있다. 이 날 앞서 가던 노인 한 분이 하강바위 부근에서 추락하는 위급한 상황을 목격하고 119

구급대에 신고하여 출동한 헬기의 구조요원과 그 노인을 같이 구조한 일도 있었다. 그 때 헬기의 프로펠러 바람이 몰고 온 모래자갈이 카메라에 쏟아지는 바람에 구입한지 석 달도 안 된 카메라를 버려야만 했다.

　필자는 처음부터 지압효과를 보기위한 건강 차원에서 맨발 산행을 한 것은 아니었다. 6월 호국보훈의 달 한 달 동안 격전지 산행을 할 때 그 산 도처에는 전사자 유해발굴이 계속되고 있었기에 경건한 마음으로 산길을 오른다는 생각에서 시작한 것인데 요새는 건강 차원의 맨발산행까지 겸하게 되었다. 고산 등산로에서의 맨발산행은 위험을 다소 수반하지만 나름대로 장점이 많다. 공원에서 하는 것과는 차원이 좀 다르다. 지압효과가 높은 뾰족한 돌들이 많으며 때로는 향기 좋고 탄력 좋은 솔잎 낙엽이 있으며 기를 발산하는 황토와 암반지대를 밟을 수 있고 거기다가 산새소리, 물소리, 솔바람 소리는 낮은 지대의 공원과는 판이하다. 잘만 하면 그야말로 치유의 효과가 극대화된 맨발산행이라고 생각된다.

　처음에는 발바닥이 아프고 상처가 나기도 하지만 한 달 정도만 하면 굳은살이 박히면서 뾰족한 가시도 툭툭 부러지는 단단한 발바닥이 되고 이쯤 되면 등산화는 거추장스러울 뿐이다. 발은 '제2의 심장'이라고 한다. 그 까닭은 걸을 때마다 받는 압력으로 혈액을 심장으로 올려주어 혈액순환을 촉진하기 때문이다.

명품을 기다리며

> 자연의 섭리 따라 변하는 것 중에도
> 하늘이 중생에게 내리는 명약 있어
> 은근과 끈기에서만 그를 만나 보리라

10년 묵은 은행 과즙 발효액을 우연히 찾아내고는 상당히 주목했던 일이 있었다. 오랠수록 신비스런 효능을 지닌다는 그 방면 전문가들의 이론들이 즐비하던 때였다.

필자가 16년 전 2005년도에 어느 곳을 관리하고 있을 때 그 지역의 유명한 한의사 한 분이 노랗게 익은 마당의 수십 그루 은행열매를 채취하게 허락해 주면 은행알은 나에게 주고 과육만 가져가겠다는 제안을 해왔다. 바람불면 지천으로 떨어져 밟혀 깨지고 그 냄새가 고약해 코를 막아야 했는데 그걸 고가사다리 장비로 털어 말끔히 청소해주고 며칠 후에 은행알도 보내준다니 당연히 그러라고 했다.

그 은행 열매 과육을 어디다 쓰느냐고 물었더니 예부터

내려온 비방을 살짝 가르쳐 주셨다. 은행열매를 세척하여 삼베주머니에 넣어 무거운 물체를 얹어 놓으면 사흘까지 노란 즙이 빠져나오는데 그 냄새가 고약하여 혐오감을 느낄 정도이고 알레르기에 민감한 사람은 만지면 피부에 가려움증이 생길 수도 있다고 했다.

이 과즙을 발효 시켜서 3개월 정도 지나면 식초가 되고 연륜이 쌓일수록 몸에 좋은 성분들이 생성되어 그 가치가 높아지며 10년이 넘으면 신비한 향기와 독특한 약효로 그 가치가 극에 달한다고 했다.

은행 즙을 낸 다음 용기에 담아 베란다 세탁기 뒤의 어두운 공간에 놓고 깜박 잊고 있다가 세탁기를 교체하다가 발견한 것이다. 겉에 싼 비닐은 10년의 세월에 너덜너덜 삭아있었고 병속의 발효액은 황금색으로 찬란했다.

그동안 아무도 모르게 10년의 세월 동안 이 은행과즙은 환골탈태하여 신비를 머금은 명약으로 세상에 나오게 되었으니 뚜껑을 여는 손이 떨렸다. 빛깔도 형언할 수 없이 고운데다 이 세상에서 처음 맡아보는 향기는 필자를 황홀경으로 몰고 갔다. 맛을 볼 차례, 한 스푼을 입속에서 굴린다. 이 세상의 어떤 맛에 비유할 수 없는 신비스런 맛 앞에 오묘한 자연의 섭리를 느껴 본다. 10년의 발효를 거쳐 이렇게 신비스런 곱고 고운 빛깔과 향기와 맛으로 다시 태어날 수 있는지….

 얼마간 시식하고 다시 새 냉장고 더 깊숙이 넣어 두었고 다시 5년이 경과하였으니 이 발효액의 연수는 16년이 되는 셈이다. 지금 조금 멀리 나와서 여름을 보내고 있는데 초가을 쯤 다시 이 발효액의 상태를 점검해 보기로 하였다.

다시 바다로

해령의 숨소리가 전신을 휘감으니
유년이 눈을 뜨고 고희의 시작이다
어쩌나 다시 바다로 배를 띄어 볼거나

이 나이에 다시 푸른 바다를 꿈꾼다. 큰 배를 몰고 대양으로 나아가는 것은 이미 늦었다. 강진바다에 걸쳐 있는 그림 같은 4개의 대교와 푸른 바다를 돌아 앵강바다로 나아가는 내 고향 남해도를 마음껏 돌아 볼 수 있는 방도를 찾아본다. 그 중에 하나가 내 손으로 배를 모는 것이다.

어린 시절 폭우로 불어난 마을 앞 봉천에서 죽마고우들과 마을에 지천인 대나무로 만든 뗏목을 타고 강진바다 쇠섬으로 향했던 일들이 주마등처럼 달려온다.

4월 7일 서울 부산이 뜨거울 때, 아니 대한민국 네거티브의 망령이 유권자들을 괴롭힐 때 태극권 회원 중 삼총사라 일컫는 세 사람은 시끄러운 세속을 잠시 떠나 한강의 마포나루 보트에 몸을 싣고 있었다. 이른바 동력수상레저기구조종면허시험 마지막 관문인 실기시험을 치는 날이다. 칠십대를 넘어선 두 사람, 팔십대를 넘어선 한 분, 그들이 지력과 체력을 검증받는 날이기도 했다.

  수상레저안전, 운항 및 운용, 기관, 법규를 책으로 공부하면서 생전 처음 들어보는 용어와 이론을 머리에 넣기가 그리 쉬운 일은 아니었다. 하지만 4월 1일 해양경찰청 인천해양경찰서 여의도 한강 파출소 필기시험장에서 무난히 합격증을 받아 든 세 사람은 곧바로 4월 4일부터 6일까지 실시되는 실기연수 접수와 동시에 4월 7일 실시되는 실기시험을 신청하였던 것이다.

  역시 만만치 않았다. 사흘간 하루 4회의 코스를 연수하면서 실기를 마스터해야하기 때문이다. 덜컥 한 번에 붙자고 서로를 격려한 삼총사는 감점의 위험도가 가장 높은

사행코스에 집중하여 토론하고 각자가 터득한 노하우를 공유한 결과 무난히 합격하여 면허증을 취득한 것이다. 모터보트나 각종 수상레저기구를 몰고 바다로 나아가기 위한 교두보를 마련한 것이다. 면허 없이 배를 몰고 바다에 나갔다가는 1년 이하의 징역 또는 천만 원 이하의 벌금을 물어야 한다.

 4월 21일에 실시하는 3시간의 안전교육을 신청하고 돌아오는 발걸음은 무척 가벼웠다. 새벽같이 여의도로 마포나루로 달려갔던 일을 회상하며 그동안 격려하고 도와주셨던 태극권회원 여러분들과 집안 식구에게 감사드린다. 실기시험 직전 태극기공 8단금(八段錦)으로 심신의 기맥을 확장하던 모습의 사진이 있어 같이 실어 본다.

9부 산촌에 들어

산촌에 들어
효자 가마솥
낙락장송
이 넉넉함
아로니아
벼메뚜기
마음으로 듣는 소리
돌담 호박님
두루마리 선물
고사목이 전하는 음률
호박 시화전

산촌에 들어

> 붓글씨 눈을 뜨고 태극권 깊어질 때
> 심신이 조화 이뤄 글도 술술 나오더니
> 고사목 다듬은 속엔 음률 숨어 있었네

　산촌에 들어 봄, 여름, 가을이 지나고 한 잎 남았던 앞마당 고목나무의 마지막 잎사귀가 유난히 긴 여운을 남기며 떨어지는 이른 아침, 필자는 데크 위에서 태극권 몇 마장을 펼치고 있었다. 겨울비가 얼음이 되어 꽤 미끄러웠다. 떨어진 마지막 잎사귀가 찬바람에 구르며 발 옆으로 다가왔다가 필자가 밟아가는 초식 위에서 자꾸만 맴돈다. 이날은 과(골반 부분의 케어)에서 생성된 기혈이 머리 끝, 손 끝, 발바닥으로 쏟아져 나옴을 느낀 날이었다. 수련 중 의(意)와 념(念)을 놓치지 않고 어느 단계에까지 올라야 나타나는 현상이다.
　태극권에서 몸을 원이나 타원으로 움직여 발생하는 나선형의 움직임을 '꼬인 실'이라는 의미의 '전사(纏絲), Coiling'라고 하며, 전사에 의해서 얻어지는 힘을 '전사경(纏絲勁), Coiling power, Chan Jin'이라고 한다. 전

사경이 제대로 되면 가공할 힘과 아울러 기혈의 움직임도 분명 일어나게 되어 있다. 나선형으로 감아 놓은 호스에 세찬 물줄기를 통과시키면 호스가 요동치며 앞으로 세차게 뻗어나가는 원리에 비유하면 적합할지 모르겠다.

이 날은 폭 1.5m 길이 5m의 두루마리 인조 실크에 서성 왕희지의 행서 법첩을 보며 붓글씨를 얹은 날이었다. 그리고 덕고산에 올랐다가 내려와 고사목을 다듬으며 공명통에서 울려 나오는 음계를 찾으려 뚫어진 공간에 현을 걸어 퉁겨본 날이었고 남해시대 신문에 연재할 '김봉군 교수의 역사와 문명진단《이 역사를 어찌할 것인가》'를 탈고한 날이며 산촌의 벗과 인근의 치악산 폭포를 등정한 날이었다.

산촌에 들어 태극권, 붓글씨, 시조와 산문 창작, 고사목 다듬기, 출판 준비, 고향 신문에 매주 한 편씩의 칼럼 연재, 텃밭 가꾸기, 산악 등반 등이 요새 주된 작업이다.

'〈나의 고향, 나의 삶〉 칼럼을 시작하며'라는 호박에 새긴 머리말의 시조 한편이 유난히 눈에 밟힌다.

효자 가마솥

> 나무도 나무 나름 주목이 타는 아침
> 가마솥 그 아래서 천년 향 내뿜다가
> 덕고산 신선을 따라 안개 속에 묻힌다

    강원도 어느 산골에 들어가서 혼자서 얼마간 살면서 지친 심신을 좀 연마하기로 하였다. 필자가 맨발로 즐겨하는 종목의 운동을 할 수 있는 깨끗한 데크가 있는데다 식구들이나 친척들이 오면 휴식도 취할 수 있는 편백 황토방이 있고 조그마한 남새밭이 주목 울타리에 싸여 있는 집이었다. 동네 반장님이 자기 땅이 좀 있으니 농사를 지어보라고 했다. 더덕을 캐낸 600평 정도의 면적이었다. 땅은 기름지고 교통은 좋은 곳이다. 지금의 나이에 농사를 시작한다는 것은 문제가 생길 수 있고 본가로 자주 왕래해야하기에 사양하였다.
    운동과 집필활동에 전념하면서 심신연마의 기회를 마련하기 위해 여기 온 이상 딴 생각은 하지 않기로 했다. 주변 이웃 분들과 많은 시간을 보낸다. 집집마다 대문이 없이 서로가 터놓고 살다보니 인보정신과 협동정신이 저절로 길러진다. 마을길의 잡초 제거와 교통을 방해하는 길가의 나무 벌목에 동참해 봤는데 모두가 어찌나 자발적이고 근면 협동정신이 강한지 70년대의 새마을 운동을 보는 듯 했다.

 장수마을의 명패를 달고 있는 마을이라 서울 등 외지에서 많이 들어와 살고 있으며 가까운 이웃끼리는 그럴 수 없이 사이좋게 잘 지낸다. 어제도 아침밥을 먹고 있는데 느닷없이 몇 분이 들이 닥친다. 이 더운데 왜 집에 있느냐며 산으로 차를 몰고 도착한 곳은 물이 쏟아지는 치악산 깊은 계곡이었다. 더위를 피하며 하루가 넘어가고 또 내일이면 이곳에서 제일 잘하는 막국수 먹으러 가자고 쳐들어 올 것이다.

 마당에 가마솥이 있어 참 알차게 쓰고 있다. 가마솥을 만지면 어릴 적 고향생각이 절로 난다. 여름 날 마당에 가마솥 화덕을 설치하고 칼국수나 수제비를 만들어 주시던 할머님과 어머님의 모습이 아련히 떠오른다.

 필자의 가마솥 사용법은 상황 따라 변한다. 오늘은 주목 울타리 정리한 부산물을 화목으로 사용하였다. 주목 타는 향기로운 냄새가 마을을 진동하고 뒷산까지 적신다. 돼지고기는 구워먹는 것보다 삶아 먹는 것이 건강상 좋기에 우선 돼지고기를 삶아낸다. 삶아낸 국물은 버리지 않고 애견의 사료에 조금씩 섞어주면 아주 좋아한다. 다음엔 가열된 솥에 물을 조금 부으면 3일분 간식용 달걀 6개가 순식간에 익는다. 다시 물을 부어 며칠 전 뒷집에서 뜯어가라고 하는 근대를 데쳐내어 두 집이 나누어 먹는다. 다음엔 옆집 분이 낚아서 손질해서 준 붕어의 도리뱅뱅을 할 차례다. 냉장고에 보관해둔 붕어를 내어 와서 옆집 할머니께 요리 좀 해달라고 부탁드린다. 그리고는 이웃집 사람들을 오게 해서 점심을 겸해서 나누어 먹는다. 말려둔 쑥이 가마솥으로 들어가고 쑥물이 까맣게 우러나면 숯불은 삼겹살 화덕으로 옮겨져 고기를 구워낸다. 이웃 사람들이 돌아간 뒤 쑥의 향기가 진동하는 따끈따끈한 새까만 쑥물로 머리를 감는다, 탈모나 피부에 좋다고 해서 필자도 따라 해보는 것이다.

낙락장송

> 어느 날 번개 따라 승천한 낙락장송
> 고승의 사리마냥 가지 복령 두고 가니
> 불자가 고이 거두는 염주 알의 천년 향

산을 오르는데 엄청나게 큰 노송이 부러져 길을 막고 있었다. 벼락을 맞은 듯했다. 밑둥을 안아보니 세 아름을 조금 넘었다. 양지바른 좋은 곳에 우뚝 솟아 모양새도 뛰어났을 이 노송은 어느 날 번개를 맞이하여 그야말로 벼락치는 소리를 산천에 남기고 장렬한 최후를 맞이했으리라. 부러진 부분의 나이테를 세어보니 대충 3백 개가 넘는다. 정식 등산코스가 아닌 개인 사유의 산길이니 이것의 처리는 산주의 마음에 달렸다. 그날 등산을 마치고 산주를 찾았다. 산주는 동네 반장님이셨다. 노송이 넘어진 까닭을 물으니 벼락을 맞은 것 같다고 했다. 필자의 추측과 일치하였다. 밑 둥이 세 아름이 넘는 이 노송은 지상 5미터쯤에서 3가지를 펼쳤는데 남쪽으로 향한 가지가 벼락을 맞고 옆으로 찢어지니 나머지 두 가지도 균형이 무너져 떨어져 나간 듯했다. 이 적막한 산중에 천둥번개가 이 노송을 때리는 것을 누가 본 것은 아니지만 떨어져 나간 큰 가지 중에 어느 한 가지가 새까맣게 타있으니 이러한 추측이 가능한 것이다. 필자는 산주에게 이 나무의 일부를 좀 달라고 했더니 그냥 다 가지라고 했다.

격세지감을 느낀다. 땔감이 귀했던 필자의 어린 시절 60년대를 생각해본다. 할머님께서 읍내 5일장이나 새벽시장에서 장작이나 솔가지 묶음의 땔감을 사 오시던 모습이 주마등처럼 지나간다. 그 뿐이 아니다. 필자는 학교를 파하거나 공휴일이면 동네 아이들과 이산 저산 오르내리며 소나무 낙엽을 갈퀴로 긁는 다거나 나무 그루터기를 파와서 땔감에 보탰다. 먹는 것, 입는 것도 귀했지만 산이 헐벗어 땔감도 귀하던 시절이었다.

반장님께 노송의 필요한 부분만 좀 쓰겠다고 허락을 받고 뒷날 산에 올랐다. 적송의 향기는 탁월하다. 이 적송의 송진이 흘러나와 굳어 있는 곳은 솔 향이 더욱 진하게 발산된다. 특이하게 생긴 부분을 정성들여 잘라와 조각도로 모양을 다듬고 사포로 말끔히 닦으면 긴 세월 농축되어 굳어진 송진 덩어리는 그대로 살려두니 진한 솔향기가 품어져 나온다. 송진 덩어리 달린 목침을 베어보니 솔향기에 머리가 맑아진다. 나선형으로 휘어 올라간 긴 줄기와 곁가지를 곱게 다듬으니 무엇을 걸어두기에 안성맞춤인 공예품이 된다. 옹이가 있는 부분을 세로로 깎아보니 원줄기에 나타나는 옹이의 곡선 또한 아름답다.

이 넉넉함

> 장수촌 명패를 단 이 마을 살아보니
> 말년에 웬 복인가 심간은 편안한데
> 고향 꿈 산창에 걸려 너는 떨고 있고나

  필자는 이런 저런 이유로 잠깐 가족과 떨어져 강원도 어느 산골에 기거하고 있다.

  말이 산골이지 KTX로 서울에서 1시간 이내의 거리다. 무슨 일이 생기면 당장 서울로 또는 본가로 달려갈 수 있는 여건이 마련된 곳이기에 가족과 지인들과의 만남의 기회를 놓치는 일은 없어 보인다.

  늘그막에 대자연 속에서 안식년이란 걸 흉내내 보는 것이다. 틀에 짜인 공직생활을 마감하고 비교적 자유로운 시간을 얻어 문예지, 주간지에 실을 시문창작 활동과 남들이 잘 하지 않는 운동인 태극권/우슈/쿵후로 양생의 효

과가 증대되니 과히 나쁜 선택은 아닌 것 같다.
　주간지에 시조를 포함한 매주 한 편씩의 칼럼을 연재하여 독자들과 만나는 시간을 충실히 할 수 있음에 더욱 그러하다. 다만 한 가지 이웃과의 정다운 삶을 이어가는 것에 대해서는 상대적이기에 좀 신경을 써야 할 부분이다.
　손바닥만 한 오막살이라 답답함을 느낄 때 옆집 아저씨가 당신의 파종면적은 줄이면서 땅을 할애해 주신다. 문전옥답인데다 그것도 비료 넣고 밭갈이해서 비닐 멀칭까지 해주시는 후덕한 이웃이다.
　채소와 과일을 돌담 너머로 넘겨주심이 다반사이고 지난번에 이어 어제도 친구 분과 낚아 온 참붕어를 손질해서 넘겨주신다. 인터넷의 동영상을 보고 난생 처음 도리뱅뱅이와 추어탕도 만들어 본다.
　간혹 밤이면 마당 가마솥에 장작불을 지피면 캠핑이 따로 없다. 가족의 만류도 뿌리치고 내가 좋아 이곳에 들어온 이상 적어도 먹는 것으로 인해 가족에게 걱정을 끼치는 일은 없어야 한다.
　어제는 아침 일찍 황토방에 넣을 쑥을 채취하러 애견을 데리고 뒷산으로 갔는데 노인회장님이 총무님과 함께 트럭을 몰고 험한 산길을 오고 계셨다.
　전화를 두 번이나 해도 안 받아서 걱정이 돼서 올라오신 것이다. 산세가 험하고 말벌이나 독사가 많음을 염두에 두신 듯하다.

아로니아

> 이름은 아로니아 별명은 왕의 열매
> FTA 제로섬에 재배농가 한 숨 소리
> 생과나 분말 농축은 그게 그거 아닌가

　유럽의 왕, 귀족들이 먹는다고 해서 '왕의 열매'라는 별호를 가진 아로니아가 대량으로 머금고 있는 안토시아닌은 항산화, 항암, 항당뇨, 시력보호, 노화방지, 체지방 분해의 효과가 뛰어나고 더구나 최근에는 발암성이 우려되는 합성 착색료를 대신해 안전한 천연식료로도 주목 받고 있다. 아로니아의 안토시아닌 성분이 블루베리의 6배, 포도의 12배가 되니 흔히 이 과일을 안토시안 덩어리라고도 한다.

　전 세계 아로니아 생산량의 90%가 폴란드에서 생산된다. 국내에서 2010년대 초반 1kg당 3만 5천원을 호가할 정도로 그 가격은 높았다. 이렇게 엄청난 고소득 작물이다 보니 지자체에서는 농가소득을 위해 이의 재배를 적극

권장하였고 지방마다 조금씩 차이가 있겠지만 대충 처음 심을 때 묘목 값 50%, 상품화 박스, 자재를 지원할 정도였다. 정부가 지원하는데다 고소득의 희망에 부풀어 재배 농가가 급속히 늘어났지만 유럽연합(EU)과의 자유무역협정(FTA) 체결 이후 싼값의 수입 아로니아가 들어오면서 국내산 작물의 가격이 폭락하였다.

그 후 가격은 계속 하락하여 2019년에는 1kg당 500원까지 내려갔다. 가격이 폭락하면서 일부 농민들은 수확을 포기하고 운영비를 감당하지 못하는 농장주들은 파산하기도 하였다. 국내 아로니아가 헐값이 된 것은 수입 아로니아 분말·농축액 수입이 급증했기 때문이다.

생과는 FTA 수입품목에 해당되지만 가공식품은 별도의 제재가 없다. 이에 농가는 유럽산 아로니아 분말이 수입되면서 국산 아로니아 가격이 내려가 피해를 봤다며 'FTA 피해보전 직불금'을 요구했지만 정부는 이를 받아들이지 않았다. 정부는 해외 아로니아가 분말 등 가공형태로 수입돼 국산 생과와는 대체 관계에 있지 않다는 입장이다. 반면 농민들은 '아로니아 생과는 떫은맛이 강해 생과로 유통되더라도 가루 형태로 소비되는 만큼 분말 수입이 농가 수익에도 직접 영향을 받았다고 봐야 한다.'고 주장하며 정부를 상대로 소송을 걸었지만 1,2심에서 모두 패소 판결을 받았다.

재배농민들은 변호인단을 통해 지난 5월 18일 대법원 상고에서 아로니아를 피해보전 직불금 지원대상 품목에서 제외한 1,2심 판결을 파기할 것을 요청하는 상고 이유서를 제출할 예정이라고 했는데 그 결과는 필자도 알아보지 못했다.

 내가 기거하고 있는 이 동네도 아로니아가 많이 재배되고 있다.
 노인회장님께서 재배하시는 아로니아를 좀 따가라고 해서 들고 올만큼 따고 얼마를 드렸더니 정색을 하신다. 그래도 공짜로 먹을 수 없다고 하니 정 그렇다면 다음에 점심이나 한 그릇 같이 하자며 웃으신다.

벼메뚜기

> 친환경 농법인가 메뚜기 지천이다
> 사라진 곤충이라 추억도 지웠는데
> 청정한 심심산천에 장수마을 메뚜기

    한 낮에 집 앞에 나왔다가 누렇게 익어가는 벼를 보는데 뭔가 수없이 튀어 오르며 논두렁에서 논 안으로 도망치는 곤충을 본다. 벼메뚜기다. 순간 타임머신을 타고 60여 년 전의 고향 가을 들녘으로 던져진 느낌이었다. 어릴 적 벼가 누렇게 익어 황금벌판으로 변한 마을 앞 하마정 논두렁에 나가면 수많은 벼메뚜기가 툭툭 튀어 오르며 가을 하늘에 포물선을 그리던 모습이 눈앞에 선하다. 우리나라의 토종 벼메뚜기는 벼 잎을 갉아먹기는 하지만 크게 해를 끼치지 않기 때문에 농군들에게 경계의 대상은 아니었고 아이들은 메뚜기를 잡으며 가을 들판의 풍성한 정서에 젖어드는 경우가 많았다. 빠르게 튀는 벼메뚜기를 한 마리 두 마리 잡아서 사이다 병속에 넣다 보면 어느 듯 가득 차게 되고 집에 가져와서는 닭장에 뿌려준다. 닭장 속을 탈출하여 다시 들판으로 돌아가는 놈도 있고 닭의 먹이가 되는 놈도 있다. 한 번씩 메뚜기를 닭에게 주면 아주 튼튼하고 탐스런 알을 낳게 되는데 메뚜기에게 단백질이 풍부함인지 계란 노른자가 노란색을 넘어 아주 붉을 정도였고 단단하여 잘 으깨어지지도 않았다.

 필자는 어릴 적 고향 마을 앞 하마정 벌판의 메뚜기 잡이 추억을 떠올리며 농막으로 들어와 투명한 병 하나를 가지고 나와 몇 마리를 포획하는데 어찌나 동작이 빠른지 잡기가 쉽지는 않았다. 잡으려고 손으로 덮치면 툭 튀어 올라 다른 볏짚으로 도망친다. 다시 잡으려고 다가가면 자기 몸을 숨기려고 살짝 살짝 위치를 바꾸며 볏짚 뒤로 숨는 모습을 보면 웃음이 절로 나온다. 사진 몇 장 촬영하고 병속에 넣었던 벼메뚜기를 다시 풀어 준다. 두어 발 멀리 살모사 한 마리가 똬리를 틀고 앉은 모습을 본다. 논두렁에 지천인 개구리를 노리는 모양이다. 언덕에 뭔가 '툭' 하며 떨어지는 소리, 알밤 떨어지는 소리다. 주변에 수두룩이 쌓였다.

마음으로 듣는 소리

> 사뿐히 내려앉는 밤송이 그 소리가
> 이명을 몰아내고 내 귓가 만지는 날
> 여명에 찾아온 친구 덕고산을 오른다

    새벽녘 책 한권에 몰두해 있는데 알밤 떨어지는 소리가 정적을 깬다. 하지만 그 소리가 책을 읽는데 방해가 되지는 않는다. 시차적으로 딱 맞는 것은 아니지만 문장의 단락을 끊어주는 역할을 하여 더 나아가지 않고 잠깐 눈을 감고 내용을 파악하는 시간으로 끌고 가니 책을 읽어가는데 음악에서의 추임새 역할을 한다는 생각도 해본다.
    이 알밤 떨어지는 소리는 집안에서도 들려오고 옆 언덕에서도 들려오는데 데크에서는 '팡'이고 마당에서는 '퍽'이며 주목 울타리나 길섶의 억새나 대추나무 잎에서는 '스르륵'으로 표현해본다. 그런데 알밤이 밤송이에 달라붙은 채로 데크에 떨어지는 소리는 아주 미묘해서 청각으로 듣기 보다는 마음으로 들어야 한다. 들리는 듯 마는 듯 그냥 뭐가 가볍게 스쳐 지나가는 소리다. 그나마 데크 밑의 창고가 울림통 역할을 해서 이 부드러운 소리도 들을 수 있는 것 같다. '팡' '퍽' '스르륵'도 아닌 이 미묘한 마음의 소리….

　세상사 마찬가지다. 범이라도 잡을 듯 고래고래 고함치며 세상을 시끄럽고 요란하게 소리치던 자들이 범을 잡기는커녕 쥐 한 마리도 제대로 거두지 못하더니 급기야는 집에 키우던 토끼도 건사치 못하는 무모함을 만천하에 싸질러 놓기도 한다. 이들의 시끄럽고 요란한 소리는 어떻게 표현해야 할까? 그냥 '그 입 다물라!' 따끔한 호질(虎

叺)이 생각난다.

  소리를 글로 표현하기는 어렵다. 그러나 우리글은 소리글자여서 어떤 소리도 가장 원음에 가깝게 낼 수 있는 장점이 있다. 뜻글자의 대표적인 한자로써는 '팡', '퍽', '스르륵'을 표현할 길이 없다. 필자가 알밤 떨어지는 소리를 '팡', '퍽', '스르륵' 정도로 표현해 봤지만 알밤을 담은 체 사뿐히 떨어지는 그 미묘한 밤송이의 소리는 표현할 길이 없다. 그냥 마음으로 듣는 사색의 소리라고 해 두는 게 좋겠다.

  이제 청력도 서서히 떨어지는 시기다. 하지만 건청으로도 듣기 힘든 밤송이 살짝 내려앉는 소리를 이 새벽에 그것도 책을 읽으면서 들어보는 천혜의 환경을 마련해준 가족들의 배려와 넉넉한 인심의 이웃이 고마울 뿐이다.

  여명이 터오고 글이 거의 끝나는 시간 누군가 밖에서 부른다. 동갑내기 박사장이다. 우리 나이에 새벽공기는 약이라며 덕고산을 같이 올라가는데 길에 떨어진 알밤이 지천이다.

  "큰 거만 좀 주워갑시다. 밟고 지나가기가 좀 그렇네요."

  참 좋은 친구의 멋진 표현이다.

돌담 호박님

> 긴 장마 이겨내고 땡볕도 품은 님아
> 돌담이 뜨거워도 마냥 웃던 둥근 님아
> 이웃님 넘겨준 사랑 짚방석에 앉히다

 돌담의 추억은 깊다. 고향에 있을 때도 돌담에는 호박 넝쿨이 기세 좋게 뻗어나가다가 꽃을 피우고 호박을 달았다. 누가 심었는가는 그리 중요하지 않다. 나중에 호박잎이나 호박을 따서 담 넘어 넘겨주는 사람이 심은 경우가 많다. 이웃에게 더 싱싱한 호박잎과 튼실한 호박을 양보하는 이웃 사랑이 꽃피던 시절을 생각하면 지금도 가슴이 뭉클해진다. 필자가 기거하고 있는 이곳의 이웃사랑이 고향의 아름다운 옛 추억 못지않으니 늘그막에 이 얼마나 큰 행운인가.
 무릎 높이의 돌담은 이웃 간의 하루를 여는 대화의 창구이다. 아침인사는 여기서부터 시작되고 안부를 묻고 그날 할 일을 물어 보고 어제 일어났던 소식들을 서로 주고 받는다. 필자가 아파트를 탈출한 큰 이유가 여기에 있다. 이 돌담에 이웃님이 심은 호박넝쿨이 담을 기어오르더니 꽃을 피우고 호박을 대여섯 개 달았다. 돌담도 정답지만 싱싱한 호박넝쿨이 얹히니 더욱 보기 좋았다. 이웃님은 담에 열린 호박은 모두 필자가 따먹으라고 하셨다. 집안에 키우던 호박은 물론 오이, 가지, 열무도 수없이 돌담위로 넘겨주시던 이웃님이다. 낚시해온 참붕어까지 손질해서 넘겨주시더니 급기야는 심심하니 농사도 좀 지어보라며 문전의 텃밭도 내어주셔 지금 그곳에 각종 채소를 심어 잘 가꾸고 있다.

　돌담에 걸터앉은 호박들을 익혀보기로 했다. 장마와 폭염에 몇 개가 떨어지고 세 개가 잘 커가더니 가을에 튼실하게 익은 호박으로 변신했다. 호박을 따던 날 이웃님은 반장님네 지붕으로 호박넝쿨이 건너가 아주 큰 호박이 달렸으니 그것도 따가라고 하셨다.

　집으로 가져온 호박들을 보며 또 한 번 어릴 적 고향 추억에 젖는다. 할머님과 부모님께서 농사 지으신 그 큰 잘 익은 호박들이 풋풋한 향기를 품어내며 방안 가득 쌓여 있을 때의 풍요로움을 잊을 수가 없다. 그 때를 생각하며 방 한 곳에 짚으로 정성들여 만든 똬리방석위에 수많은 씨앗들을 잉태한 호박님들을 모신다. 그리고 이웃님에게 드릴 마음의 선물로 시조 한 수씩의 옷을 입혀드린다.

두루마리 선물

> 이웃이 건네주는 원단의 두루마리
> 주단에 시를 써서 호박에 걸쳐보니
> 정암리 일곱 이야기 이웃 분이 열두 분

　이웃 분이 창고를 정리할 때 두루마리 원단 수 십 폭을 얻었다. 가죽에 융을 붙인 것이 있었고 천과 융 사이에 스펀지를 넣어 탄력성이 있는 것도 있었으며 꽤 고급스런 주단(紬緞)도 있었다. 언젠가 대한민국서예대전에서 두루마리에 왕희지의 행서 '집자성교서'를 쓴 대작에 심취한 적이 있었다. 그 유려하고 웅장한 품세를 조금이라도 더 담아가기 위해 전시 기간에 세 번 정도 입장하여 대작 앞에서 태극권의 참장공을 하듯 우두커니 서 있기도 했다. 혼백이 그냥 글자의 숲속으로 들어가서 헤매다 왔다는 표현이 알맞을 것 같았다.
　청정하고 온화한 햇살이 따스하게 내린 어느 날 필자는 맨발로 운동하며 반질반질 닦아 놓은 데크로 나가 두루마리의 벌판에 섰다. 하얀 융단에 높이와 폭이 20센티미터

쯤 되는 큰 글씨를 써 내려간다. 융과 스펀지와 천이 삼중으로 붙어있어 붓이 닿는 감촉이 그리 좋을 수 없다. 서예의 수준을 떠나 필자도 종이가 아닌 융단에 필묵으로 머리를 올렸다는 데서 그 가치를 부여해 본다.

　인조견 두루마리도 펼쳐본다. 너무 아름답다. 미색 바탕에 은실로 모란을 수놓은 것이라 품위도 있었다. 이 아름다운 천에 아직 한참 수준에 못 미치는 붓글씨를 써서 소모시키기엔 너무 아깝다. 대신 조금씩 잘라 이곳에서 창작한 시조를 좀 큰 글씨의 펜으로 적어 넣어 보니 참으로 품위가 있다. 이곳에 놀러온 게 아니다. 건너뛰지 않으면 심신이 견디기 힘든 세속의 어둠에서 탈출하여 이루지 못한 여러 가지를 완숙의 단계로 끌어 올리고 노년을 격려하기 위한 말 중에 그래도 심신의 양생만 잘 하면 실현 가능성이 충분해 보이는 '인생은 칠십부터'의 고마운 슬로건에 매달려보기로 마음먹고 가족들의 동의를 구하여 홀로 원족을 감행한 것이다.

고사목이 전하는 음률

바람이 우는 건가 고사목이 우는 건가
바람과 고사목이 주고받는 산 이야기
음률을 다듬고 골라 듣는 이는 듣느니

  마당가에 장승처럼 세워 둔 고사목에서 불규칙하지만 대금에서 나오는 음과 비슷한 음향을 감지한 것은 아주 최근의 일이다. 필자는 대금을 깊이 알지는 못한다. 하지만 교직에 있을 때 이러 저러한 연수회가 있어 음의 높낮이(임,남,무,황,태,고,중) 정도는 알고 소리도 낼 수 있다.
  어느 날 바람이 세게 불 때 고사목의 빈 통속을 통해 나오는 소리는 그 울림이 웅대해서 뭔가 신비스런 느낌마저 들었다. 아주 저음으로 울리는 이 소리는 바람이 통속을 통하여 여러 구멍으로 나가면서 미세한 화음의 성질을 보여주기도 하였다.
  그 이후로 별 생각이 다 들었다. 이 고사목을 잘 다듬고 조율해서 매머드 목관악기로 만들어 볼까? 두드려 보면 음 높이가 다른 음들이 울려 나옴에 사찰의 악기인 목어나 목금으로 만들어 볼까? 아니면 저절로 생긴 여러 공간에 현을 걸어 현악기로 만들어 볼까하다가 결론적으로 세 가지를 다 만들어 보기로 하였다. 우선 덩치가 큰 고사목의 빈속이 공명통의 역할을 충분히 하여 삼각형 모양으로 생긴 구멍 부분의 가장자리를 왼쪽이나 오른쪽으로 두들겨 가면 도,레,미,파,솔,라,시,도 8음계와 유사한 소리가 난다는 것이다. 더구나 이 고사목은 군데군데 구멍이 나 있어 현악기에서의 현을 걸어 튕겨보면 역시 높낮이가 다른 음이 떨려 나오니 현악기로 태어날 가능성도 있다. 거칠고 정확하지 못한 음계의 조율은 나중에 미세 손질을 가하면 될 것이다.

올 겨울에 고사목이 전하는 음률을 다듬고 골라 대형의 목관악기, 현악기, 타악기를 만들어 볼 참이다. 애벌 손질의 이 고사목은 아직은 거칠다. 길이가 170cm, 몸통의 지름이 30cm로 결코 작지 않은 이 고사목이 악기로 변신한다면 그것도 관악기와 현악기 그리고 타악기의 종합세트가 되리라. 거친 표피를 닦아내니 이외로 기름기가 반질반질한 매끈한 피부가 나타난다. 거기에 아름다운 목재 특유의 무늬가 선명하니 금상첨화다.

호박시화전

> 긴 장마 이겨내고 땡볕도 품은 님아
> 돌담이 뜨거워도 마냥 웃던 둥근 님아
> 이웃님 넘겨준 사랑 짚방석에 앉히다

〈나의 고향, 나의 삶〉에서 호박을 주제로 두 번째 글을 올린다. 그 만큼 가을 호박에 대한 고향과 이곳의 정서가 너무나 닮아있기 때문이다. 호박에 대한 첫 번째 글은 홀로 새로이 거처를 정한 산촌마을의 정감 어린 이웃 간의 소중한 이야기를 펼치기 위함이었는데, 비단조각에 시를 얹어 호박에 씌운 것을 보고 이웃 분이 고마워하면서 호박을 또 12개나 더 주시니, 이번에는 고향에 대한 내용으로 꾸며볼까 마음먹고 지난 번 호박 5개 옆에 다시 호박 12개를 짚방석과 낙엽 위에 앉히고 지난번처럼 비단에 글을 새겨 호박에 얹었다.

이번 글은 필자가 『남해시대』 신문에 연재한 100여 편의 글에서 12편을 골라 시조 부분만 따로 떼어내어 실었다. 이미 발표된 시조를 굳이 이렇게 다시 새겨 호박과 함께 머리맡에 둠은 가을에 밀려오는 고향에 대한 향수를 조금이라도 달래기 위함이다.

어느 새 늦은 가을이 찾아와 집 앞 고목 밤나무의 마지막 남은 잎이 떨어지고 앙상하게 남은 마른 가지를 보며 마당과 데크에 쌓인 낙엽을 쓸어 모으는데 홀로 산촌에든 쓸쓸함이 울컥 치밀어 온다. 세상사 험악함에 홀로 아무리 가슴치고 아파해도 거대한 쓰나미에 낙엽 한 잎의 저항이 무슨 힘이 있으며 세속적으로 무슨 의미가 있겠는가? 혼돈의 역사는 언젠가 사필귀정으로 회귀하는 것. 순천자흥 역천자망(順天者興 逆天者亡)의 하늘 뜻에 맡겨두고 홀로 산촌을 찾아든 이후 이곳의 대자연과 후덕한 인심으로 세상일을 잊어감이 깊어진다 했는데 늦은 가을 날 낙엽 쓸어 모으다가 갑자기 쓸쓸함이 밀려오다니…….

이를 때 쯤 이곳의 동갑내기 친구 두 사람이 찾아 든다. 그리고 바로 뒷집 김사장 댁의 평상에도 몇 분이 모여계시기에 친구 두 사람과 필자는 마시던 찻잔을 들고 김사장 댁으로 건너가 합류하니 더 큰 모임으로 연결된다.

시내에서 대형 음식점을 운영하시는 김사장은 호쾌하고 장부다운 인품을 갖춰 주변의 신임이 두텁다. 필자를 형님이라 부르며 다가오는 김사장에게 필자 또한 예를 다하는 사이다.

횡성 한우 축산업을 하시며 최신 농기계를 투입하여 엄

청난 면적의 대농을 하시는 최사장이 와있고, 건축업을 하시는 고사장도 와있었다. 필자의 시집을 건네면서 강원도 출신이며 경남에서 교편을 잡다가 얼마 전에 퇴직하신 한국문단 중견시인의 동생분임을 알게 되었다.

마을의 높은 위치에 아주 잘 지은 대궐 같은 한옥에 연못과 정원을 멋지게 가꾸시는 박사장도 와 있었는데 얼마 전 서울에서 필자를 찾아온 손님들을 안내하여 박사장의 한옥 기와집을 관람한 적도 있다.

필자에게 호박시화전의 계기가 된 잘 익은 호박 17개를 주시고 문전옥답 텃밭을 내어주신 옆집 윤선생님도 합류하게 되니 남자 여덟 명이 무슨 일인들 못할까?

이렇게 모종의 작업계획이 무르익어가고 있는데 건너편에 멋진 주택을 보유하고 주변을 잘 가꾸고 계시는 홍사장이 차를 타고 가다가 내려 같이 합류하니 군대에서 말하는 전투 최소단위의 분대 병력 9명이 순식간에 모인

다. 가정대소사 알림과 노력동원, 차량지원 등 협조할 내용 등이 자연스레 협의되며 해결책이 당장 도출된다. 사회생활은 이렇게 해야 사람 사는 재미가 있다. 이렇게 9명이 화기애애하게 이야기를 나눌 때 동네에 새로 이사 온 부부가 떡을 돌리면서 필자와 두 친구에게는 각자에게 두 집 몫을 준다. 이 부부의 농장 비닐하우스 속에 똬리를 틀고 있는 꽃뱀을 치워준 고마움의 표현이라 했다.

　이때 정 선생 부부가 지나가시며 인사를 건넨다. 아랫마을 전원주택 단지에 사시면서 매일 아침 고개 마루를 넘어 돌아오는 상당히 긴 코스의 걷기를 하시는 분으로 보디빌더 같은 균형 잡힌 몸매에 기골이 아주 장대한 거한이다. 어느 날 필자의 집으로 안내하여 차 한 잔 마시면서 많은 이야기를 나누고 또 정 선생의 집으로 초대를 받아 후한 대접을 받은 바 있다. 가수 설운도 씨와 절친한 사이어서 그 날도 전화를 연결해 필자와 통화를 한 바 있다. 은퇴하면 필자의 고향 남해로 내려가서 살 계획이라고 한다. 그 후 텃밭에서 가꾸신 고구마 한 상자를 직접 가지고 오시기도 했다. 이 날 노인 회장님이 콩 타작을 하신다기에 다른 친구와 같이 가서 도리깨로 좀 두들겨 드렸더니 점심을 사신다. 호박으로 향수를 달래고 동네 분들과의 만남으로 오늘의 쓸쓸함이 치유되니 이 또한 산촌이 주는 잔잔한 복이다.

　오후 늦게 텃밭에 나가 채소를 돌보고 있는데 이장님이

지나가시면서 "선생님의 농작물 돌봄이 이렇게 지극하시니 채소들이 고마워서라도 잘 클 수밖에 없겠네요. 올해 김장배추와 무우가 이 동네에서는 최곱니다." 엄지손가락을 치켜세우시며 칭찬해주시는 바람에 필자는 나도 모르게 90도로 허리를 굽혀 고마움을 표한다. 이 동네 45년간 이장으로 봉사하시며 동네를 이끌고 온 분이시다. 여러 공로로 국민훈장 모란장을 받으신 분이다. 80대 중반을 넘기셨는데 지금도 오토바이와 대형 트랙터를 몰고 다니시는 걸 여러 번 목격하였다. 이곳에 와서 맨 먼저 인사를 드린 앞집 김 선생님은 이 동네에서 가장 연세가 많으시며 지금 100세를 불과 몇 년 앞두신 분으로 젊은 시절 횡성군청 최연소 과장님을 하신 분이다. 동네에 얽힌 많은 이야기를 해주신 일이 있는데 그날도 엄청 큰 노송이 서있는 정원을 천천히 산책하시면서 건강을 지켜 가시는 모습을 보면서 이장님과 함께 이 곳 장수마을의 표상처럼 느껴졌다.

〈평설〉

향토애·자연 낙원적 생태주의와 지사론
— 감충효 문집 평설

김 봉 군
가톨릭대학교 명예교수·문학박사·문학평론가

1. 여는 말

 벽송(碧松) 감충효(甘忠孝) 선생은 경남 남해읍 죽산(대메) 출신 시조시인이며 선생은 우국지사시다. 선생은 고려 충정왕 원년에 노국한림학사(魯國翰林學士)로 노위왕녀대장공주(魯衛王女大長公主)를 고려로 모셔온 감규(甘揆)의 34세손이다. 감규(甘揆)는 공주를 공민왕과 결혼시킨 후 원(元)으로 돌아가지 않고 고려에 귀화하여 문하시랑평장사의 벼슬을 지냈다. 노위왕녀대장공주(魯衛王女大長公主)는 칭기스칸의 7대손이다.
 고향 남해와 우리 전통 문화에 대한 벽송 선생의 애정은 남다르다. 일찍이 이원수·정한모·유성규 등 거목들의 추천으로 문단에 나온 선생은 특히 시조 창작에 심혈을 기울여 왔다. 시조는 32개 우리 고전 문학 장르 가운데 지금까지 살아남은 유일한 전통 문학 양식으로서, 민족 문화의 꽃이요 세계화의 흐름에 합류할 K-poem이기 때문이다.

남해가 낳은 소중한 교육자요 원로 문인이며 인문학자인 벽송 선생이 회심의 역저 《텅 비어서 부끄럼 없구나》를 상재(上梓)한다. 동향인 사람인 필자에게 이 일은 낭보이며 인문학적 한 '사건'이다. 이 책은 향토 주간 신문 『남해시대』에 수년간 연재하였던 칼럼을 집대성한 땀방울들의 결정(結晶)이다. 여기에는 고향 남해의 인문 지리를 구심점으로 한 문화 의식과 자연사랑, 우국 정신이 이 땅 전역으로 확산되는 밀도 높은 평견(平見)들이 망라되어 있다.

이를 독서의 편의를 위해 몇 가지 관심 영역으로 나누어 살피기로 한다.

2. 벽송 감충효 선생 바로 읽기

벽송 감충효 선생의 역저는 향토애와 전통지향성, 유배문학의 향기, 생태주의와 자연 낙원 지향 의식, 역사 의식과 지사혼의 네 가지 관점으로 읽힌다.

(1) 향토애와 전통 지향성

벽송 선생의 향토애는 절실하다. 그의 향토애가 확산한 것이 전통 지향성이며 조국 사랑이다. 선생의 향토애적 상상력은 남해의 최고봉인 망운산(786m)을 기점으로 하여 펼쳐진다. 망운산 정상은 지리산 천왕봉, 하동 금오산 광양 백운산, 다도해의 섬들과 아스라한 수평선을 한눈에 조명할 수 있는 명승지다.

벽송 선생은 이 같은 망운산 기슭의 남해읍 대나뭇골, 죽산(竹山)에서 생장했다. 이곳은 망운산에서 발원하는 시냇물이 죽산 마을 봉천(鳳川)의 큰물을 만나 강진 바다로 흘러드는 배산임수(背山臨水)의 아름다운 고장이다. 봉천은 중종 때의 유배객 자암(自庵) 김구(金絿) 선생의 경기체가 화전별곡(花田別曲)에 나오는 '봉내, 고내'의 그 봉내일 것이다.

벽송 선생은 고향 마을 울창한 죽림의 청청한 대바람 소리에 젖어 청정심(淸淨心)을 기르며 자랐다. 봉천에서 천렵을 하며 마을 사람들과 어우러졌던 유소년기의 기억은 노년기에 든 지금까지도 생생히 살아 있다. 선생은 이런 기억들을 실마리로 하여 향토 주간 신문 『남해시대』에 칼럼 〈나의 고향 나의 삶〉을 수년간 연재해 왔고, 이를 엮어 귀한 역저를 내게 되었다. 그러기에 선생은 고향 죽산을 상상력의 '베이스 캠프'로 명명한다.

> 죽림 속 바람 소리 들어 본 적 있는가
> 댓잎에 실려 오는 옛 전설을 듣는가
> 성현의 가르침으로 맹종죽도 솟았느니

벽송 선생의 시조다. 선생은 대바람 소리의 기억에서 실마리를 잡아 향토사 고증의 첫발을 내딛는다. 선생은 《남해군지》에서 《신증동국여지승람》과 《경상도속찬지리지》의 기록을 확인하고 남해읍이 설치된 때가 세종 19년(1437)이며 화금현산성을 죽산으로 이전, 축성한 것이 남해읍성임을 밝힌다. 이에 훼손된 읍성에 대한 관심조차 기울이지 않은 세태를 강도 높게 질타한다. 선생은 섣달 그믐의 까치설날에 지내는 세시 풍속 '그믐제'는 유배객들의 영향을 받아 궁중 의식이 가미된 남해 특유의 의례임을 강조한다. 남해에는 궁중 말씨의 잔영이 남아 있다.

남해는 유자·치자·비자, 3자의 고장이다. 벽송 선생은 고향의 대표 특산물인 유자에 강한 애착심이 있다. 천리 밖에 떠나 살면서도 향리에 홍단풍, 춘양목(금강송), 산국, 비파나무, 청매·홍매 나무를 심고, 유자나무 기르기에 정성을 다한다.

> 아파트 베란다에 유자 씨를 심었더니
> 천장에 닿을 무렵 꽃피고 열매 달려
> 고향에 돌려보내니 그도 보기 좋더라

 벽송 선생의 시조 〈고향으로 돌아간 유자〉다. 토종 실생 고목의 유자 씨를 서울 베란다에서 키워 열매까지 맺은 걸 고향으로 이식한 사연을 품었다.
 남해 금산에 오르면 노인성이 밝게 보인다. 서양에서 카노푸스라 하는 그 별이다. 천하 명산 금산정에서 보는 천체 미학을 벽송 선생이 놓칠 리가 없다. 벽송 선생은 남아의 호연지기를 키워주려는 할머님의 격대교육에 힘입어 어릴 적에 이미 금산의 일출과 노인성에 대한 정서를 알고 있었기에 남해읍지에 작자 미상으로 올려져 있는 칠언절구 '노인성(老人星)'에 대해 여러 견해를 밝히고 있다.

> 둥글기는 반달 같고 붉기는 해와 같아
> 봄날 저녁과 가을 아침에 두 번을 찾아오네
> 해마다 높은 대에 올라 노인성을 봄이라

 작자 미상의 칠언절구 '노인성(老人星)'을 필자의 관점으로 시조 형태로 바꿔 본 것이다. 여기서 '높은 대'는 금산이다.
 남해 사람들은 남해를 '보물섬'이라 한다. 선생은 남해읍성과 남해 유배 문학을 2대 보물로 손꼽는다. 향토의 전통성을 중요시하는 선생은 남해에 관한 문헌 고증에 나선다. 《경상도 읍지》 속의 〈남해현 읍지〉(1832~1833), 《남해군 읍지》(1899), 《한국지리풍속지총서》(1933) 속의 〈남해군 향토지〉, 《남해군지》(문신수 외5인, 1958), 《남해군지》 상·하(정현태 군수 시기, 김우영·김종도·정의연 집필, 1,800면, 2010)를 확인해 보인다. 아울러 《사향록(思鄉錄)》(이청기, 1973), 《되돌아본 남해 100년사》(장대우, 2008)를 향토사학적 업적으로 자리매김한다. 또한 사진첩 《한국의 소금강》(이중문, 1965), 《남해문학》(1976~현재)의 공적을 기린다.

벽송 선생의 글에 가천 '다랭이마을' 이야기가 빠질 리 없다. 가파른 비탈에다 다랭이 논을 일구어 설흘산 물을 받아 농사를 지었던 다랭이 마을 사람들의 생존력을, 벽송 선생은 예찬한다.

> 다랭이 논 백 계단을 옆구리에 꿰어 차고
> 푸른 물 밟고 선 가천의 담벼락엔
> 처연히 읽어야 하는 고행의 시가 있다
>
> 한알 두알 돌의 언어 땀방울로 젖어 들 때
> 삶은 산록을 올라 거친 숨을 몰아쉬는
> 백여 층 행간에 걸린 억척같은 서사시여

벽송 선생의 시조 〈반도 남단 다랭이 마을에 가면 (2)〉이다. 남해인들이 억척같이 쌓아 올린 땀방울에서 선생은 장엄한 서사시를 본다.

벽송 선생은 남해 다랭이 마을 앞바다 개펄에 거북선이 묻혀 있으리라 유추한다. 고려 때에 우수사를 두었고, 조선조에 만호진이었던 남면 평산포가 여수 좌수영과 멀지 않은 거리에 있고, 거북선 1척과 병선 1척, 사후선 2척과 군사들이 있었다는 기록에 의지하여 그럴 가능성을 타진하는 것이다. 무량암 주지 범신(汎信) 스님의 천안통(天眼通)은 그런 믿음을 떨칠 수 없게 한다. 거북선 미스터리다.

벽송 선생의 고향 찬가는 절창이다.

> 이토록 우리 보물섬 넘쳐 나는 문화 향기
> 사면에 넘실대는 어족 자원 보고에다
> 해풍에 미네랄 머금은 청정 마늘 시금치
> 지혜를 모아야 할 때 머리 맞댈 올해라오
>
> 마늘 밭 고랑 가에 목매기 울던 곳
> 봉천 고내 삼화천 송사리가 살던 곳
> 내 고향 남쪽 바다 푸른 물을 그리며
> 귀거래 도연명을 찾아봄도 좋을 듯

고향 찬가(애향가) 13수 중의 제8, 12수다.

2020년 초 세종문화회관에서 열린 재경남해군향우회 신년 인사회 때에 발표된 축시 〈귀거래사 오는 날〉이다.

벽송 선생의 시조에 대한 사랑은 시조의 부흥은 물론 그 세계화에까지 확산된다. 프랑스 대학생들까지 관심을 보인 황진이의 시조 이야기를 하고, 필자가 앞장서 있는 세계전통시인협회 회원으로서 몽골 총회에 동반 참석한 경험도 소개한다.

선생이 추구하는 전통 지향성(tradition orientation)의 현저한 표출이다. 선생이 금란지교(金蘭之交)를 소망하며 선비 정신의 표상인 난을 기르는 것도 전통 지향성의 한 실천 행위다.

배고픔에 꽃잎 따서 먹고
그래도 또 모자라 그 순마저 질러먹던
결코 그 시절 서러워서만 아닌
그냥 눈물 어린 가슴에 피는 꽃입니다

시퍼런 오월의 공간에 서서
그 하늘 담기에는
너무 작은 가슴이라
그저 서러운 꽃입니다

〈찔레꽃 피는 고향(일부)〉이다. 찔레꽃 서러워서 아름다운 고향 남해는 '자연 낙원'의 원형이다.

벽송 선생의 고향 찬가는 〈사향 편편 십이수(思鄕片片十二首)〉에서 절정에 이른다.

> 10여 리 달려오니 대성운해 이락사
> 관음포 바라볼 때 노을이 진다
> 돌탑의 사연 어린 탑동을 지나
> 관당벌 좌로 우로 풍요롭구나
>
> 갓고개 부엉새는 울어 예는데
> 치자꽃 핀 못 등에 달빛이 섧다
> 금산 일출 놓칠세라 설친 새벽잠
> 38경 돌아보다 해가 저문다
>
> 최영 장군 무민사 미항 미조항
> 퍼덕이는 고기 떼 살아 숨쉰다
> 물미 도로 돌아서 은점 바닷가
> 은빛 갈치 행렬에 물빛 푸르다
>
> 지족 손도 죽방렴 물살에 울고
> 창선도 건너뛰면 저기 사천 땅
> 점점이 섬을 이어 연륙교 서고
> 대방산 봉수대에 왕후박 나무

아름다운 자연 낙원 남해의 경관을 파노라마식으로 펼쳐 보인 4음보 격, 7·5조 정형시 흥겨운 노래다.

(2) 유배 문학의 향기

남해읍의 봉천 가에는 남해유배문학관이 있다. 남해에서는 해마다 김만중문학상을 수여하며 그 문향(文香)을 기린다. 고려조 7인, 조선조 179명, 도합 186인의 유배객 프로필이 데이터 베이스에 소개되어 있으나, 2백여 인이 남해로 유배되었던 것으로 전한다.

벽송 선생은 자암(自庵) 김구(金絿), 약천(藥泉) 남구만(南九萬), 소재(疎齋) 이이명(李頤命), 후송(後松) 유의양(柳義養), 겸재(謙齋) 박성원(朴聖源)을 대표적인 유배객으로 본다. 선생은 대다수 유배객이 머문 곳이 읍성 봉천 주변이었으리라고 말한다. 노량에 적소가 있었다는 자암의 〈화전별곡〉에 봉천(鳳川)·파천(巴川)·망운산이 제시되고 있음은 별개로 치고 소재(疎齋) 이이명(李頤命)이 〈매부(梅賦)〉를 지은 곳도 봉천 주변이었고 겸재(謙齋) 박성원(朴聖源)의 문집 광암집의 '남해일기'에서 300편이 넘는 한시를 남겼는데 그 한시에 유배생활을 하던 거처의 서쪽에 망운산이 있고 바다에 그 그림자가 드리워진다는 내용을 봐도 남해읍성을 바로 직시하고 있음을 알 수 있다고 했다.

가장 현저한 유적을 남긴 유배객은 숙종조의 소재 이이 명이다. 그는 처소요 서당인 습감재(習坎齋)를 열어 후학을 길렀고, 대표작 〈매부(梅賦)〉를 남겼다. 그가 왕이 되려 한다는 목호룡(睦虎龍)의 무고로 압송, 처형되었다는 소식을 듣고 남해인들이 애통해 하며 봉천사(鳳川祀) 묘정비(廟庭碑)를 세워 위령(慰靈)한 것을 상고할 때, 그의 감화력을 미루어 짐작할 수 있다. 그의 장인인 서포(西浦) 김만중(金萬重)이 노도 배소(配所)에 심었던 매화나무 두 그루를 그의 사후에 봉천변으로 옮겨 심어, 후일 그곳이 무성한 매원(梅園)이 되었다. 이는 벽송 선생이 여러 정황을 들어 고증한 내용이다.

숙종조의 유배객 약천 남구만은 남해에서 9개월 머무르는 동안 특산물 유자를 노래한 영유시(詠柚詩) 20수와 〈제영등망운산(題詠登望雲山)〉, 〈제영등금산(題詠登錦山)〉 등 주옥 같은 작품을 남겼다. 그의 시조 '동창이 밝았느냐'의 배경 사상에 대한 벽송 선생의 관점이 주목을 끈다.

이 시조가 창작된 곳은 남해, 용인, 홍성, 동해시로 갈린다. 약천이 관직에서 물러나 노후를 보낸 용인에 '사래 긴 밭', 장전(長田)이란 곳이 있다는 주장이다. 약천이 머문 적이 있다는 홍성에서는 약천 초당과 시조비를 세워 그를 기린다. 강원도 동해시도 약천을 기념한다.

남해 용문사에서 동쪽 앵강곡(鶯江谷) 고개를 넘어 성

현[작개(作介)]을 지나면 사래긴 밭 고을 장전리(長田里)가 있다는 지리적 연관성과 서포 김만중과의 오고 간 서찰을 검토하여 이 시조는 남해에서 창작되었다는 주장을 박성재 한국유배문화연구소장이 여러 자료로 증명하였거니와 벽송 선생은 박성재 소장의 연구물을 재경남해군향우회지 《남해가 그리운 사람들》(2012년도판)에 게재하여 이를 널리 알리면서 박성재 소장의 연구에 더욱 힘을 실어 주는 내용을 보충한다. 즉, 어떤 자료를 찾아보니 이동면 평지 마을과 장전[긴사래 밭]마을 사이의 들을 사창(社倉: 국가의 곡식을 보관하던 창고)들이라 부르고 있음을 알게 되었고 이 사래긴 밭 마을의 사창들을 지나다니면서 한 나라의 당상관 벼슬을 지낸 분이 농민의 애환을 몰랐을 리 없다. 더구나 조정에서 내쳐진 유배객의 서글픈 심정으로 핍박 받는 농민의 심정을 그의 지성과 감성으로 이 시조를 창작한 것으로 본다는 내용이다. 여기에 그치는 것이 아니라 벽송 선생은 영유시 이십수(詠柚詩二十首)를 따로 분석하는 가운데 남구만이 거제에서 남해로 이배된 뒤에 우리 고장 특산물 유자나무에 얽힌 고사와 농민의 애환을 읊은 시여서 더욱 심오하다면서 보물섬으로 발돋움 하고 있는 이 때 유자에 얽힌 고사와 풍광, 농민의 애환을 심층 분석한 결과 남구만의 시조는 예사로운 권농가·독농가(篤農歌)가 아니라 그 시기 유자 농사에

종사하는 백성들이 가렴주구에 시달린 배경 설화와 관련이 있다는 역사주의적 작품 해석이다. 그리고는 벽송 선생은 영유시를 끌어와 다음과 같은 시조 한 수로 남구만 시조 '동창이 밝았느냐'의 남해창작설을 정리한다.

> 영유시 20수를 올곧게 남기실 제
> 유자에 얽힌 애환 가슴으로 울었으니
> 동창이 밝았느냐도 농민 애환 숨었으리

다음은 서포(西浦) 김만중(金萬重)의 소설 《구운몽(九雲夢)》의 창작 배경 이야기다. 종래의 통설은 《구운몽》과 《사씨남정기》가 남해에서 창작되었다는 것이었다. 그러나 근래에 《구운몽》은 서포가 선천 유배지에서 씌었다는 것이 정설이 되었다. 일본 천리대학에서 발견된 기록자 미상의 '서포연보'에 '몽환(夢幻)'이라는 단어가 기록된 것이 선천 창작설의 근거라는 주장이다(서울대 국문과 김병국 교수). 하지만 국사편찬위원회 사료 조사 위원 박성재 선생은 여러 연구를 통하여 남해창작설을 고수하고 있거니와 벽송 선생은 서포 김만중의 남해 유배 시기 육화공에게 쓴 편지에 "인생은 진실로 한 바탕 꿈인가 합니다."고 한 대목을 더 유력한 증거로 내 세우고 남해 창작설에 더욱 힘을 보태고 있다.

서포가 유배 생활을 하다가 숨진 작은 섬 노도는 말이 없다.

다음은 중종 때 조광조와 함께 도학 정치를 실현하려다가 남해 유배객이 되었던 자암 김구의 유배 문학 이야기다. 그의 《자암집》에는 60여 수의 한시와 경기체가 〈화전별곡(花田別曲)〉이 실렸다. 부모가 유명을 달리 한 뒤에 고향 예산으로 돌아간 자암이 시묘살이를 하면서 흘린 눈물에 초목이 말라 죽었다는 설화가 전한다.

정암과 도학 정치 개혁의 선봉에서
홍문관 부제학의 그 뜻 세워 펼칠 적에
기묘년 훈구 세력이 그를 몰아 내치더라

삼십 년 질곡에서 불씨 살린 화전별곡
하늘 끝 땅 끝 한 점의 신선섬을
여섯 장 경기체가로 이리 밝혀 올리신 님

귀양 풀려 예산에 돌아온 자유의 몸
부모상 못 본 비통 피를 토해 울었거니
귀촉도 화전 못 잊어 오늘 밤도 우는가

벽송 선생 제2시조집 《남녘 바람 불거든》(2010)에 실린 작품이다. 이로서 남해에 남해유배문학관이 선 연유는 분명해졌다.

(3) 생태주의와 자연 낙원 의식

벽송 선생은 등산 애호가다. 이는 건강 생활의 일환이기도 하지마는, 자연 낙원(Greentopia) 지향 의식의 발로이기도 하다. 등산 뿐 아니라 자연 만상에 대한 선생의 관심은 도저하다.

은어 떼들은 폭포 위를 향해 통통 뛰어오르지만, 정점은 각각 다르다. 그리고 공중에 머무르는 시간도 다르다. 수없이 공중에 점을 찍는 모습들을 카메라로 관찰하면, 마치 오선지에 음표를 찍는 모습과 흡사하다. 꼬리를 늘어뜨리는 놈, 지느러미를 펴는 놈, 감는 놈, 꼬리를 두 갈래 세 갈래로 펼치는 놈, 합치는 놈, 몸을 S자로 굽히는 놈, 곧게 펴는 놈, 그냥 점이 되어 한 번에 폭포 위까지 날아 가는 놈, 높은음자리표처럼 둥글게 휘말리는 놈, 머리를 휘젓는 놈…….

은어가 폭포를 거슬러 오르는 모습들을 생생히 묘사한 벽송 선생의 관찰력과 필력(筆力)이 경이롭다.

> 이런저런 까닭으로 도회로 몰렸으나
> 찬찬히 생각하면 내 살 곳 멀지 않다
> 버리고 떠난 시골 집 하룻밤만 지내보라

 이로 보아, 벽송 감충효 선생은 근대 지향성(madernity orientation)과 대척점에 있는 전통 지향성 쪽에 자리해 있다.
 벽송 선생이 어릴 적 개천에서 만났던 골태기 씨를 찾아 백방으로 수소문하여, 이를 찾기에 기어이 성공하는 생태주의자적 집념은 놀랍다. 생강나무 꽃과 산수유 꽃의 판별법, 자운영 꽃물결이 일렁이던 오월 벌판에 대한 회상, 제초제로 인해 소멸해 가는 초목들을 보는 안타까움 등은 생태주의적 기본 목록들이다.

> 보시라! 내 슬픔에 겨워 지고 말지라도
> 허공중에 퍼진 향기는 산을 넘습니다
> 머언먼 고향 길을 달려가는 저 품새로!
> 그리움은 고향이라서 그게 눈물입니다

 벽송 선생의 자유시 〈찔레꽃 피는 고향을……〉의 5연이다. 자연 낙원을 향한 짙은 그리움이 스며 있다.
 갈맷빛 바다에 둘러싸인 천하 절경의 남해는 미상불 자

연 낙원이다. 그를 향한 절절한 그리움을 표현할 최적의 언어를 발견하려는 낙원욕에 이끌려, 벽송 선생은 이 두꺼운 책을 써 온 것이리라.

벽송 선생은 철새들의 생태계를 특히 주목한다.

> 망운산 그림자를 품고 있는 강진 바다
> 봉천 물 바닷물 만나는 개펄에는
> 철새의 보금자리로 갈대밭이 무성타
>
> 철새도 이백여 종 남해가 최고란다
> 흰목물떼새 알락꼬리마도요 쇠청다리도요 사촌
> 특별 보호종
> 팔색조 검은머리물떼새 천연 기념물 사는 곳

벽송 선생의 엇시조다. 남해에는 이런 특별 보호종을 비롯한 208종의 철새가 찾아온다. 그런데 문제가 생겼다. 갈대밭에 한 번 세웠다가 홍수에 망가진 이후 또 세운 태양광 발전소, 설치를 계획했다가 군민의 반대에 부딪친 망운산 풍력발전소 등의 문제는 자연생태계 보호차원에서 심각하게 고려해야 함을 벽송 선생은 설파하고 있다. 풍력발전기의 진동음과 반사광, 강진 바다의 태양광 발전

패널의 반사광과 홍수에 의한 독성 물질의 유출 위험 등은 철새 도래를 방해하고 수생 동물 들이 떼죽음을 당할 위기에 처할 수도 있다는 것이다. 청정 해역인 강진만 바다에 끔찍한 생태계 교란이 일어나게 되었다. 선생은 남해에서 한국철새박람회(KBF)를 연 이곳이 생태 환경 자원의 보고임을 널리 알리고 보호하는 일의 중요성을 설파한다.

현대의 비극은 인간과 자연의 분리(detachment), 인간 간의 분리, 인간과 절대 진리와의 분리로 인해 빚어진다. 이 분리의 비극에 응전하는 실천 행위가 벽송 선생이 추구하는 삶의 의미이기도 하다.

> 친환경 농법인가 메뚜기 지천이다
> 사라진 곤충이라 추억도 지웠는데
> 청정한 심심산천에 장수 마을 메뚜기

벽송 선생의 시조 〈벼메뚜기〉다.

선생은 지금 강원도 산골 오지에 홀로 살며 '자연인' 다운 생태 체험에 임하여 묵언 수행 중이다.

(4) 인보 정신과 지사혼

벽송 선생은 함자가 '충효' 이듯이 이웃과 더불어 사는 인보 정신(隣保精神)과 호국 사상에 철저한 애국자다. 휴전선 최전방 학교 근무를 자원하여 북한군의 동태를 몸소 관찰한 것부터 범상치 않은 일이다. 태극권·태극검·태극선·태극기공·우슈 등의 금메달리스트가 되고, 동력수상레저기구조종 면허와 소형선박조종사 자격증을 따는 등 심신 수련에 매진하며, 각종 마라톤 대회에 참가하고, 유명 무명의 산악 등반을 하며 호연지기를 기르는 것은 인보 의식과 지사혼(志士魂)을 함양하는 신화랑도 정신의 발로라 하겠다.

> 최영 장군 무민사 미항 미조항
> 퍼덕이는 고기 떼 살아 숨쉰다
> 물미도로 돌아서 은점 바닷가
> 은빛 갈치 행렬에 물빛 푸르다

사향 편편 십이수(思鄕 片片 十二首)의 8째 수다. 역시 벽송 선생의 절창이다. 왜구를 물리친 최영 장군의 혼이 서린 무민사가 미조에 있다. 남해에는 이순신 통제사가 순국한 관음포와 '큰 별이 바다에 지다[대성운해(大星殞海)]의 현판이 걸린 이락사(李落祠), 노량의 이순신 장군 허묘와 충렬사가 있다. 그러기에 남해는 충절의 고장이고, 그곳에서 벽송 선생 같은 우국지사가 많이 배출된 것은 우연이 아니다.

  벽송 선생은 지금 나라가 잘못되어 가는 현실을 준엄히 질타하기를 서슴지 않는다. 선생은 필자의 졸저 《이 역사를 어찌할 것인가》에서, "이제 우리는 슬픔의 무덤을 파헤치며 이를 가는 분노의 자식들이 아니라, 광대한 역사의 지평 너머에서 피어 흐르는 통일 대한민국의 꿈에 대하여 이야기 하는 소망의 선도자로 나서야 한다"는 대목에 주목한다.

  경제가 한 번 추락하면 다시 끌어올리기 힘들다는 것은 동서고금의 역사가 잘 증명하고 있다. 지금 국가 부도 사태를 맞아 전 세계의 조롱거리로 전락한 나라가 한둘인가? 이들 나라들은 하나같이 인기 영합주의, 포퓰리즘 정책의 피해로 급기야는 나라의 경제 기반이 무너진 경우다.

  선생은 기업이 번영하여 그 과실을 나누는 시장 경제의 선순환 질서와 그런 복지국가의 이상을 추구한다. 자유 민주주의와 시장 경제가 구축하는 복지 국가를 지향하는 자유주의자다. 선생의 인보 정신의 골간은 여기에 있다.
  경제 발전이 자유 민주주의 국가 건설의 필요조건이라

는 정치, 경제 원리에 무지한 운동권 정치가들이 기업가를 핍박하고, 포퓰리즘에 영합하는 현실에 대한 엄중한 경고다.

벽송 선생의 지사혼, 호국 정신은 휴전선 고대산에 올라 비탄을 머금는다.

> 휴전선 상고대는 한이 서린 칼날인가
> 못 이룬 자유 통일 회초리에 감겨 울 때
> 살에는 북풍 설한이 무더기로 내린다
>
> 이념도 비켜 가는 정상에 올라 보니
> 남과 북 다른 바람 회오리로 몰아칠 때
> 고대산 뒤틀려 우는 산울음이 무섭다

분단의 아픔과 자유 통일의 비원(悲願)이 서린 벽송 선생의 우국 시조다. 이념적 분단의 통고(痛苦)가 가슴을 저민다. 휴전선 격전지를 돌아보며 호국혼을 불러 오는 것은 범연치 않은 고행(苦行)의 한 면모다.

21세기에 들어 자유 민주 체제를 위협하는 전체주의적 스토롱맨들이 불끈거리는 수상한 역사의 파고(波高) 앞에서 벽송 선생은 우리에게 선도자적 경고음을 울린다.

3. 맺는 말

　벽송(碧松) 감충효(甘忠孝) 선생의 《텅 비어서 부끄럼 없구나》는 고향 남해를 구심점으로 하여 진리와 사랑을 위하여 인문학적 사유(思惟)의 내용을 풀어 적은 만년(晚年)의 역저(力著)다. 여기에는 선생이 일생 껏 심혈(心血)을 기울여 온 향토애와 전통 지향성, 유배 문학 탐구의 궤적, 자연 낙원 의식과 생태주의, 역사 의식과 지사혼(志士魂)이 스며 있다.
　선생은 자연 낙원인 고향 남해에 한결같이 사랑을 바친다. 선생이 향토 주간 신문 『남해시대』에 〈나의 고향 나의 삶〉을 오래도록 연재하여, 이같이 중량감 있는 저서를 엮게 된 것은 이 소중한 자연 낙원에 바치는 중후(重厚)한 헌사에 갈음된다. 시조시인인 선생이 글의 적소(適所)마다 향리와 국토를 절창으로 찬미한 것은 문사(文士)의 한갓 취향에 그칠 수 없는 진정성의 표출행위다.
　독자들이 놀라게 되는 것은 향토의 문화 유적을 몸소 탐사, 고증에 임하는 선생의 숙연한 자세다. 고려와 조선 왕조 유배객 200인 중 주요 인물들의 개인사와 작품에 주목하여 그 역사적 의의를 짚어 내며, 혹은 질타하고 혹은 차탄(嗟歎)하는 벽송 선생의 모습에서는 지사적 기개가 역연히 드러난다. 특히 자암 김구, 서포 김만중, 소재 이이명의 행적에 대한 고증과 평필(評筆)은 선생의 인문학적 수준을 가늠케 한다.

서울 아파트 베란다 대형 화분에 고목 유자씨를 심어 기른 나무를 끝내 고향에다 옮겨 심고야 마는 벽송 선생의 향토애는 범상한 것이 아니다.

《구운몽》의 창작지가 선천이 아닌 남해이며, 약천 남구만의 시조 '동창이 밝았느냐'의 창작지 역시 남해라는 선생의 주장이 단호한 것도 향토애의 발로다. 이는 선생의 인보 사상(隣保思想)과 애국심으로 확산되는 기반이라 할 것이다.

벽송 선생의 자연 낙원적 향토 의식은 생태주의로 발전한다. 무엇보다도 세계적 철새 도래지인 강진 바다의 생태적 위기에, 선생은 노심초사한다. 제초제를 비롯한 각종 농약의 잔여성분이 바다로 유입되어 수생 생명체에 치명적인 피해를 입힐까 우려한다. 무엇보다도 추진하다가 지역민의 반대로 멈칫하고 있는 망운산 풍력발전기의 소음과 태양광 발전 패널의 반사광이 철새들의 생태계에 끼칠 부정적 영향에 비상한 관심을 보이며, 강진 해역에서 열린 한국철새박람회에 기대를 건다.

벽송 선생의 인보 정신은 우국충정으로 확산·고양되며 분단된 조국의 비극적 상황을 아파하는 지사적(志士

的) 통고 체험(痛苦體驗)에 귀착한다. 아울러 지금 우리 정치인들이 벌이는 망국적 포퓰리즘을 강한 어조로 질타한다. 사회적 시장 경제(social market economy)의 대두가 목전에 다가온 우리 정치 풍향계를 어찌할 것인가?

벽송 감충효 선생의 이 같은 선각자적 계세훈(戒世訓)은 독자인 우리를 향하여 울리는 선명한 경종(警鐘)이라 할 것이다. 지금 강원도 산간벽지에서 묵언 수행 중인 벽송 선생에게 하루하루가 '텅 비어서 부끄럼 없는' 무욕견진(無慾見眞)의 시간일 것이다.

문집 상재를 정중히 축하드린다.

〈필자 소개〉

  읍성 옛터 죽산에서 태어나 고등학교까지 마치고 진주교육대학과 인천교육대학교에서 공부하였으며, 연세대학교 대학원에서 교육행정/교육학을 전공하여 석사학위를 받고 중등학교 교사자격을 취득하였으며 경희대학교에서 상담학을 공부하여 1급 전문상담사 자격을 취득하였다.
  2018년까지 재경남해중/제일고 총동문회 조직위원장을 맡아 일했으며, 2012년도 재경남해향우회지 〈남해가 그리운 사람들〉의 편찬위원장, 2013년도 재경남해중/제일고 총동문회지 〈망메새〉의 편집주간을 맡아 일했다.
  현재 재경노원구남해향우회장을 5년 째 맡고 있으며 보물섬남해포럼 자문위원으로 활동하고 있다. 60대 중반부터 태극권 수련으로 우슈/쿵후 국내대회와 국제교류대회에 출전, 태극검과 태극권 투로 2관왕, 태극선 국내대회 금메달을 목에 건후 체육관에서 매일 2시간씩 아파트 주민들과 태극권과 태극검, 태극선, 태극기공 수련활동을 하고 있다.
  해상활동을 위해 2021년에 해양경찰청으로부터 동력수상레저기구조종면허를 취득하였고, 같은 해 해양수산청으로부터 소형선박조종사 자격을 취득하였다.
  최근 신문 연재의 집필 활동과 출판 준비 및 서예 두루마리 대작의 입문과 태극권 수련을 위해 강원도 장수촌에서 많은 시간을 보내고 있다.

〈약력〉

경남 남해군 남해읍 죽산(대뫼) 출생
남해초교 · 남해중 · 남해제일고 졸업
진주교육대학교 · 인천교육대학교 졸업
연세대학교 교육대학원 교육행정/교육학 석사 졸업
경희대학교 교육대학원 상담학 1급 전문상담사 자격 취득
이원수, 정한모 시인의 추천으로 문단에 등단(1979)
《시조생활》지 신인문학상에 당선(1999)
녹조근정훈장 서훈(2008)
(사)세계전통시인협회 한국본부 회원 / 한 · 몽 문화교류협회 회원
남해문학회 · 한국문인협회 회원
재경남해향우회지 〈남해가 그리운 사람들〉 편찬위원장(2012)
재경남해중 · 제일고 동문 라이프 스토리
〈망메새〉 편집주간(2013)
태극권 우슈/쿵후 국내,국제교류대회 노년부 우승(2015~2017)
양주 시립도서관 사람책(Human Book) 강사(2017)
보물섬 남해포럼 자문위원(2021~현재)
『남해시대』에 〈나의 고향, 나의 삶〉 주제로
칼럼 연재(2019.8.8~현재)
『남해신문』에 〈새 지평 길을 열고〉 주제로 칼럼 연재(2022.6.1.~현재)

〈저서〉

시조집 《크리스털의 노래》(2007), 《남녘 바람 불거든》(2010)
칼럼/시문집 《읍성의 문창에 시혼 걸기》(2013)
시조와 산문으로 쓴 칼럼집 《텅 비어서 부끄럼 없구나》(2022)
남해유배문학 자료집 〈남해유배문학 현장 답사 및 남해를 배경으로한 현대시 감상〉(2008)

| 판 권 |
| 소 유 |

본 저서는 저자와의 협의에 의해 인지를 붙이지 않습니다.

시조가 있는 산문
텅 비어서 부끄럼 없구나

초판 발행 · 2022년 7월 6일

지은이 · 감 충 효

펴낸곳 · 도서출판 東暻
주소 · 서울시 동대문구 난계로30길 21
전화 · 2235-4631, 2238-1476
FAX · 2233-7378
등록 · 1994년 2월 3일 제 5-414호

가격: 15,000원

ISBN 979-11-91916-05-8(03810)